アクティブラーニングを実践する脳にやさしい授業と65のアクティビティ

教えない

シャロン・ボウマン著
榎本明仁、鈴木美穂、清水弘毅訳

Training from the BACK of the Room!

教え方

JN012019

サウザンブックス社

この本について

なぜこの本が重要なのか？

　ほとんどの講師は、話しすぎです。学習者を死ぬほど退屈させています。講師にそんなつもりがないことはわかっていますが、事実なのです。学習者は、座ったまま受け身で講師の話を聞いている限り、あまり学習していないのです。講師を育成している人や、人に教え方を教えている人は、効果的ではない従来の手法をそのまま実践していることが多いのです。パワーポイントのスライドをそのまま読み上げるような講義はこれまでの脳科学の研究を無視し、うまくいかない時代遅れの教育方法なのです。今や知識はインターネットから豊富に得ることができることを学習者は既に知っています。これまでの学習方法に対する抵抗感は、若い世代ほど強くなってきています。

　教師や研修講師にとって最も難しいこととは、私たち自身が一歩引いて、学習者に学習をしてもらうことです。教師や講師が話すのをやめ、学習者が互いに話し、授業や研修の最初から最後までより良い学びにするよう、能動的に学習体験創りへ参加している状態が真の学習となるのです。

　人間の学習方法に関する脳の研究でも、このことは裏付けられています。学習者のため、企業や教育機関のため、学習のファシリテーターとしての成長のため、そして、学習者が部屋に来て帰るまでの間を最高の体験にするために私たちは常に新しい研修方法を学ぶ必要があります。

この本であなたは何を得られるのか？

　本書『**教えない教え方**（Training from the BACK of the Room!　**以下、TBR と略すことがある**）』では、学習者が議論、質問、考察、実験、参加、発表、実践、指導、相互学習を行う中で、講師が一歩引いて、学習者が主役になれる65のアクティビティを紹介しています。従来の効果が薄い「講師が話し、学習者は聞く」というパラダイムを、よりパワフルで学習者の脳に優しいアプローチに変えることができます。「学習者が話し、教え合えば、学習者は学ぶ」というアプローチです。シンプルな４つのステップで構成された学習コンテンツの設計と提供方法は、すべてのステップで学習者を巻き込むことになります。読者の皆様には最新の脳研究について知っていただき、これまでの脳に関する理解を見直して頂きます。最終的には、これらすべてを組み合わせて、従来の教え方とは大きく異なる学習体験を生み出すことができます。

この本の構成

　本書は、メインの4つの部と「初めに知っておいてほしいこと」「知っておいて損はないこと」による合計6部構成になっています。

■ 序論　初めに知っておいてほしいこと

　本書はまず「知っておいてほしいこと」という読み物から始まります。「あなたにとってのメリットは？」（6ページ）では本書がどのようにあなたの役に立つか、この本のコンセプトをサポートする最新の脳研究である「脳にやさしい研修」について（22ページ）、そして脳にやさしい研修設計のためのフレームワークである「４つのC」（42ページ）について紹介しています。

　序論に続く第１部から第４部では、「４つのC」のそれぞれの定義と説明、そして以下のような実践的な研修アクティビティを紹介します。

■ 第１部　Connections —つなげる—

　４Cの1つ目「Connections —つなげる—」における、学習者と「他の学習者」「テーマ」「個人の学習ゴール」「学習成果」をつなげるための15のアクティビティ

■ 第2部　Concepts ―つたえる―

　4Cの2つ目「Concepts ―つたえる―」にお
ける、講師が研修において講義や指導を行う間に
も学習者を巻き込み、参加させるための20のアク
ティビティ

■ 第3部　Concrete Practice ―つかう―

　4Cの3つ目「Concrete Practice ―つかう―」
における、学習者が積極的に復習し、新しいスキ
ルを実践するための15のアクティビティ

■ 第4部　Conclusions ―まとめる―

　4Cの4つ目「Conclusions ―まとめる―」に
おける、「学習者中心のまとめ」、「理解の確認」、
「お祝い」のための15のアクティビティ

　本書は、自身の研修テーマに合わせて、収録さ
れているワークシートに書き込みをしながら学習
を進めて頂けます。ワークシートの使い方はその
都度、解説します。

■ 参考　知っておいて損はないこと

　最後に、「知られざる大人の学びについて」
（200ページ）、「学習成果への新たなアプローチ」
（203ページ）、よりコラボラティブな共同学習手
法である「ワールド・カフェ」（216ページ）、「e
ラーニングを双方向にするためのヒント」（224
ページ）と、さらにプラスになるような情報を
「知っておいて損はないこと」にまとめてありま

す。これらを活用してご自身の学習の幅を広げま
しょう。

　教えない教え方（TBR）へようこそ！

日本版を読まれる皆様へ

私がこの本を書いた2009年、「今から10年後には、本書は時代遅れになっているかもしれません」という言葉で本書を締めくくりました。しかし、私は間違っていました！ 世界中の多くの学習者が、今でも従来の脳の働きとは反する一方的な講義による教育を受けているのです。ただ、10年が過ぎた今、状況は少しずつですが改善しています。教師やトレーナー個々人が教え方を変え始め、あちこちの教室や学校、あるいは各国で、少しずつですが、状況は変わってきています。

この本はまだ時代遅れではありません！ 教室での体験を変えるこの世界的なムーブメントに皆さんも参加いただき、日本の教育を変えていただきたいと思います。脳にやさしい教え方にすることで、あなたは学習者が学び、覚え、覚えたことを効果的に使えるように導くことになるのです。そして、最も重要なのは、あなたの教え方がモデルとなり、人間の脳にあった本当の意味での学習を広めていくことにつながることです。あなたの教え方を体験した生徒が後に良い教師やトレーナーになり、より良い学習体験を広げていくのです。すべてはあなたから始まります。

この本は、これらを実現する手助けになるでしょう。そしてあなたが日本の今までの教育のパラダイムを変える助けになると思います。脳科学に基づいた教育方法は、あなたの国を変えることにつながります。学習者から学習者へ、教室から教室へ、トレーニングからトレーニングへ変革をもたらします。みなさんを賞賛し、応援します！

著者
シャロン・ボウマン

「４つのＣ」の訳語と本書の使い方について

手に取っていただいて、ありがとうございます。本書『教えない教え方』は、「４つのＣ」を使った独自の提供方法で数多くの研修を実践しているシャロン・ボウマンが書いた、アクティブラーニング実践のための書籍『Training from the BACK of the Room!』の日本版です。ボウマン自身は企業研修が専門のトレーナーですが、本書は、企業研修に留まらず、あらゆる社会人向けの研修・セミナー、トレーニング、塾、義務教育から高等教育の現場で活用いただける内容になっています。

本書を日本語訳にする際に、もっとも頭を悩ませたのが、その核となる「４つのＣ」をどう訳すかでした。原書では、「４つのＣ」はConnections、Concepts、Concrete Practice、Conclusions となっています。その頭文字をとって４Ｃというわけです。この４つの要素を理解することは、本書を理解し、活用いただく上でも非常に重要です。

そこで「４つのＣ」を、日本語訳は「つなげる」、「つたえる」、「つかう」というように「つ」で統一しようと思いましたが、残念ながら「Conclusions」を意味する「つ」で始まる適切な日本語を見つけることができず「まとめる」とし、

英語も並記することにしました。以下のようにしています。

Connections 　—つなげる—
Concepts 　—つたえる—
Concrete Practice 　—つかう—
Conclusions 　—まとめる—

最善手ではないと理解をしながらも、日本版ではこの用語を使って「４つのＣ」を広めていければと思います。

・・・

本書を手にした多くの方は、すでに教育や研修で指導経験をお持ちの方が多いと思います。この本の使い方にはさまざまなアプローチがありますが、必ずしも始めから最後まで通して読む必要はないと考えています。訳者である私たちは、本書を辞書のように使用し、研修やワークショップを計画する際に参照し、効果的に伝える手段（アクティビティなど）を探すのに役立てています。ボウマン自身がさまざまな読み方を提案していますので、迷ったら12ページの「あらためて本書の構成について」を参考にしてください。

本書の活用方法を理解するには実践が最も効果的です。皆さんも、設計したい研修やワークショップをイメージし、一度は「４つのＣ」マップの作成にチャレンジしてください。興味のある方は、本書の３章を今すぐ開き、実践してみましょう。この章の中にはテンプレートも用意されていますし、下記のQRコードから簡単に使用できるPDFのテンプレートが無償でダウンロードできます。印刷してご利用いただくこともできます。

「Concrete Practice —つかう—」という「４つのＣ」の３つ目のステップがあるように、実践しながら学ぶことが、すべてにおいて最も効果的な学習方法です。４Ｃマップを使用しながら不明点を解消したり、より良い教育の方法を探したりするために、この本が皆さんの身近な相棒になれば嬉しいです。

訳者一同

私の叔母であるマーネット、マーガレット・コートは、愛情深い「お母さん」のような存在で、
この本を書くように後押しをしてくれました。

そして、私の人生の伴侶であり、いつも助け、励ましてくれるパートナーであるロス・バーネットに、
彼の存在と行動のすべてに感謝します。

Contents

序文

著者であるシャロン・ボウマンは、講師が学習についてどのように考え、学習体験を計画し、クラスや研修で何を提供する必要があるかについて書いています。彼女の提案は明確でシンプル、常識的です。彼女は、行動主義、フローチャート、ヒューマン・パフォーマンス・モデル、評価レベル、複雑な学習目標などにとらわれることはありません。彼女の文章は、とても具体的です。ですから、もしあなたが自分自身が専門的な教育設計者で、理論ばかり欲しがっているのであれば、この本はあなたのためのものではありません。

人工知能学者で認知学者のロジャー・シャンクは、研修の悪いところを「学校の授業と同じ」と表現しています。学校の授業は過去の時代の名残です。学校は社会とは別世界であり、現実世界から隔離されています。教師は生徒に学習意欲を与えるのではなく、強制的に学習させています。学校を卒業するとすぐに、学校の授業の無意味さに気づきます。「学校の成績は社会に出てから無意味である」と。教師は正解を教えてくれる存在であり、批判的思考を育むスタンスはありません。職場ではチームワークが尊重されていますが、学校では他人と一緒に学ぶことをカンニングと呼びます。

現在のほとんどの研修は、この学校の授業の悪い慣習を採用しています。結局、どの講師も十数年前から「これが正しい学習方法だ」と洗脳されてきたのです。

まだこの場で結論を出さないでください。先へ読み進めてみてください。人はどのようにして学ぶのでしょうか？ どのようにしたら自然に身につくのでしょうか？ 何がうまくいくか実験し自分たちで気づいてもらい、他の人を見て、その人の真似をしてもらいましょう。同僚と会話をしてもらい、物事を成し遂げるために知っておいてほしいことを見つけてもらうのです。そして自分自身の心に従ってもらいましょう。

今こそ学校教育の神話を打ち破り、学びを育むために必要なことを始める時なのです。

■ 発見を促し、既存の枠組みにとらわれないようにすること

■ 実験の機会を提供し、失敗を罰しないこと

■ 人々がお互いから学ぶことを奨励すること

■ 個人ではなくグループに、挑戦する機会を提供すること

■ 仲間との会話のための時間と場所を作ること

■ 人々が自分自身で物事を学ぶための情報を提供すること

■ 学ぶ自由を与えること

この本は、学習者を惹きつけるための4つのステップのモデルを提供し、65の具体的なアクティビティでそのモデルの実現を支援しています。良い料理本のようなものです。しかし、良い料理本だけでは良い料理人にはなれません。レシピはここにありますが、それは出発点にすぎません。すべての料理人は、地元の食材から最高のものを得るために工夫します。どんな講師も、自分なりの工夫を凝らしています。それがプロの仕事です。

以下は、シャロンのメタ・レシピを単純化したものです。

■ 学習者の注意を惹きつけるような驚きを与えること

■ 邪魔をしない、彼らの代わりに考え、答えを与えない

■ 互いに学び合うように促すこと

ハンス・モンダーマンはオランダの交通工学の専門家で道路管理者ですが、交通標識が嫌いなこ

とで有名です。田舎の車道からセンターラインを取り除けば、人々はより安全に運転できるようになると言います。道路を標識や障壁でごちゃごちゃにすれば、人は十分に守られていると感じ、好きなだけ速く走るようになってしまうそうです。あなたが人々を愚か者のように扱えば、人々は愚か者のように行動します。過保護な標識を外せば、みんな、もっと注意深く運転するようになります。モンダーマンの考え方が浸透した際には交通事故が3割も減りました。

シャロンのアドバイスに従ってください。補助輪を外して、学習者に委ねましょう。学習者同士の関わりを維持してください。あなたに交通事故率は下げられないかもしれませんが、学習の質が向上することは、私が保証します。

ジェイ・クロス
Internet Time Group
カリフォルニア州バークレー
www.jaycross.com

序論

初めに
知っておいて
ほしいこと

TBRに向けての
ウォーミングアップ！

　全く新しい学習体験の世界へようこそ！ この本を読み進める前に、以下のウォーミングアップ・アクティビティのうち1つ以上を行ってみてください。ウォーミングアップ・アクティビティの意義について詳しくは78ページから説明しています。本書のコンセプトやアクティビティを探究する前の脳の準備運動になりますので、楽しんでください！

TBRに向けてのウォーミングアップ

1. 認知科学（cognitive neuroscience）や人間の脳の学習の仕組み（how the human brain learns）について簡単にインターネットで調べてみてください。インターネットの情報をメモしておき、この本を読み進めるなかでインターネットの情報と本書の内容を比較してみてください。また、じっくり読む価値のあるウェブサイトの URL もブックマークしておいてください。

2. 学習、教育、研修の専門家にインタビューし、効果的な研修の専門家が重要だと考えている点をヒアリングしておきます。本書を読み進めながら、内容を比較してみてください。同僚などと比較内容について議論してください。

3. あなたがすでに読んだことのある研修や授業の作り方の本と、この本を読み進めるなかで見つけた主要な考え方を比較し、比較内容を書き出しておいてください。本書を読み終わった後に、その内容を同僚へ共有し、賛否やなぜそう思うのかを議論してください。

4. 良い教育や良い研修に関して、あなたが知っていること、または知っていると思っていることのすべてをリストアップしてください。この本を読み終わった後にもう一度このリストを見て、追加、削除、編集していってください。

「4つのC」の
リファレンスガイド

ここでは、本書の基礎となる「4つのC」による
研修の提供方法について短くまとめました。
本書を読み進めることで、ご自身の研修での
「4つのC」の活用方法を体験しながら学ぶことができます。

Connections ―つなげる―
コ ネ ク シ ョ ン

学習者が研修テーマについて、すでに知っていることや知っていると思っていることと、これから学ぶことや学びたいことをつなげ、さらに学習者同士をつなげていきます。

Concepts ―つたえる―
コ ン セ プ ト

学習者は、聞く、見る、議論する、書く、表現する、想像する、参加する、そして他の人に教えるなど、さまざまな感覚を駆使することで効果的に新しい情報を取り入れていきます。

1

2

4つのC

3

4

Concrete Practice ―つかう―
コ ン ク リ ー ト　プ ラ ク テ ィ ス

学習者は、学んだ新しいスキルを積極的に実践したり、新しく得た知識の復習をアクティブに行います。

Conclusions ―まとめる―
コ ン ク ル ー ジ ョ ン

学習者は、学んだことをまとめ、評価・賞賛します。そして研修終了後に新しい知識やスキルをどのように活用するかといったアクションプランを作成します。

1章

あなたにとっての
メリットは？

「教えない教え方」の紹介

"学習者に動いてもらおう"

マイケル・アレン
『Michael Allen's Guide to e-Learning』（未邦訳）, 2003年, p.161

Connections ── つなげる ──────────── 1分間コネクション ① ファストパス

これから、講師の振る舞いについて、1つ目の「とても大切な質問」をします。最も自分に近いものに○をつけてください。正直に答えてくださいね。

あなたの研修で、学習者が最も多くの時間を費やすのは以下のどれですか？

A. **テキスト、配布資料、スライド、マニュアルを読む**

B. **講師の話を聞く**

C. **スライド、テレビ、パソコンの画面を見る**

D. **概念について話し合ったり、学んだスキルをその場で試したりする**

E. **お互いに教え合い、学び合う**

A を選択された方：テキスト、配布資料、スライド、マニュアルを読む。あなたにとっては簡単なことかもしれませんが、学習者にとっては良くないことです。もし「学習」を「情報を記憶し使用できる」と定義するならば、「読む」だけではほとんどの人にとって効果的な学習にはなっていません。

B を選択された方：講師の話を聞く。講師が自身の講義を面白いと思っていても、ほとんどの人は聞いたことをほぼ覚えていません。聴覚学習に長けている人は、座って聞いているだけで満足しているかもしれませんし、物語や比喩、類推、ユーモアなどを交えて講義をすると、メッセージがより記憶に残りやすくなります。しかし、どんなに楽しい話を織り交ぜても、「聞く」ことが学習につながるわけではありません。

C を選択された方：スライド、テレビ、パソコンの画面を見る。動画、絵、写真、漫画、アイコンなどの画像が多用されている場合には、ただ読むことや聞くことよりは良いアプローチとなります。情報は、想像（イメージ）とリンクし、結果的に記憶に残りやすくなります。

D を選択された方：テーマについて話し合ったり、学んだスキルをその場で試したりする。これは正しい方向に向かっています。研修参加者がテーマについて話し合ったり、学んだスキルをその場で試したりすると、学習効果が飛躍的に高まります。さらに、覚えた新しい情報が定着しやすくなり、長期にわたって使うことができるようになります。

E を選択された方：お互いに教え合い、学び合う。他の人に教えることが最も強力な学習方法の一つであることを知っているあなたは、他のほとんどの講師よりもすでに何年も先を行っています。学習者がお互いに教え合い、お互いから学ぶことができるようになれば、学習者は自信がつき、学んだことを使いこなす能力を高めることができます。

本書の目的は、学習者が自分自身の学習に積極的に参加できるようにすることです。すでに講師が研修プロセス全体（部屋に入った瞬間から研修が終わるまでの間）を通して学習者を巻き込み続けているのであれば、本書は講師がさらに先に進むための情報源として活用できるでしょう。もし講師が研修の部屋に入った瞬間から研修が終わるまでの間を通して学習者を巻き込んでいないのであれば、部屋の後ろの方から学習者を見守り、学習者が自身の学習に責任を持つことができるようにする方法を学べることでしょう。講師が積極的に教えていないのに、教えることができるのです。いわば、「教えない教え方」になります。

想像してみてください…

あなたは、効果的な研修をデザインし提供する方法を学ぶ3日間の研修プログラムを修了したところです。この3日間あなたは座って学んだわけではありません。また、パワーポイントのスライドを見ながら、講義を受け身で聞いて学んだわけでもありません。

代わりに、研修の部屋に入った瞬間から、研修が終わるまでの間、短時間に区切られた協働作業に参加していました。あなたが学んだことのほとんどは、他の学習者との協働作業に参加したことで得られたのです。時折、講師のマルシアが、10分間程度の講義をし、あなたは講義を聞いている最中に、挿絵や画像が印刷されたノートにテーマに関連する主だった考え方を書き込み、講義の後にノートを見直していきます。

あなたは、これまで受けたことのある研修とは様子が違うことに気づきました。例えば、あなたや他の研修参加者が「センターステージ」に立っている間、マルシアはしばしば部屋の後ろに立っていました。研修中のさまざまなタイミングで、異なるテーブルごとに分けられた少人数のグループが教室の前に立ち、プレゼンテーションやディスカッション、新しいコンセプトを紹介するアクティビティを実施します。あなたは、常に他の参加者から、より良い研修を作る方法をお互いに学び、教え合っていました。

また、マルシアが教えてくれたことを実践していることにも気づきました。彼女は何か重要なことを伝える際には必ず練習する時間を与えてくれました。マルシアは、多くのスライドを見せたりして、あなたを退屈にさせるようなことはしませんでした。

あなたが観察した最も重要なことは、マルシアだけが教える内容を知っており、学習者はただ聞くだけで良いという環境を作らなかったことです。その代わりにマルシアは、あなたや他の参加者に、効果的な研修について、あなたがすでに知っていることについて話す機会を作ったり、参加者同士の交流を生み出して、ベストプラクティスを共有する機会をたくさん与えていました。これにより学習者は研修に能動的に参加し、膨大な量の新しい情報を学ぶことができました。

Concepts ── つたえる ──

講師は学習者に、自分の話を聞いて欲しいのか、それとも学んでほしいのか?

2つ目の「とても大切な質問」は、おそらく講師として自分自身に問うことになる最も重要な質問です。「講師は、学習者に自分の話を聞いてほしいのか、それとも学んでほしいのか?」この質問に対するあなたの回答は、あなたが設計し提供するすべての研修プログラムの効果に影響を与えます。

コンテンツを網羅することが目的であれば、一方的な講義を行うことが最も早く簡単で時間的にも効率的な方法ですが、この場合、学習することが主目的ではなく、学習者にコンテンツを提供することが目的になってしまっています。

しかし、学習者に学習してもらうことが講師のゴール、つまり、学習者が、あなたが与えた情報を記憶し、活用できるようにすることが目的であるならば、あなたの話をただ聞いても学習者はゴールにたどり着けないのです。学習者に必要なのは、その情報について聞くことではなく、全力

で関わることです。強い関心を示し、内容に関わる、かつフィジカルな形（身体をアクティブに動かしたりする）で学習に参加することが必要であり、学習者はそこで互いに教え合い、学び合うのです。本書は、まさにこのような状態を実現するための手助けをしてくれます。

誰が一番話しているの?

　もしあなたが本当に研修参加者に研修のコンセプトを覚えて使ってもらいたいと思うのであれば、これで最後となる3つ目の「とても大切な質問」を自分に投げかけます。**「私の研修では、誰が一番話をしていますか?」**

　正直にこの質問に答えてください。さまざまな

インターネット記事によると、ほとんどの講師は、自分では話しすぎていると思っていなくても、研修プログラムの約3分の2を自分が話すことに費やしています。「ほとんどの講師が、何の違和感もなく、コンテンツのプレゼンテーションに傾倒するようです」（Allen, 2003, p.189）。

Try it!

ためしてみよう

時間を計りましょう
プレゼンテーション、カンファレンスセッション、講義、授業、ワークショップ、研修などといったあらゆる種類の学習の場に参加するときには、発表者や講師が話す時間の合計と、自分や他の参加者が話す時間の合計をメモしておきましょう。講師が参加者より多く話をしていませんか? 講師が良かれと思っていたり、興味深い人物だったとしても、講師がほとんど話をしてしまっている場合、学習ではなくコンテンツの提供が目的となってしまっています。研修プログラムの真の目的はコンテンツの提供ではなく、参加者の学習体験であるべきなのです。

　つまり、学習効果を上げたいなら、議論し、質問し、動き、参加し、教え、お互いに学ぶ時間を学習者に与えなければなりません。これはシンプルですが、実践は難しくもあります。これらの考え方は直感として正しく感じられるかもしれませんが、実践が難しいのは、あなたの考え方を根本的に変えない限り、あなたが通常行っている研修

のやり方を大きく変化させることができないからです。

学習のパラダイムシフト

　考え方の変化というのは、一般的に「パラダイムシフト」と呼ばれます。例えば、講師の行動は、

その行動の原因となっている根本的なパラダイムに変化があって初めて講師の行動が変化します。

　大多数の研修講師が今でも持っている最も強力なパラダイムの一つは「講師は話し、学習者は聞く」というものです。私がこの事実をしつこいくらい繰り返しているのは、今日行われているほとんどの研修・授業・講義を生み出しているものが、

この考えが元になっているからです。学習者を学習に参加させることの重要性についての書籍や研究（アクティブ・ラーニング等）が出回っています。しかし、教える側（企業の講師や教育者を問わず）の大半は、たとえ同じ講師や教師がアクティブラーニングの必要性について諭していたとしても、学習者が聞き役に徹し、いまだにほとんど話をしているのは講師なのです。学習者が話をする場がほとんど与えられていません。

なぜでしょうか？ 以下にいくつかの理由が考えられます。

■ **学習者は、そのような研修を望んでいます。** 彼らが子どもの頃からそうしてきたのですから当然です。

■ **企業や教育機関が望んでいます。** それは何十年にもわたって続けられている伝統的な指導方法です。

■ **講師は、意図的にそうするように教えられてきたのです。** 話したり、講義したり、発表したり、伝えたりして、研修を提供するように教えられてきました。

■ **従来の方法は、講師にとって研修の制御がしやすくなっています。** 学習者が、能動的な学習者ではなく、受動的な学習者（リスナー）であれば、講師は研修の計画を建てやすくなります。また、話しているのが講師だけであれば、学習者のグループを管理する必要性も少なく、言ってしまえば楽です。

■ **講師は、自分自身が特定のテーマの専門家であると考えています。** これは2つのことを示唆しています。1つ目は、講師がそのテーマについてすべて知っているということ、2つ目は、学習者がそのテーマについてほとんど知らないということ。そうでなければ、学習者も専門家になるでしょう。学習者が講師くらいの知識がないと言い切れるのはなぜでしょう。もしかしたら、彼らもまた専門家であるかもしれませんし、講師よりも良いアイデアを議論の中で出してくれるかもしれないのに……。

この「講師は話し、学習者は聞く」というパラダイムは、「人間がどのように学ぶか」とは全く関係がありません。このパラダイムには情報伝達のしやすさと経済効率など、学習とは無関係の3つの目的が存在します。

1. **講師だけが一方的に話をすると、情報を簡単に届けることができます。**

2. **評価が簡単になります。** 例えば企業が研修への投資を簡単に評価したい場合、「従業員に安全規則について教えてくれましたか？」と講師に尋ねるだけです。講師が「はい」と答えれば、会社は「よし、それならば全員が安全規則を知っている」と結論づけます。

3. **情報発信の経済効率がよくなります。** 学習者を能動的な研修に参加させるよりも受動的な講義を提供する方が時間的に短く済みます。時間が少なければ、研修プログラムに費やされるお金も少なく済みます。講義を提供するために必要なリソースは、能動的な研修を作成するために必要なリソースよりも少なくて済みます。そして、必要なスペース（空間）も少なくて済みます。椅子を学校の教室のように配置（数十人の生徒が先生を前に見て並ぶ、劇場型）し、学習者が動き回らないようにすれば、50人用の部屋に100人が座ることができ経済的なのです。

確認して

以下のリストを読んで、これまで培ってきた研修に対する考え方で、もはや役に立たないものがないか確認をしてみましょう。

1. 聞くことは、学習の第一歩
2. 学習者はこれから学ぶものについて、すでに多くのことを知っている
3. 学習者よりも講師の説明の方が優れている
4. 学習者は、他の学習者に効果的な方法で教えることができる
5. 学習者は聞いたことを覚えている
6. 学習者は、研修全体を通して積極的に関与しているときにの方が、多くの情報が記憶に残る
7. 講師が教えたならば、学習者は学びを完了したことになる

1、3、5、7は古いパラダイムになりますが、今でも講師の多くは疑問すら抱きません。そして、2、4、6の重要性を理解している講師の多くも、これらの考え方を実際の現場に適応させることを困難に感じています。なぜなら、自分たちが体験していないし、教えられてもいないからです。

あなたを次のレベルに引き上げる
本書の10のメリット

　この本は、講師やコンテンツに焦点を当てた研修から、学習者に焦点を当てた研修へとパラダイムシフトするためのお手伝いをします。学習者の参加を重視するだけではなく、たとえ内容が専門的で複雑であったとしても、内容に関連した多くの革新的な方法で学習者を参加させることができます。ここでは TBR が提供する10のメリットをご紹介します。本書のコンセプトと戦略を適用することで、あなたは、以下のことが可能になります。

1. 研修室に入ってから出る瞬間まで、研修時間中のすべてを使って**学習者を研修に巻き込む**

2. **講師が話す時間を減らし、学習者が学ぶ時間を増やす**

3. シンプルで構造化された協働の学習活動をすることにより、**学習者に細かな指示を講師がしなくて済むようになる**

4. 学習者が相互に教え合う活動を取り入れることで、**学びに関する最新の脳科学研究の成果を利用する**

5. 講師中心だった研修のプロセスを**学習者中心のプロセスにシフトする**

6. 講師は学習者の学びを学習者のデモンストレーションを通して確認でき、これは**学習者を評価する上でも役立てる**

7. **4つのステップで素早く効果的な研修を構築する「4つのC」**を使って、講師の研修作成に要する時間と労力を大幅に節約する

8. 学習者を巻き込み、興味を引き、モチベーションをアップさせる**さまざまな方法で研修を提供する**

9. 研修前、研修中、研修後も、**講師自身のエネルギーと熱意を高め、学習者だけでなく、講師もわくわくするプロセスを作る**

10. TBR で学んだことについて**他の人にも教えられるようになる**

最も重要な4点

前ページの10のメリットを読み直して、あなたにとって最も重要な4つのメリットを選んで書き出してください。そうすることで、これらのメリットを覚えやすくなり、『本書で学んでいることとあなたが重要だと考えること』を結びつけることができます。

重要なメリット①: _____

重要なメリット②: _____

重要なメリット③: _____

重要なメリット④: _____

あらためて本書の構成について

　今、あなたが読んでいる「序論 初めに知っておいてほしいこと」の中では、本書で伝えたい基本的なポイントをお伝えします。後に続く65のアクティビティを紹介するメインの4つの部は、ここで解説する基本ポイントをベースに構成されています。すべてのアクティビティは年齢や学習者のレベルに関わらず利用できるものになっています。その後の「参考 知っておいて損はないこと」の中では、便利情報や参考資料を載せています。

　右が本書全体の構成です。

序論 初めに知っておいてほしいこと

　この部には以下の3つの章があります。

1章 ● **あなたにとってのメリットは?**:この今読んでいる章では、この本が何のためにあるのか、なぜ重要なのか、そして概念や手法をどのように使うのかを学びます。

2章 ● **脳にやさしい研修**:「学習」について学ぶ章です。人間の脳がどのように学習するかについての研究を、どのように研修に反映しているかについて探求します。

3章 ● **4つのC**:この章では、簡単で効果的な研修の設計方法であり、本書でお伝えしていく「学習加速講習法である4つのC」をどのように提供するかを説明します。本書の7つの主要な章(この章を含む1〜4、8、13、17章のこと)は、「4つのC」を使用して構成されていますので、本書を読み進めていくうちに、そのプロセスを学びながら体験することができます。

第1部 Connections ―つなげる―

「Connections ―つなげる―」は「4つのC」で研修設計をする際の最初のステップであり、他のすべてのステップの基礎となるものであることを解説します。また、学習者を他の学習者、テーマ、個人的なゴール、学習成果に結びつけるのに役立つ15のアクティビティを紹介します。

第2部 Concepts ―つたえる―

「Concepts ―つたえる―」は「4つのC」の第2ステップです。ここでは、(学習者がお互いに教えあって学ぶことができるアクティビティなど)学習者を巻き込みながら、コンテンツの内容を伝えるための20のアクティビティを紹介しています。

第3部 Concrete Practice ―つかう―

「Concrete Practice ―つかう―」は「4つのC」の第3ステップであり、学んだスキルや知識を使って練習します。ここで紹介している15のアクティビティは、研修の間に練習できる効率の良い学習方法です。

第4部 Conclusions ―まとめる―

「Conclusions ―まとめる―」は「4つのC」の第4ステップであり、学習者が学習したことをまとめ、自分自身の学習を評価し、学習体験をみんなで祝ったり、学習したことを実生活に役立てるべく今後の抱負を語ったりします。ここで紹介する15のアクティビティは、学習者自身が学習したことをまとめるのに役立ちます。

参考 知っておいて損はないこと

最後の部は以下の内容です。

21章 **知られざる大人の学び**:年齢は関係ありません! 大人の学習に関する研究の多くは、子どもと大人の違いについての誤った仮定に基づいています。最新の研究でわかってきている大人の学習理論について探求しましょう。

22章 **終わりから始める**:学習成果への新しいアプローチ。講師や教師になるための過程で教えられてきた従来の方法よりも簡単に学習成果を得る方法を見つけましょう。

23章 **ワールド・カフェ**:会話を重視した革新的なプロセス。この協調型の会話に基づいたツールは、学習コミュニティを強化しながら、学習者に創造的な思考と協働的に知識共有してもらえる革新的な方法です。

24章 **目を覚ませ!**:eラーニングを双方向にするための10の方法を紹介。本書の概念をパソコン上で行う研修に適用する方法がわからない場合は、この章を参照してください。この章を読めば、すぐに始めることができます。

著者あとがき:講師として、学習者に学んでほしいのであれば、学習者に話をさせる必要があるということを思い起こさせてくれます。

素晴らしい参考資料:本書に掲載した参考資料には2つの目的があります。第一に、人の脳がどのように学ぶかに関する脳科学の書籍、記事、ウェブサイトを見つけることができます。第二に、これらの参考情報は脳の研究を現場で適応する実用的な方法を示してくれています。人間の学習理論とその理論を適応する方法が示されているのです。

教えるために使うもの

本書には、私が利用している有効な研修設計と提供方法である「教えるためのツール」がアクティビティとして、たびたび登場します。これらのアクティビティは脳にやさしく、読者であるあなたにとっても本書の概念を理解・学習する上でも有効です。読みながらアクティビティを実際に行うかどうかはあなた次第ですが、本書は、アクティビティも実施しながら読んでいただくほうが、より多くのことを学べる仕組みになっています。実際、アクティビティを行うことで本書の概念を深く理解できるようになりますし、今後TBR流の研修プログラムを皆さんが提供するときにも、準備しやすくなるでしょう。本書中の具体的なアクティビティの例としては以下のようなものがあります。

■ **1分間コネクション**:これは、各章の冒頭のアクティビティで、すでに知っていることや

これから学ぼうとしていることと学習者をつなげるアクティビティです。

■ **1分間コンセプトレビュー**：この短い復習アクティビティは、学習している内容を強化し、理解を深め、記憶を長く保つのに役立ちます。

■ **1分間コンクリートプラクティス**：学習した内容を応用して、実際に使えるようにします。

■ **1分間コンクルージョン**：この締めくくりのアクティビティでは、その章で学んだことをまとめたり評価します。

本書を読み進めていくうちに、上記に挙げた1分間アクティビティ以外にも、本書独特の構成があるのに気づくでしょう。それは、本書の7つの主要な章がすべて、「4つのC」で構成されているということです。あなたが本書を読み、積極的にアクティビティを行うことで、どのように効果的な学びの場を設計し、提供するのかのプロセスを体験することができます。言い換えれば、この効果的な設計と提供方法を学びながら同時に体験をすることができるのです。まずは、読者であるあなたに本書内での「4つのC」の使われ方を紹介します。

■ **「Connections ―つなげる―」**：各章のこの部分では、その章のテーマや、そのテーマについて、すでに知っていること（または、まだ知らないこと）と、あなた自身との個人的な

「つながり」を作ります。また、この部分では、あなたがその章から何を得られるかを知ることができます。

■ **「Concepts ―つたえる―」**：各章のこの部分では、テーマが紹介され、議論されることにより、学習者にテーマについて「知っておいてほしい」情報が提供されます。ときに、学習には不可欠ではないものの、コンセプトの理解を深めるために役立つ「知っておいて損はない」情報が含まれている場合もあります。

■ **「Concrete Practice ―つかう―」**：各章のこの部分では、テーマについて学んだことを実践で利用するためのアイデアを提供しています。第1部から第4部では、4Cの各ステップで活用できるアクティビティも紹介しています。

■ **「Conclusions ―まとめる―」**：各章のこの部分では、その章で取り上げられた内容の要約、学んだことの簡単な自己評価、学んだことを思い出して自分の研修に応用する方法を紹介しています。また、さらに探求したい場合の参考情報を提供したり、ここまでの学習の旅を祝福したりします。

すでに紹介した1分間ツール以外にも、「教えるために使うもの」という点では、以下の4つのツールも含まれています。

■ **「コンセプトマップ」**：本書の第1部から第4部のそれぞれ最初の章の冒頭には、その章の

主要なアイデアを視覚的に描いたアウトラインが掲載されています。これはコンセプトマップ（図解テンプレート）と呼んでいる視覚的・空間的にノートを取るためのツールの一例です。各章を読みながら、このページを埋めていくことをお勧めします。そうすれば、情報をより長く記憶することができます。9章では、5つのコンセプトマップを紹介しています。

■ **「Try it! ためしてみよう」**：学習中の概念の理解を深めるために、空き時間や研修中に試してみることができるアクティビティの提案です。

■ **「1分間コンクルージョン：学習ログ」**：各章の最後には、本書に書かれた問いに対するあなたの回答を書いたり、要約したり、その章に対する自身の考えを書いたりできるコーナーがあります。これはあなた自身の学習のまとめと評価をしてもらう活動になります。

■ **「トレーナーの道具箱」**：各章の最後には、あなたが集めてきたツール（その章のアイデア、手法、アクティビティなど）のうち、あなたにとって重要なものや、あなた自身の研修で使用したいと思われるものをすべて書き込めるように空白のページを用意しています。

これらのツールを本書に記載していただくことで、長く記憶し、簡単に見つけることができるようになります。

Concrete Practice ——— つかう ———

　TBR を探求する方法はたくさんあります。以下のアイデアから選ぶこともできますし、あなた自身で作っていくこともももちろん可能です。ここでは、おすすめの本書の読み進め方をいくつか紹介しましょう。

■ **最初から始める。**もしあなたが初心者の講師であったり、「なぜ」を先に知りたいのであれば、あなたが今読んでいるこの「序論　初めに知っておいてほしいこと」の6ページからの3つの章をすべて読みましょう。この3つの章は、この本の基礎となるところを説明しています。また、あなた自身の研修を、より活動的で学習者中心のものに変えていくための多くの役立つ提案を掲載しています。

■ **途中から始める。**もしあなたが経験豊富な講師であったり、「どのようにやるのか」ということを先に知りたいのであれば、序論は飛ばして、61ページからの第1部から第4部にざっと目を通してみてください。各部のアクティビティの部分から、あなたが研修を改善するために役立つ多くの手法を知ることができます。きっと、あなたの研修プログラムで不足している部分を埋める有用な情報が見つけられるはずです。

■ **終わりから始める。**大人の学習理論などを参考にしながら、従来の研修を見直したい場合

は本書の最後の部である「参考　知っておいて損はないこと」から読み始めましょう。多くの経験豊富な講師は TBR についてすでに精通していたり、学習者を惹きつけるための「すぐに使える」アイデアを必要としているからです。ここで重要視しているのは、研修を双方向にする指導方法と、効果的な指導方法に関する脳の研究となります。

■ **自分の強みと弱みを明確にする。**あなたが研修のどの部分（オープニング、講義、学習者とのディスカッション、アクティビティの内容確認、クロージングなど）を指導するのが得意なのかあなたの強みを明確にしてください。また、逆にあなたが指導したり、研修に取り入れるのが難しいと思う部分がどれなのか、検討してみてください。見つかったものが、あなたの弱みとなります。弱みを念頭において、「あらためて本書の構成について」（12ページ）の内容を確認し、この本の中の「あなたの弱み」を改善するのに役立つ部分、つまり、弱みを強みに変える方法が記載されている部分に目を通してください。例えば、あなたの研修のオープニングのアクティビティが研修のトピックとあまり関係がない場合は、「第1部 Connections ─つなげる─」に目を通してください。第1部では、効果的なオープニングのための根拠、提案、手法の知見が得られます。また、研修の最後にいつも時間がないとお困

りの場合は、「第4部 Conclusions ─まとめる─」をご覧ください。ここには、短く簡潔にまとめるための手法が掲載されています。

■ **ざっと読む、立ち止まる、深く読む、適応する。**あなたが読書家で、本にさっと目を通すことになれているなら、本書も、見出しや図などを拾い読みしていって目に止まったところを精読する、といった読み方をするといいでしょう。この本はそのような読み方に適しています。興味のある部分を見つけて、そこから良いと思われるアイデアを一つ二つつかみ、次の研修に適用してください。

■ **印をつける。**読みながら、あなたにとって重要なフレーズ、文章や絵に印を書き込みます。丸や四角で重要な部分を囲ったり、付箋紙を使って、読み返したいページに印をつけたり、余白に自分のコメントを入れたりします。このようにすると、本はあなたの学習の旅の記録になるだけでなく、あなたにとって意味があり、あなた自身に特化したものになります。このように本に印をつけることは、何もせずに読んだ場合よりも、情報をより長く記憶しておくことができます。

■ **使えるものは取り入れて、後は放っておきましょう。**あなたがこの本で役に立つと思ったことは、他の読者が役に立つと思ったこととは違うかもしれません。そして、あなたの研

修プログラムには当てはまらないと思っていることが、他の人の研修をより効果的にするために必要なことかもしれません。ですから、自分にとって意味のあるもの、あるいは学習者にとって最も効果的だと思うものを使ってください。自分のやることにすべてに当てはめようとして時間を無駄にしてはいけません。必要な手法のみを選び、それ以外は手放すのです。

1分間
コンクリートプラクティス

データ探し

この章をざっくりと流し読みし直してください。次の項目のうち、いくつの項目を見つけることができますか？ 以下に答えを記入してください。

1. 章の最初にある「Connections —つなげる—」のアクティビティを1つ見つけてここに書いてください。

   _____

2. 章の中の3つの「とても大切な質問」を探して、ここに書いてください。

   _____

3. 2つの1分間コンセプトのアクティビティ名は何でしょう？

   _____

4. 今このページでやっている「Concrete Practice —つかう—」のアクティビティのタイトルを教えてください。

   _____

この章の最後に飛んでみて、自分の答えを確認しましょう。どうだったでしょうか？ このような「データ探し」を自分の研修で使えないか考えてみてください。

Conclusions ——— まとめる———

　TBR は、先進的な体験型研修なので、多くの講師や教育者が今でも大切にしている伝統的な研修の方法とは相反するアプローチとなります。「講師が話し、学習者が聞く」から「学習者が話し、学習者同士が教え合いながら学ぶ」へとパラダイムシフトすることで、あなた自身だけでなく研修参加者にとっても、刺激的な全く新しい学習の世界を切り開くことができます。講師やコンテンツが中心の従来の研修ではなく、新しいパラダイム、新しい研究、新しい指導手法を試してみましょう。学習者がステージの中心に立ち、講師は部屋の後ろに下がって学習者の学びを邪魔しないようにするのです。

"ルールを破りましょう！

ポーカーを教えるためにフラッシュ、ロイヤルフラッシュ、
ペアなどを説明する退屈な作業から始めるのではなく、
カードを配ってゲームをしてみましょう。"

マイケル・アレン
『Michael Allen's Guide to e-Learning』（未邦訳）, 2003年, p.202

1分間コンクルージョン

学習ログは、自分自身の学習の旅を記録したものです。今まで知らなかったこと、重要なテーマ、そしてこれらの概念を自分の研修にどのように使うことができるのかを記録します。通常、学習ログは文章で書くものですが、絵を描いたり、自分の考えをコンセプトマップで描いてもいいでしょう（コンセプトマップの作り方は9章をご覧ください）。

以下の空白欄に、この章を読み、あなたが重要だと思ったことを書き込んでみてください。

この本は、これまで読んできた他の研修本と何が違いますか？

あなたが学んだことは、あなたの研修方法をどのように改善すると思いますか？

１分間コンクルージョン：マークアップ

以下に、この章ですでにお伝えした10のメリットのうちの９つと、
この本を読んだ結果として起こらないであろう５つのことを混ぜて列挙しています。
利点を説明している文の横には星印をつけ、間違っている文には取り消し線を引いてから、最後に答えを確認してください。

私はこの本を読み、そのアイデアや手法に適応した後、以下のことができるようになります。

1. 研修部屋に入ってから出るまでの学習プロセスに学習者を巻き込み、研修の全編を通じて学習者を巻き込む
2. 私の講義からより多くのことを得るように、学習者に良い聞き方を教える
3. 私が話す時間を減らし、学習者が学ぶ時間を増やす
4. シンプルで構造化された協働学習方法の進め方を学習者に伝えて実施してもらう
5. 学習者がお互いに教え合い学ぶことについて、最新の脳研究の成果を適応する
6. 楽しい物語やケーススタディで学習者の興味を引くようなプレゼンテーション技術を磨く
7. 研修の焦点を講師から学習者に移し、研修全体のプロセスの中で学習者が中心となるようにする
8. 伝統的な ADDIE の教育設計モデル（分析、設計、開発、実施、評価）を使用する
9. 時間と労力を大幅に節約できるシンプルな４つのステップの教育設計プロセスである「４つの C」を用いて、より迅速かつ効果的に研修を設計する
10. 学習者の関与、関心、モチベーションを高めるさまざまな方法で研修を提供する
11. 学習者の学ぶ量が少なくなったとしても、多く話す
12. 学習者に実演をしてもらうなど色々な評価方法を用いて学習者が重要な情報をどれくらい学習したのかを観察する
13. 研修プログラムの前・中・後に、自分自身のエネルギーと熱意を高め、自分自身と学習者にとって刺激的なプロセスにする
14. 毎日同じ情報を研修参加者に伝え続けているので、情熱を失い、研修以外の仕事に目を向けるようになる

答えは21ページへ。

トレーナーの道具箱

本書を読み進めるうちに得られる研修のアイデアや戦略を、あなた自身ですべて書き込むことができる「トレーナーの道具箱」というコーナーを設けています。

全部で 7 箇所あります。このスペースは道具箱なので余白があります。

ここには、章を振り返り、あなたが実践してみたアクティビティの名前を書き出してください。

加えて、あなた自身の研修で使えそうな記述やアイデアはすべて、「トレーナーの道具箱」に書き出してください。

それらを使うかどうかは後で決めることになりますが、今は、可能性を試してみたり、アイデアを一箇所にまとめておくことで、

より簡単に見つけることができるようにしておきましょう。このページには付箋をつけて、後からすぐに探せるようにしておくといいでしょう。

16ページの答え

データ探し

1. 章の最初にある「Connections ―つなげる―」のアクティビティを1つ見つけてここに書いてください。

ファストパス

2. 章の中の3つの「とても大切な質問」を探して、ここに書いてください。

学習者は、あなたの研修の間、何をするのに最も多くの時間を費やしていますか？

私は彼らに自分の話を聞いてほしいのでしょうか？ それとも彼らにそれを学んでほしいのでしょうか？

あなたの研修プログラムでは、誰が最も長く話をしていますか？

3. 2つの1分間コンセプトのアクティビティ名は何でしょう？

「確認して」、「最も重要な4点」

4. 今このページでやっている「Concrete Practice ―つかう―」のアクティビティのタイトルを教えてください。

「データ探し」

BONUS!

19ページの答え

1, 3, 4, 5, 7, 9, 10, 12, 13の数字に星をつけることで、この本のメリットをもう一度見直すことができ、より長く覚えやすくなります。当然、2, 6, 8, 11, 14には取り消し線を引きましたね？

2章

脳にやさしい研修

学習について学ぶ

"人に何かを効果的・効率的に教えるプロなのに、
人の脳について無知のままで良いのでしょうか？"

シルウェスター
『A Celebration of Neurons』（未邦訳），1995年, p.6

Connections ── つなげる ───────

人間の脳がどのように学習するか、どれくらい知っていますか？（　）内の選択肢から正しい文章に下線を引いて文章を完成させてください。

1. 人間の脳は、提示された情報が（感情的なものと合理的なもの両方／主に合理的なもの）であるときに最高の学習をする

2. 人間の脳にとって、注意を払うことは、ほとんどの場合、（意識的な選択／無意識の選択）である

3. 集中力は学習環境が（変化する／変化しない）ときに増加し、環境が（変化する／変化しない）ときに減少する

4. 講師が伝えている時間は（長い／短い）よりも（長い／短い）方が好ましい

5. 人間は（自分で物事を理解したときに／他人が物事を理解する方法を教えてくれたときに）、より多くのことを覚えている

6. 最適な学習のためには、脳や心が活発なときに、身体は（動いていない／動いている）

答えは、41ページに記載しています。
この章では、人間の脳が実際にどのように学習するのかの研究について見ていきますが、これまでに学習について教えられてきたこととは異なるかもしれません。この研究は、学習や研修に関する時代遅れの考えを覆すもので、驚くかもしれません。この章では、この研究を実際の研修に適応する具体的な方法も紹介しています。

想像してみてください…

あなたは、研修チームに所属している経験豊富な講師だとします。そして、経験の少ない他の講師を評価する仕事を任されています。今朝、2人の講師が隣り合った教室で研修を実施しているので、それぞれの部屋を訪問し、部屋の後ろに座って両方の研修で何が行われているのかを観察します。

最初の部屋では、講師がクラスの前に立っています。彼はスクリーンに表示されたスライドを読み上げています。時折スライドには載っていないいくつかの情報を口頭で伝えて、質問があるかどうかを尋ねています。彼の講義は十分に楽しいものです。講義を進めるなかで何回か止まって「皆さん、わかりましたか？」などと確認をし、誰も否定的な反応がないことを確認して次に進めています。講師が話している間、研修参加者は全員静かに座っています。あなたは部屋を見回して、参加者が講師のスライドのコピーを持っていること

を観察します。メモを取っている人はほとんどおらず、1人か2人は落書きをしています。机は（小学校のように）全員が講師の方を前にした列で並んでいます。参加者は全員講師の方を向いています。壁には何も書かれていません。テーブルにはスライドの配布資料、ペン、参加者用のペットボトルが置かれています。どこから見ても、伝統的な研修が行われている普通の研修ルームです。休憩時間は60分後に予定されているので、講師はそれまでの間ずっと話し続けることになりま

す。あなたはしばらく様子を見てから、静かに次の部屋に移動します。

　もう一つの部屋は全く異なる環境でした。部屋に入ると、壁にはいたるところに大きな紙が貼ってあり、カラフルに何か書かれたものもあれば、真っ白なものもあります。実際、参加者はいくつかの壁に貼ってある大きな紙の周りに集まって、カラフルなマーカーで気付きを書いた後、自分の席に戻っているところです。円いテーブルを囲んで、参加者はお互いの顔を見て話ができるように座っています。テーブルの中央には、マーカー、色ペン、インデックスカード、付箋紙、目を引くメモ帳など、さまざまな筆記用具が置かれています。講師は話をしながら部屋中を歩き回り、参加者に短時間のいくつかのアクティビティに参加してもらいます。1時間の間、講師は参加者に話したり、質問したり、答えたり、書いたり、参加したりするように促します。この部屋では多くのことが行われていて、参加者の熱意が充満しています。あなたの興味を引きつけるものがたくさんあるので、1時間でも退屈せずに快適に過ごすことができます。

　両方の研修セッションのそれぞれの印象を記述してみてください。そして、ご自身が書かれた内容について考えてみてください。

Concepts ── つたえる ──

　脳にやさしい学習とは、学習することで脳が自然に活性化し、成長することです。脳がどのように情報を取り込み、保存し、取得し、使用するかを研究する「認知神経科学」と呼ばれる研究分野から生まれました。この研究分野は、科学者や医師が人間の脳を研究するだけでなく、生物学者、化学者、心理学者、教育者、哲学者、人類学者、言語学者、講師、そして人間の脳がどのように学習するかについての詳細を知ることを仕事にしている多くの人が、協同で研究をしています。

　脳にやさしい研修は、脳にやさしい学習から生まれました。『Brain Matters』（未邦訳, 2001年）の中で、著者のパトリシア・ウルフは次のように説明しています。「脳の理解が深まれば深まるほど、脳がどのように学習するかに合わせた指導法を設計することができるようになる」（p.2）。これを読んだとしても、あなたは、「すべての研修は脳にやさしいんでしょ？」と思うかもしれません。しかし、伝統的な指導法（講師主導型、内容中心型、講義中心型）は、人間の脳のことを考えていませんでした。伝統的な指導法は脳に対して刺激がない状態、または良くない刺激を与えていました。

「脳に刺激のない状態」とは、誰の学びに対しても大きな影響を与えない研修のことを指します。実際の学習のほとんどは、研修が終わった後、実際に仕事をする中で行われます。脳に刺激のない研修の例としては、典型的な新入社員オリエンテーションがあります。会社の歴史についてのスライドショーを見て、何名かの部長から歓迎のスピーチを聞き、必要な書類にサインをして、出て行くときに社名入りのバッジを受け取るというものです。新しい仕事について本当に知っておくべきことは、後に部署内で学びます。

「脳の抵抗」とは、学習プロセスを妨害し、学習を低下させ、感情的な苦痛を引き起こす可能性のある研修のことを指します。脳に良くない刺激を与える研修の例は数多くあります。皮肉を言ったり、人を小馬鹿にするような発言をする講師、自

己中心的、防御的、情報不足、または学習者の
ニーズに無関心などです。さらに悪いことに、感
覚的な刺激がなく、講義が多い研修は脳を退屈さ
せてしまいます。

退屈から有益へ

　退屈な指導と脳にやさしい指導の違いについ
て、脳の研究ではどのようなことが言われている
のかを探ってみましょう。第一に、人の年齢、文
化、人種、性別に関係なく、人間の脳は学ぶこと
が大好きであるということです。人間の脳は無駄
のない思考マシンであり、考え、理解し、経験し、
利用するために常に新しいことを探求していま
す。脳が存在する理由は学ぶことであり、遺伝的
に学ぶようにプログラムされています。「注意を
払わないということはあり得ない。脳は常に何か
に注意を払っているのだ」(Wolfe, 2001, p. 81)。

　さらに、人間の脳は学習しないわけにはいきま
せん。十分な刺激を奪われると、脳は内向きにな
り、自分自身の豊かな内的世界を作り始めます。
言い換えれば、白昼夢を見るのです。人は、反復
的な単純作業をしているとき、長時間同じ姿勢を
続けているとき、環境が変わらないときなどに、
退屈して空想をするようになります。

　別の言い方をすれば、人間の脳は新しもの好き
で、感覚的な刺激を受けることで成長します。学
習に積極的に取り組んでいるときに、ニューロン
（脳細胞）とニューロンの間に樹状突起（デンド

ライト）と呼ばれる新しいつながりが脳を成長さ
せています。学習は、「興味、新しさ、感情、意味」
(Caine, Cain, McClintic, & Klimek, 2005, p.
199) によって導かれます。

　一方「習慣化」とは、反復的なことや日常的な
ことであり、脳が周囲で起こっていることに注意
を払うことが益々少なくなります。ある経験（同
じ光景、音、動き、環境など）が何度も同じよう
に繰り返されると（同じ光景、音、動き、環境な
ど）、「脳は刺激に慣れてしまい、無視するように
なる」(Wolfe, 2001, p.82)。

　残念ながら、伝統的な教室の多くは退屈な場所
です。このような環境では、人々は注意を払い、
学ぶことが困難であることに気づきます。教師が
ほとんど／すべての話をし、生徒はほとんど／す
べての話を聞き、教え方は決して変わらず、物理
的環境は決して変わりません。教師や教育機関が
重要だと思う情報を伝えているのでしょうが、生
徒には届いてない状態が続いています。学生は涙
が出るほど退屈しているので、時間が経つにつれ
て、本当の意味での学習は劇的に減ります
(Whittle, 2005, p.148)。

　同じことが伝統的な研修プログラムにも言えま
す。『Micheal Allen's Guid to e-Learuing』の著
者であるマイケル・アレン（この本は、235ペー
ジで紹介しています）はこのように述べていま
す。「退屈と効果は、学習において相互に排他的
な属性である。研修がつまらなければ、効果的で
はない」(2003, p.6)。実際、アレンは退屈の弊

害について熱く語り、次のように述べています。
「心がふらつき、注意力が低下する……学習者は、
学習を終えると、終わったと安心して、できるだ
け早く他のことに逃げようとする。学んだ内容は
ほとんど頭に残っていない……もったいない」
(p.5)。

　しかし、研修は、たとえ高度に技術的であった
り、内容の濃いものであっても、つまらないもの
である必要はありません。講師が脳にやさしい指
導方法にシフトすると、学習体験全体が学習者に
とってより有益なものとなり、講師や教育機関、
企業にとっても有益なものとなります。

　新しい学び方は学習者にとって数多くのメリッ
トがあります。学習者は意欲的になり、新しい学
習内容を受け入れ、学んだことを仕事や将来の活
動に活かそうとするようになります。講師にとっ
てのメリットは明らかです。講師も可能な限り最
高の学習体験を提供するために、常に学び、情熱
を持って挑戦することで、一日の終わりにはエネ
ルギーが高まる可能性もあります。教育機関や企
業にとってのメリットは計り知れないものがあり
ます。従業員の能力と成功へのモチベーションが
向上し、ミスが減少し、顧客へのサービスと従業
員の効率が向上します (Allen, 2003, pp.13-14)。

脳にやさしい学習と研修

　あなたは何千回も脳にやさしい学習を経験して
いるので、実はそれが何を意味するのかはすでに

熟知しています。あなたが以下のようなことをしたときには、あなたは脳にやさしい学習に没頭していたことになります。

■ 純粋な**喜び**のために何かを学んだ

■ **学びたい**と思って学んだ

■ 学んだ後に大きな**達成感**を感じた

■ 必要なことを、**必要なときに**、自分のペースで学んだ

■ **どのように学ぶ**かは自分で決めた

■ 他の人がやっているのを見るのではなく、自分で**やってみた**

■ 他の人に**教えること**で学んだ

■ **協調**することが重要視され、**競争**は少なく、**失敗は当たり前**というような、形式ばらない環境で学んだ

脳にやさしい研修とは、人間の脳が最もよく学習できる方法で進め方を設計し、提供することです。それには、上記に挙げた多くのポイント、喜び、達成感、欲求、必要性、選択、積極的な参加、形式ばらない環境が含まれます。「研究によると、人は全身と心を使って学習していることがわかっています：言語的、非言語的、合理的、感情的、身体的、直観的、すべて同時に学ぶのです」

（Meier, 2000, p.xxiv）。これを要約すると、脳にやさしい研修には、以下の5つの要素が重要となります。

1. ポジティブな体験

2. 常に新鮮な体験にする

3. 問いかけを頻繁に変える

4. 積極的な参加と協働

5. 形式ばらない学習環境

これら5つの脳にやさしい要素について、次ページからそれぞれ詳しく探ってみましょう。

Try it!

ためしてみよう

選んで使おう

次ページからの「脳にやさしい研修の5つの要素」に目を通して、次回の研修に取り入れられそうなものを選びましょう。具体的にどのように適用するかを考えてみてください。例えば、「1. ポジティブな体験」を選択した場合、各コンセプトを提示した後にテーブルグループでのディスカッションを数分間行うことができるかもしれません。「2. 常に新鮮な体験にする」を選択した場合は、教えている内容を視覚的に補助するために小道具を使うと良いかもしれません。「5. 形式ばらない学習環境」を選んだ場合は、カラフルな筆記用具をたくさん用意したり、音楽や壁のフリップチャートを用意したりするといいでしょう。アイデアが浮かんできたら、次回の研修で脳にやさしい要素をどのように活用するか、メモをしておきましょう。

1. ポジティブな体験：
　　感情が学習に及ぼす影響

　脳にやさしい研修は、多くの人が大切にしてきた古い研修のパラダイムを打ち破るものです。特に、「学習は合理的な活動である」といった長年の思い込みがあります。

　人間は、どんなに頑張っても、感情を回避することはできません。私たちが教えたり学んだりすることは、情報だけではないのです。

　すべての思考は最初に感情のフィールドを通過します。「私はこれが好きだ、嫌いだ、これには賛成だ、反対だ、これは私を恐れさせる、快適にする、あれがもっと欲しい、これは要らない」などと、私たちの頭の中に入ってくるすべての事実は、まず感情的なフィルターを通過する必要があります。例外はありません。

　この事実と感情の結びつけは、人間が肉体的に生きていくために不可欠なものであるため、人間の脳に刷り込まれています。例を見てみましょう。森の中に住んでいる人は、ツキノワグマが本能的に人間を避けることを知っています。しかし、もしツキノワグマが自宅の庭に突然やってきたら、最初の反応は、「逃げなきゃ！」となるでしょう。頭の中の情報よりも「怖い」という感情が優先されてしまうのです。クマがあなたよりもあなたを恐れているという事実は、その瞬間には忘れてしまっているのです。

　別の例を考えてみましょう。あなたは旅行代理店の説明会に参加しています。旅行代理店の方がハワイの島々について説明をしている間、背景の画面でビデオが再生されます。ビデオには、火山、ビーチ、ヤシの木、熱帯の鳥や花などのカラフルな島々のパノラマショットが含まれています。説明員とビデオでは、どちらがあなたの注目を奪っていますか？ ビデオの圧勝です。

　どちらの例も、ネガティブなものでもポジティブなものでも、感情に強く結びつけているものは、人の注意を引きつけ、維持することを実証しています。なので、人が注目しているものが学習しているものになるのです。『A Celebration of Neurons』（未邦訳, 1995年）の著者のロバート・シルウェスターは、この本の中で、この現象について説明しています。「感情と注意は、私たちの体／脳が生き残りと繁栄のために使用する原則的なプロセスである」（p.71）。脳は、何が重要であり、何が重要でないかを判断するために、感情と注意を常に使用しています。どちらも、私たちが「重要でないものを監視したり無視したりしながら、重要だと思われるものに焦点を当てる」（Sylwester, 1995, p.71）ことを引き起こす神経メカニズム（脳の力を意味する）を提供しています。

　また、感情は生きていく上での道標となります。心理的な苦痛や肉体的な不快感など、自分に苦痛を与えるものは避け、快感を与えるものを求めるようになります。具体的には、学習者である私たちは不快な気分にさせる研修（「退屈だ、屈辱だ、愚かさを感じる」など）に心理的に抵抗します。一方、快感を覚える研修には積極的に参加します。学ぶべき情報やスキルは非常に難しいものですが、「自分は学べる」という自信があれば、「学ばなければならない」と言われて学ぶ場合や、学ばなければ失敗する危険性がある場合に比べて効果的に学ぶことができます。

　これは、私たちの研修プログラムに参加する学習者にも同じことが言えます。学習者は、自信を持って成功したと感じられる学習経験を探し出して日常（仕事）に戻ります。屈辱を感じるような学習経験は以後、避けるようになるでしょう。

選んでみよう

以下は、2人の講師の発言です。読みながら、それぞれの講師が作り出した感情的な雰囲気を比較してみてください。講師Ａのクラスと講師Ｂのクラス、どちらのクラスに参加したいか、考えてみてください。

■ 講師Ａ：「ようこそ。（班になっているグループに）テーブルにいる人たちに自己紹介をして、なぜ今日ここに来たのか、このクラスで何を学びたいのかをお互いに伝え合ってください」

■ 講師Ｂ：「ようこそ。私の経歴、資格、そしてなぜ私がこの分野の専門家なのかを知ってもらうために、私の自己紹介をさせてください」

■ 講師Ａ：「このテーマについて、皆様がすでに知っている少なくとも６つの事実を、ブレインストーミングすることから始めましょう」

■ 講師Ｂ：「このテーマについて何を学ぼうとしているのかを私からお話します」

■ 講師Ａ：「それは興味深い答えですね。ついでに、この答えも考えてみてください」

■ 講師Ｂ：「それは間違っています。正解はこれです」

■ 講師Ａ：「研修が終わる前に、一緒にこのテーマについて今あなたが知っている新しい事実の一覧を作りましょう」

■ 講師Ｂ：「まとめます。あなたがこのテーマについて学んだことは以下の通りです」

おわかりのように、講師Ａのクラスは、協調的、参加型、包括的、つまり脳にやさしいクラスです。しかし、講師Ｂのクラスはそうではありません。

2. 常に新鮮な体験にする: 時間と体を効果的に使う

どのくらいの時間、座ったままで誰かの話を聞くことができますか？ 言い換えましょう。事実に基づいた講義を、ストーリーや感情、あるいは個人的に内容に結びつけるものが何もない状態で、どれくらいの時間座ったままで聞くことができるでしょうか？ 実際にあなたがそわそわせずに座ったままでいられる時間は、数時間ではなく数分です。

『The Ten-Minute Trainer』（未邦訳，2005年）では、テレビは私たちが情報を10分程度の小さな単位で受け取るようにしていると指摘しますが、これは番組中に入るコマーシャルまでの平均的な長さです。もちろん、それよりも長く注意を払うことはできますが、覚えている情報の量が減る可能性があります。また、体は座っているだけなので、脳への酸素の供給が少なくなり、思考が曖昧になってしまいます。コマーシャルの間の休憩時間は、ほんの数分でもいいから立って動く時

間を与えてくれるのです。

研修にも同じことを適用できます。情報を伝えることが10分以上（20分まではいいが……それ以上はダメ）続くと、学習者が覚えている情報量が減ってしまいます。体が動いていない状態で、聴覚のみ刺激される場合、脳は情報をうまく吸収しません。

しかし、そこに物理的な身体の動き（講師の動きではなく学習者の動き）を加えることで、心身ともに刺激を受けることができます。学習者が10分から20分ごとに参加する物理的な動きを加え

ることで、学習者自身のエネルギーや興味が劇的に変化し、記憶力や定着力が向上します。

学習中に身体を動かすことが重要である理由は簡単なことです。しばらく座った後に立つという単純な行為でも脳への血流を多くし、酸素を約15～20パーセント増加させます（Sousa, 2006, p.34）。つまり、学習者が座っている状態から立っている状態に移ると、学習能力も約20パーセント増加するわけです。別の言い方をすれば、ちょっとした姿勢の変化と動きを加えることによって、学習に大きな変化をもたらします。

Try it!

ためしてみよう

ストレッチ休憩

学習者のために、1時間の講義の中で少なくとも4回の1分間のストレッチ休憩を組み込んでみてください。学習者に何をしたらいいのか、なぜそれが重要なのかを伝えましょう。「身体を動かす（座っている状態から立っている状態にする）ことによって、脳への酸素を約20パーセント増加させ、あなたの脳がより良く働きます。ストレッチをしてから、隣に立っている人の方を向いて、今までの講義で学んだことを口頭で短くまとめて伝え合ってください。終わったら座りましょう。」

休憩中のストレッチは、ストレッチする部位を少し変えてみてください。毎回同じことをやっていると飽きます。ストレッチを一緒にする相手は毎回変えてもいいですし、大きな筋肉（腕、脚、胴体）を伸ばし、次に小さな筋肉（指、つま先、顔）を伸ばしたり、輪になって回ってからパートナーと学んだことを話し合ったりすることもできます。面白い体験にすることで、脳の快感物質であるエンドルフィンの分泌を促します。

『Brain-Based Learning』（未邦訳，2000年）の中で、著者のエリック・ジェンセンは次のように説明しています。「私たちの身近な環境に導入されたどんな刺激でも、それが新しい（斬新）か、あるいは感情に響くような刺激であれば、すぐに私たちの注意を引く」（p.122）。動きとタイミングは、多くの新しい感覚を研修に取り入れる有効な方法です。その他のアイデアを以下に挙げます。

- **聴覚的な刺激**：音楽、リズム、韻、予期せぬ音や沈黙、言葉での話し合い、音読、声のトーンや音量の変化などを利用する
- **視覚的な刺激**：色、形、図表、スライド、グラフィック、画像、物語や類推、比喩、類推、小道具、写真など、重要な概念を可視化するのに役立つものなら何でも使える
- **感覚的な刺激**：学習者の動き（このセクションで説明したように）、異なる筆記用具を使ってメモを取ること、参加型のアクティビティ、筆記用具の操作（ハイライト、下線、重要なポイントに丸をつける、ページをめくるなど）、合図（親指を立てて「はい」と言えば親指を立て、「いいえ」と言えば下に向ける、手拍子や踏み鳴らし、手を上げたり下げたりする）、学習中に体を動かすものは何でも含む

タイミングについて一つ注意点があります。10分ルールは物語形式での説明には適用されない場合があります。著者のチップとダン・ヒースは、著書『アイデアのちから』（2007年）の中で、学習者の心に最も長く残るメッセージは、シンプルで、具体的で、感情的で、物語形式で教えられるものであると指摘しています。優れた物語は、聞き手を精神的に刺激する世界に連れて行き、長くても飽きさせないからです。

3. 問いかけを頻繁に変える：
　参加者の集中力を切らさないために

色々な教え方を加えることも、注意力と定着力を高めるための方法です。1つまたは2つ以上の情報にアクセスする演習を用いることで、「学習者が考え、つながりを作り、新たな神経ネットワークを構築し、自分自身で実行可能な意味と価値を創造することを刺激する」（Meier, 2000, p.40）。このような指導方法には、短い講義、質問と回答の時間、全体または小グループでのディスカッション、事前と事後の評価、読む、書く、聞く、話す、見る、静かなふりかえりの時間、ゲームなどがこれに含まれます。認知科学者のハワード・ピアースは、『In The Owner's Manual for the Human Brain』（未邦訳，2000年）の中で、学習者がさまざまな方法で情報を扱いそのコンテンツに深く関われば、より高いレベルに到達することができると主張しています（p.519）。すべての学習者が、常にすべての教え方に満足するでしょうか？おそらく、それはないでしょう。ただ、多くの人は複数の学ぶ方法の中から自分に最適な手法で学ぶ機会があれば、間違いなく満足することでしょう。

指導の多様性に加えて、学習者がどのコンテンツを学ぶかを選択できるようになれば、学習者は自分自身の学習プログラムを創造することになります（Allen, 2003, pp.154, 156）。具体的で有意義な学びにするために、研修プログラム中で以下のいずれか1つ以上を行うことで、学習者に選択肢を提供しましょう。

- **最初にアクティビティの一覧を見せる**：この一覧は、学習者が研修の概念や用語に慣れるのに役立ちます。例えばインターネット検索をする、この場にいる専門家にインタビューする、配布資料に目を通す、すでに知っていることを他の学習者と話し合う、テーマに関連した質問を書くなど。研修プログラムの開始前または開始時に、一覧の中から1つのアクティビティを選択してもらいます。活動時間は約5分間とします。その後、学んだことについてグループ全体で短いディスカッションを行います。第1部では、さらに多くのアイデアが紹介されています。
- **プレゼンテーション手法の一覧を見せる**：学習者は研修の講義でこの一覧を使用します。各テーブルグループで、一覧にあるアクティビティから1つを使って新しい情報の小さな断片を教えるようにします。もちろん、グループは学習内容について、情報を事前に文書化して学習する必要があります。また、題材を選んでプレゼンテーションの準備の時間（通常

は5〜10分程度）が必要です。実際のプレゼンテーションは5分以内にすることをお勧めします。プレゼンテーション手法の例：短い講義、デモンストレーション、グループ全体でのディスカッション、ロールプレイや寸劇、フリップチャートの説明、ゲームなど。その他の手法については、第2部を参照してください。

■ **学習者に時間軸と内容の復習機会を与える：**
10分間の復習時間の間に、学習者は、読んだり、書いたり、パートナーと概念について話したり、クイズに答えたり、フラッシュカードやその他の記憶の補助ツールを使ったり、ニュース記事を書いたり、テスト問題を作成したりすることができます。また、色付きマーカー、色付き画用紙、インデックスカード、シール、子ども用粘土などの立体的な手芸の材料など、さまざまな素材を使って、学習者にコンセプトのポスターを作成してもらうこともできます。復習の時間が終わった後、学習者はポスターを壁に掛けて、クラス全体の復習として視覚的に確認します。第3部では、さらに多くのアイデアが紹介されています。

■ **研修の特定の部分を学習者がリードできるようにする：**学習者のためのガイドラインを提供し、学習者が教えるために必要な時間と材料を与えます。また、グループ全体ではなく、テーブルグループごとに行うのもいいでしょう。例えば、あるテーブルグループに、研修の最後に5分間のまとめを担当してもらうとします。この活動は、学んだことを積極的に振り返り、口頭でも書いたものでもいいので、

研修に参加している人全員が参加していることが必要であると伝えます。このグループには、研修中や休憩時間に一緒に準備する時間を与えてください。学習者が教え始める前にまずは、自分たちの進め方について説明してもらい、必要な場合はフィードバックができるようにしておきます。その後、時間が来たら、講師は一歩引いて、学習者に進めてもらうようにします。より多くのアイデアについては、第4部を参照してください。

このような方法を取り入れれば、学習者が研修の設計や提供に参加したり、直接参加したりすることで、学習者自身の学習ニーズや目標を満たしていることになります（El-Shamy, 2004, p.69）。

4. 積極的な参加と協働：
　　学習者が学んでいるときに、
　　講師は一歩引く

子どもの頃を思い出してください。皆さんは自転車に乗ることで自転車の乗り方を学びました。キャンバスに色をつけることで絵の描き方を学び、模型を組み立てることで模型の組み立て方を学んだことと思います。あなたはお母さんが模型を組み立てるのを見たかったわけでも、お父さんがキャンバスに色をつけるのを見たかったわけでも、お姉さんが自転車に乗るのを見たかったわけでもありません。確かに、彼らの活動を目にしていたかもしれませんし、行き詰まったときに、彼

らが助けてくれたり、励ましてくれたりしたのはうれしいことでした。ただ、あくまであなたが活動の中心であるべきなのです。もし、他の人がやっているのを見るだけであれば、つまらない体験になっていたでしょうし、学びは限定されていたでしょう。

講師として、私たちは学習者に十分な情報を与えたら、後は学習者が情報を使って学習している間は邪魔にならないようにする必要があります。学習者は、必要に応じて、より多くの情報を求めることができます。例えば、接客サービスの研修では、学習者はまず、効果的な接客サービスのスキルについてブレインストーミングを行います。次に、講師が各テーブルグループに、接客上の問題を含む実際のシナリオを書いて渡します。学習者は、問題解決に役立つ印刷物やインターネット

の情報にアクセスし、問題が解決したらグループ全体に発表します。これに続いて講師は、より詳細な企業固有の接客サービス情報を提供し、学習者が実際の接客担当を演じるようなロールプレイングを行います。

このタイプの学習は、劇的な結果をもたらします。学習者は、より長い期間、より多くのことを覚え、多くの復習学習を必要とせず、学習したことについて自信を持っていると感じることができます。言い換えれば、ほとんどの学習者は、「積極的に参加し、クラスの学習に貢献し、自立した有能な人として扱われたい」と思っているのです（Stolovich, 2002, p.51）。

積極的な参加と協働を促すための提案をいくつか紹介します。

■ **構造から始める**：学習者にまず、これからやってもらうことの構造を知ってもらいます。「構造」には目的、時間的制約、参加者がどのような人たちで、どのような結果を期待しているかという観点が含まれます。

- ■ 学習者はペアを作って講義で習った概念を復習すると事前に伝えます。

- ■ ２分間で受けた講義の中で覚えている事実を６つ以上書き出してもらいます。

- ■ その後、それぞれのテーブルグループに自分たちのリストを共有します。

- ■ また、必要に応じて学習者がそれらを参照

できるように、スライドやフリップチャート（模造紙の束がスタンドに設置されているツール）に皆で書いたものを書き留めておくこともできます。

■ **低リスクから高リスクへと移行する**：最初は、学習者が心理的に安心してお互いやあなたと一緒にいられるような協調的な方法から始めます。ドット投票やターン＆トーク（説明は83ページを参照）のような短くてシンプルなものは、学習者が１人または２人の人と小グループになって概念についての話し合いから始めるのは比較的ローリスクです。誰も大勢の前で話す必要はありませんし、概念を理解していないとバカにされる心配もありません。慣れてきたら、学習者には、ペアでのアクティビティよりもリスクの高い協働作業を大きなグループで行うように促すことができます。

■ **競争よりも協働を選ぶ**：多くの人にとって、競争の激しいゲームはリスクの高いアクティビティのように感じます。エゴが前面に出てきて、伝統的な「私が勝って、あなたが負ける」という考え方になってしまいます。一部の学習者はゲームと勝利で喜び、他の人はそうではありません。誰も敗者にはなりたくないものです。可能であれば、個人対個人ではなく、自然の中でより協力的なゲームや、チーム全体で競い合う（全員が参加する）ゲームを選びましょう。あるいは、研修の中に競技を入れないことも考えてみてください。

■ **学習者にまとめを進行してもらう**：学習者に

学習の仕方に選択肢を与えるのと同じように、学習者同士で研修の共同レビューを行うように促します。講師役は１つまたは２つのテーブルグループを割り当てるか、参加者を募り、５分または10分間で共同でレビューする方法を計画してもらいます。レビューは短く、学習者全員が参加し、提示された資料の復習になっており、学習者に明確な指示が必要です。例えばカードゲーム、小グループでの話し合い、口頭または書面によるクイズ、掲示されたフリップチャート、ボールを投げ合いながらの質疑応答などがよいでしょう。担当になったグループが共同レビューの準備をする際には、ガイドラインに従っているかどうかを確認し、必要に応じて支援します。準備には10分程度はみておいた方が良いでしょう。

『Engaging Learning』（未邦訳，2005年）の中で、e ラーニングコンサルタントのクラーク・クインは、「学習者は自分なりの理解をする必要がある……これは、学習者が自分の理解を磨くプロセスとして、学習者間の対話、学習者とメンターとの対話を通じて自分の理解を改めていく社会的な活動である」と述べています（p.32）。

『Informal Learning』（未邦訳，2007年）の著者のジェイ・クロスは、それを最もよく要約しています。「教師は学ぶ。学習者は教える……熱心な学習者は、自分のやり方で学ぶことを楽しみます。彼らは他の人に教えることから学ぶのです」（pp. 76-77）。

ためしてみよう

スライドを補足してみよう

研修用のスライドを用意します。そこには箇条書きされた事実が3つか4つ書かれており、スクリーンに映し出すのではなく、各テーブルグループに印刷したものを配ります。各テーブルグループでは、スライドを声に出して読んだ後、スライドの内容について話し合い、そこに書かれた内容を補足し、自分たちがすでに知っている情報をリストで追加してもらいます。制限時間は3分です。追加したリストは、後で全体に共有したうえ、講義のコンテンツの一部とします。余裕があるなら、テーブルグループごとにスライドの1項目に関して発表してもらいます。その項目についてすでに自分たちが知っていたこともクラスみんなに発表します。つまり、学習者が直接「教えること」に参加し、学習者が見落としていたり、知らなかったかもしれない詳細情報を追加するのです。

5. 形式ばらない学習環境: 「触るな!」VS「自宅のようにリラックス」

従来の教室では、机は（小学校のように）全員が講師の方を前にした列で並んでいるのか、考えたことがありますか？それは学習に適しているからではなく、清掃しやすいからです。昔は、机やテーブルが等間隔に並んでいる部屋の方が掃除が楽だったようです。今ではそうではないかもしれませんが、多くの教師や講師にとっては、舞台上の出演者に向かって観客がいるように、全員が講師とスライドスクリーンや黒板に向かっている劇場型よりも、効果的な部屋のレイアウト方法があるということは、あまり知られていないかもしれません。

昔ながらの形式的な学習環境が作り出すメッセージは、その中で行われている旧来の教え方と同じように、学ぼうとする脳に矛盾したメッセージを送ります。「座って、前を向いて、静かにしていて、動かないでください。誰とも話さないでください。教師や講師を見て、聞いて、聞いて、聞いて、聞いて」。形式的な学習環境は、「何もするな！」という感覚を学習者に与えてしまいます。

これとは真逆のリラックスした脳にやさしい学習環境と比較してみましょう。円いテーブルや机が円形に並べられ、色紙やペンなどの筆記用具がグループごとに用意されていて、壁にはポスターが貼られていて、音楽が流れていて、サイドテーブルにはスナック菓子や飲み物が置かれているかもしれません。部屋には、魅力的で、親しみやすく、面白いと思わせるのに十分な刺激があります。この学習環境におけるメッセージは先ほどとは大きく異なっています。「自宅にいるようなリラックスした自分でいていいし、移動してもいいし、必要なものを自分で準備してもいいし、会話

してもいいし、教えてもいいし、お互いから学んでもいい」。

形式ばらない学習環境だけでは、脳にやさしい研修であることを保証するものではありませんが、人間の脳の学習方法により適合した教え方であることは間違いありません。ドナルド・フィンケルは、『Teaching with Your Mouth Shut』（未邦訳, 2001年）の中で、「教室の環境に話をさせる」ことを提案しています。「積極的な議論を促したい場合、講師は教室の前に立って話すのではなく、椅子を円形に並べ替え、自らもその1つに座るといい」（p.116-117）と述べています。学習は、「学習者の注意と関心を引き、興味があるテーマで、学習者からの行動を必要とする」環境により、効果的な環境になります。……私たちは、学習の知識面だけでなく、感情面にも取り組む必要があります。そうすることで、学習者は心も体も学習に取り込まれます。」（Quinn, 2005, pp.10, 12）。

比べて比較する

この章を読む前にあなたが人間の学習について持っていた仮説、今まで教えられてきた仮説について考えてみてください。古い考え方と新しい考え方、つまり従来の仮説と脳研究でわかってきたことを書き出して比較してください。どのような類似点がありますか？ どのような点が違いますか？ 脳研究の結果で驚いたことはありますか？ まだ疑問に思っていることはありますか？

Concrete Practice ── つかう ──

では、これらのコンセプトを研修プログラムに取り入れてみましょう。目標は、学習者にとって脳にやさしい研修にすることです。「Concrete Practice ─つかう─」のステップでは、以下のいくつかを試してみてください。

■ **講師を始めたばかりの方へ**：次の項で紹介する「最初の一歩のリスト」を読んで、次の研修で試してみたい方法を1つ選んでください。それがどのように機能したか、より効果的なものにするためにどうしたいかなどを研修後に記録しておきます。そして、また別の方法を選択し、そしてまた次へ……とすべての方法を気軽に使えるように繰り返します。

■ **経験豊富な講師の方へ**：「最初の一歩のリスト」の次に示した「次の一歩のリスト」（35ページ）から、2つ以上の方法を選択します。難易度は「最初の一歩」よりどれも高いものになっています。それぞれの手法を実施して、有効性やあなたが研修で変更した箇所などを記録してください。

■ **要望を軸にする**：最初に、あなたのトレーニングの必要性を確認します。次に、「最初の一歩のリスト」と「次の一歩のリスト」から要望に対応する方法を1つ以上選択します。例えば、研修では参加者同士の議論を増やすべきだと考えれば、それに対応できるように学習者同士が話し合うことを促すような活動を選択してください。

■ **興味を軸にする**：「最初の一歩のリスト」と「次の一歩のリスト」に目を通してください。あなたの興味と好奇心を刺激する方法を選択します。あなたの次の研修でそれを実験し、結果をメモしてください。

次に「最初の一歩のリスト」を紹介します。研修で脳にやさしい要素を使い始めるためのファーストステップとなります。

最初の一歩のリスト

1. **部屋の環境を変える。**周りを見渡してみましょう。そしてどのように感じたかをメモしておきましょう。もっとフレンドリーでカジュアルな居心地の良い空間にしたいとあなたは思うでしょう。学習者がお互いに向き合い、簡単に会話ができるように、教室のレイアウトを変えてみましょう。視覚的な興味を刺激するために、色（壁のフリップチャート、テーブルの上のカラフルな紙、色付きのマーカーなど）を追加します。研修プログラムが始める前に、アップビートなBGMを流し、入り口にウェルカムサインを掲示します。

2. **講師が直接指導する時間を短縮する。**内容や講義資料を10分から20分程度の小さな単位に分けて指導してください。各セグメントがどのくらい続くかわからない場合は、時間を決めてください。割り当てられた時間よりも長く話さないように、研修参加者に「タイムアップ」の合図をしてもらいましょう。

3. すべての学習者が参加できるように、**短時間の復習のアクティビティを使用する。**講義の間には、本書や『The Ten-Minute Trainer』（235ページで紹介しています。未邦訳，

2005年）の1分間の復習を使用します。これらの活動は学習者の関心や定着率を高め、学習者の関心を持続させます。退屈な講義と脳にやさしい講義の違いは、これらの活動によって大きく変わります。

4. **復習のアクティビティをバラエティに富んだものにする。**たとえ楽しいアクティビティで合っても、同じ方法で繰り返されると慣れが生じます。学習者が毎回少し違う方法で教材を復習できるように、双方向の方法に変えましょう。

5. **コンセプトマップ（104ページ）を使用する。**この本の第2部にあるノート作成ツールの中から1つを選択します。スライドのコピーを配る代わりに、各学習者にコンセプトマップを渡し、それにメモを取るように伝えます。直接指導の途中で一時停止して、メモを取る時間を与えます。

次は、経験豊富な講師のための「次の一歩のリスト」です。

次の一歩のリスト

1. **研修の最初と最後には学習者に再度、焦点を当ててから研修を終了とする。**本書の第1部と第4部の方法を使用し、学習者自身が意味付けをし、まとめるアクティビティをしてもらいます。

2. **学習者間のディスカッションに始めり、ディスカッションで終わる。**講義の前後に小グループで短い議論を行い、学習者を巻き込みます。話す内容や議論の長さは調整をしてください。以下に、学習者に与える議論テーマの例を挙げます。

   - ■「このテーマについてすでに知っている事実をリストアップしてください。」

   - ■「あなたが答えを望んでいる質問を書き出してみてください。」

   - ■「これまでに学んだことを2分でまとめてください。」

   - ■「次の3分間で、この内容に関するテスト問題を2つ作成してください。」

   - ■「今学んだことをこのテーマに関連して自分で経験したことと比較してください。」

   - ■「このテーマについて新たに知ったことを6つ以上、素早く書き出してみましょう。」

   - ■「今聞いたことについて大切だと思うことをテーブルグループで共有しましょう。」

3. **学習者に内容の一部を教える機会を提供します。**参加者にとって最も学びやすい概念を選んでもらいます。「もし自分の声が出なくなったら、どうやったら学習者同士がお互いに教え合ってもらえるだろうか」と考えてみてください。本書の第2部のアイデアが参考になると思います。最も効果的な方法を記録して

おき、研修を通してさまざまな方法で活用してみてください。

4. **自由形式の質問をする。**学習者が一つの正解だけでなく、いくつかの答えを考え出さなければならないように質問を選択式ではなく、自由形式にします（質問の正解が一つしか存在しない質問はしないでください）。学習者が口頭で答えを述べる前に、考えられる答えを学習者同士で話し合ってもらいます。「この質問には６つの答えが必要だ」とか、「次の質問に少なくとも３つの答えを思いつくかどうか考えてみよう」など、目標を与えてください。他のバリエーションとしては、以下のようなものがあります。

■「ペアになった人と一緒に、この質問に対する答えを２つ挙げてください。」

■「テーブルグループと一緒に、考えられる答を５つ挙げてください。」

■「１分間で、クラス全体でどれだけの答えを作れるか試してみましょう。」

■「あなたのテーブルグループは２分でこの質問にいくつの答えを出すことができますか？」

■「ペアになった人と一緒に、この質問の答えを見つけるために必要な手順をリスト化してください。」

5. **背後にあるメッセージに注意を払ってください。**自分の対話パターンをよく観察してください。クラス全体を包み込み、敬意に満ちたものであることを確認してください。例えば、学習者との会話では、学習者が主役になっているか、講師が主役になっていないか。学習者の個人的な体験を共有する時間を設けているか、それとも講師が話をして学習者との対話の時間をほとんど設けないか。「今から○○について話します」と言って、講師がほとんどの話をしていませんか？学習者の話に耳を傾けたことがわかるように、学習者の発言を言い換えていますか？ あなたの発言は、あなたのボディーランゲージや声のトーンと一致していますか？ あなたの言語的、非言語的な対話の習慣は、学習体験を高めることも、損なうことにもなります。学習者は、あなたが意識していなくても、あなたが送るメッセージを受け取ります。注意を払い、自分自身の言動と一致していないメッセージがあれば変えていきましょう。

6. **一歩引いて、学習者に学ばせてあげてください。**講師のエゴを教室の外に置いて あなたが学習者よりも多くのことを知っていることを忘れてください。自分が専門家であることを忘れてください。常に学習者の注意や集中力の中心になることなく、学習者に教える方法を見つけることに挑戦しましょう。学習体験全体を通して学習者を巻き込み、参加させるアクティビティを選択する際には、生徒を主役にすえ、生徒が学習する中で生徒が輝けるような方法を考えてみましょう。

Conclusions ── まとめる ──

『How the Brain Learns』（未邦訳，2006年）の中で、著者のデイビット・スーザは、脳にやさしい学習体験を創造する上で、教育者や講師が果たす重要な役割を次のようにまとめています。「教育者（と講師）は、人間の脳を毎日変化させることが仕事である唯一の職業である」（p.10）。

何が効果的で何が効果的でないのかを見極め、新しい研修手法の有効性を判断し、学習者の役に立たない古い研修手法を手放し、人間の脳がどのように学習するのかについて学びながら、自分が知っていることを他の人に教えることが、私たちの挑戦なのです。

脳にやさしい研修とは、人間の脳を中心に設計された研修を提供することに他なりません。私たちは教室の脳科学者です。私たちは実験を行い、発見をし、結果を記録することで、他の人が私たちが学んだことを利用できるようにしていくのです。

"知識には能動的な学びが必要である。
能動的な学びと権限移譲は切っても切れない関係にある。
能動的な学びとは貢献する機会であり、学習とは参加することである。
私たちは生涯学習者である。"

ジェイ・クロスおよび IRL (Institute for Research on Learning)
『Informal Learning』（未邦訳），2007年，pp.245-246

1分間コンクルージョン

以下の余白に、この章からあなたが最も重要だと思う主なポイントを簡単に要約して書いてください。今まで知らなかったことで、新しく知ったことは何ですか？ この情報は、あなたが学習について抱いていた以前の認識をどのような形で変えましたか？ この情報をどのように使いますか？

1分間コンクルージョン：当てはまる文章を見つけよう

以下の文章に、選択肢のリストから文章を選択して記入をしてください。それぞれの文は一度だけ使用できます。
音読して自分の答えをチェックしてみてください。
これらの単語を当てはめて意味が間違ってなければ、あなたの答えは正解です。

1. この本によると、私の最大の課題は… _____

2. _____ とは、同じことを何度も繰り返すと、脳がその刺激に対して感じる興味や関心が薄れる現象です。
   つまり、反復的なものやルーチンに対して無関心になる特徴を指します。

3. 脳にやさしい研修は _____ を使用しています。

4. 講師主導、内容重視、講義中心の研修は _____ を増幅します。

5. テレビは私たちが _____ で情報を得ることを条件にしています。

6. 脳にやさしい研修環境は _____

選択肢：

■ 小さな単位または分割された時間

■ 脳の抵抗

■ 慣れ

■ リラックスした環境で視覚的にも面白い共同作業の場

■ ポジティブな感情、多感覚の刺激、指導の多様性、積極的な参加

■ 学習者がお互いに話し、交流し、教え、学ぶことができるように、講師は一歩引いて、話す量を少なくする

トレーナーの道具箱

この章を振り返り、あなたにとって最も有用な概念と手法をこの道具箱に書き込んで、
このページに付箋を貼っておき、研修の準備にいつでも使えるようにしましょう。

Connections ── つなげる ──────────────── 1分間コネクション ①

ファストパス

23ページの回答

あなたの答えを以下のものと照らし合わせてみてください。そして、次回の授業や研修の際には、この情報をどのように活用していくか考えてみてくださいね。

1. 人間の脳は、提示された情報が<u>感情的なものと合理的なもの両方</u>であるときに最高の学習をする

2. 人間の脳にとって、注意を払うことは、ほとんどの場合、<u>無意識の選択</u>である

3. 集中力は学習環境が<u>変化する</u>ときに増加し、環境が<u>変化しない</u>ときに減少する

4. 講師が伝えている時間は<u>長い</u>よりも<u>短い</u>方が好ましい

5. 人間は自分で<u>物事を理解した</u>ときに、より多くのことを覚えている

6. 最適な学習のためには、脳や心が活発なときに、身体は<u>動いている</u>

3章

「4つのC」
迅速かつ効果的な研修の設計

"研修の中身をデザインすることが目的ではありません。
私が皆さんに持ち帰っていただきたいのは、
「私たちは体験をデザインしている」ということです。"

クラーク・クイン
『Engaging Learning』（未邦訳），2005年, p.10

Connections ── つなげる ──────────────

あなたが新しい学習体験、つまり、クラス、レッスン、ワークショップ、プレゼンテーション、研修を設計するときに、あなたは何をしますか。自分の行動に最も近いものを選ぶか、回答を自分で書き込んでください。

■ 正式な計画はないので、資料を自分なりにまとめる
■ 教育設計モデルを教わった／使っている
■ 自分で教育設計を作り、それを使用している
■ 他の誰かがデザインをして、私はただ教材の通りに教えるだけ
■ 設計とかプランについてあまり考えたことがない
■ 上記以外の回答：_____

この章を読んだ後で、自分が何を継続したいのか、何を変えたいのかがわかるように、現在自分がどのように研修を設計しているのかを、このアクティビティを使ってよく認識しておきましょう。この章では、簡単で、学習と適用に時間が掛からず、シンプルな教育設計と研修提供方法である「4つのC」を解説していきます。この「4つのC」では、研修内容や学習者に依存せず、どんな情報配信プログラムを計画するときにも使用できます。多くの講師は、正式な進め方や手順を知らずに研修を設計しています。あるいは、ある特定の方法を学んだとしても、それは簡単ではなく、タイムマネジメントが難しく、あるいは十分に記憶に残るものではないという理由で、その方法を使わないこともあります。これらの問題を解決するのが「4つのC」です。

想像してみてください…

あなたは「金融投資入門」と題されたドン先生の短期大学の夜間クラスに出席しています。あなたが部屋に入ると、ドン先生はあなたに挨拶をして、インデックスカードを渡しました。そこにはこう書いてあります。「金融投資が初めてであれば、右側の壁のそばに立ってください。金融投資

のご経験があれば、左側の壁のそばに立ってください。そして、そばに立っている3人に自己紹介をして、このクラスで何を学びたいかを伝えてください。」2つのグループが形成され始め、あなたは経験の少ない方のグループに参加し、そばに立っている他の人と数分おしゃべりをして過ごします。その後、ドン先生はあなたに反対側のグループからこのクラスの学習パートナーとなる人

を見つけるように指示します。あなたとあなたのパートナーは、経験のある投資家と経験の浅い投資家のペアになります。そして、他の2組のペアと一緒に一つのテーブルに座ります。

ドン先生が自己紹介をした後、各テーブルに置かれているインデックスカードの山を、みんなで協力して素早く分類するように指示します。それぞれのカードには金融投資に関連した記述が印刷

されており、それらをグループで「○（正しい情報）」の山と「×（誤った情報）」の山の２つに分類しなければなりません。このカード分類作業の後、ドン先生は、カードを正しく仕分けできたかどうかは、これから説明する入門講義を聞くことでわかると言います。ドン先生は次に「コンセプトマップ」と書かれた枠が印刷された用紙を配り、彼の話を聞きながらそこにメモを取るように指示します。短い説明の後に彼は一旦中断し、あなたがメモを取ったり、○×カードの山が正しかったか確認できるようにします。この休憩時間（ふりかえりの時間）に、あなたのテーブルグループは、いくつかのカードを別の山に移動しました。さらに、ノート用紙に授業の学習成果と投資の入門情報を記入します。

その後、ドン先生は「50分差し上げますので、コンセプトセンター（12章で解説します）をまわりながらお過ごしください」と言って、壁に沿って設置されたいくつかのテーブルを指し示します。各テーブルには番号とタイトル（１株、２債券、３投資信託、４年金、５短期金融市場）が貼り出されています。このコンセプトセンターに参加し、各センターごと約10分間、テーブルに用意されている配布資料、質問、ゲーム、小テストなどを使ってさまざまな投資オプションについて生徒が自ら学びます。時間はあっという間に過ぎ、各センターからセンターへと移動しながら、各投資オプションの概要を理解していきます。アクティビティの最後には、生徒たちがセンターから

学んだことについて話し合って終わります。

コンセプトセンターのアクティビティに続いて、ドン先生は印刷したケーススタディを各テーブルグループに配ります。あなたのテーブルグループはファイナンシャル・プランニング会社の役を演じ、顧客に投資アドバイスをします。あなたのグループは、ケーススタディについて話し合い、顧客に最善のアドバイスをすることに同意し、その情報をクラスに発表します。クラスはそのアドバイスについて議論し、コメントや提案をする機会を設けます。ドン先生もアドバイスをします。この実習に使われる時間は約45分です。

最後に、夜の授業が終わる前に、ドン先生は、あなたが何を学んだか、次の授業のときに聞きたい質問の準備、そしてこの新しい情報をどのように使用するのかを「学習ログ」── 日記のようなものに記入するように指示します。

あなたがクラスから出ると、生徒たちの間には興奮した雰囲気が漂っています。従来のやり方だと退屈になりそうなトピックだったのに最初から最後まで人を惹きつけ続ける授業になりました。ドン先生の授業設計のおかげだと実感しています。

ドン先生が３時間もの間、あなたを積極的に参加させるために何をしたのかを見てみましょう。彼は「４つのC」と呼ばれる強力な４段階の進め方を用いて授業を設計し、実施しました。

1. １つ目、「あなたはどこに立つ？」と「○×

ゲーム」のアクティビティを使って、テーマや他の生徒と意味のあるつながりを作りました。

2. ２つ目、最初に配られた図が書かれた図解用紙にノートを取り、コンセプトセンターに参加したりして、生徒自身が積極的に投資の概念を学びました。

3. ３つ目、テーブルグループでケーススタディについて議論し、発表しました。実社会で活用できるような、関連性があり、有用なものでした。

4. ４つ目、学習ログを使って自分の学習の進捗状況をまとめ、評価することで、あなたと他の生徒が学んだことについて自分なりの結論を出しました。

Concepts ── つたえる ──

「４つのＣ」（以下、４Ｃとも略します）による研修の提供は、講師にとって覚えやすく使いやすいものであり、学習者にとっても脳にやさしい研修が提供できます。この点が他の多くの教育設計モデルとの違いです。そのステップは、設計のガイドであると同時に、提供のガイドでもあります。両者は手を取り合って行動します。設計と学習環境の提供という２つをシームレスに統合することで、時間を節約する一石二鳥のアプローチとなるのです。

ここでは、「４つのＣ」の設計と提供の各ステップと、各ステップで学習者が何をするのかを簡単に説明します。

■ １つ目のＣである「Connections ―つなげる―」は、研修の始めやオープニングのステップです。また、研修の事前宿題の時間も含まれることもあります。このステップでは、学習者は、研修の内容についてすでに知っていること、または知っていると思っていることを関連付けます。また、研修グループの他の学習者や、講師であるあなたとの間で、これから学ぶことや学びたいことを関連付けます。第１部では、このステップについての詳細と15の「Connections―つなげる―」のアクティビティについて説明しています。

■ ２つ目のＣである「Concepts ―つたえる―」は、研修の指導、講義、プレゼンテーションのステップです。このステップでは、聞く、見る、議論する、書く、考える、想像する、参加する、他の人に教えるなど、色々な方法で新しい情報を取り入れます。第２部では、このステップについての詳細と20のアクティビティを紹介しています。

■ ３つ目のＣである「Concrete Practice ―つかう―」は、通常、情報提供の後に行われる率先的な復習のステップです。このステップでは、学習者は新しい情報をつかって積極的にスキルを実践し、学んだことを積極的に復習し、自分が知ったことやできるようになったことを他の人に教えます。第３部では、このステップのための詳細な情報と15のアクティビティを提供しています。

■ ４つ目のＣである「Conclusions ―まとめる―」は、研修のまとめのステップです。また、研修後の時間を含めてもかまいません。このステップでは、学習者は学んだことをまとめ、それを評価し、それを仕事や生活の中で活用することを約束し、学習経験を短くお祝いして終わります。第４部には、このステップのための詳細な情報と15のアクティビティが掲載されています。

４つのＣと加速学習

「４つのＣ」の進め方と提供方法は、20世紀後半に始めった教育と心理学の研究がルーツとなります。神経科学分野での発見や、学習スタイル、学習教材、多重知性に関する新しい情報の入手が可能になったことで、現在では「加速学習」と呼ばれている教育と研修へのアプローチに４Ｃは貢献しています。（International Alliance for Learning の The History of Accelerated Learning のウェブページを参照。www.ialearn.org/history）。

加速学習の権威であり、『the Accelated Learning』（未邦訳，2004年）の著者であるデイブ・マイヤーによると、加速学習の基本的な考え方は以下の通りです。

■ 学習は、心だけでなく身体も関わります。

■ 学習は、情報を消費するのではなく創造する行為です。

■ 学習する際は、人間の脳の中で、一度に多くのことが行われます。直線的に同じ時間で一つのことだけをするものではありません。

■ 共同作業は学習を増加させ、孤立や競争は学習を減らします。

■ 内省とフィードバックを積極的に行うことに

よって、初めて学習をしていることになります。受け身の姿勢では学習にはなりません。

■ ポジティブな感情とイマジネーションは学習を向上させ、両方が欠けていると学習を阻害します。（pp.9-10）

したがって、加速学習は、脳にやさしいアプローチになります。前章の「脳にやさしい研修」の要素（備忘録として以下に挙げます）も、加速学習の要素です。

1. ポジティブな体験
2. 常に新鮮な体験にする
3. 問いかけを頻繁に変える
4. 積極的な参加と協働
5. 形式ばらない学習環境

加速学習の研究や、教育や心理学の分野で行われた研究から、多くの人が最もよく学べる方法に基づいた4段階の教育設計と提供モデルである4Cが生まれました。4Cもしくは加速学習は、多くの教育者や講師によって採用され、それぞれの研修プログラムや学習者のニーズに合わせてアレンジされ、使われています。

マイヤー氏は、加速学習モデルを「4段階の学習サイクル」（p.53）と題して、各ステップに名前をつけました。

第1段階：準備——興味の喚起と学習へ心を開く

第2段階：プレゼンテーション——新しい知識やスキルとの出会い

第3段階：実践——学んだことをまとめる

第4段階：パフォーマンス——新しい知識やスキルを実際の生活の中で応用する

『The Ten-Minute Trainer』（未邦訳，2005年）という私が以前に書いた本の「研修マップ」というモデルでは、4つのステップに以下の名前をつけました。

ステップ1：コネクションを作る

ステップ2：コンセプトを説明する

ステップ3：スキルを実践する

ステップ4：学びを祝う

そしてこの本では、4つのステップの名前をよりシンプルに4つのCから始める言葉にして、覚えやすく、扱いやすいようにしています。

私が名前の変遷までお伝えしたのは、名前をつけることで、設計と提供のプロセスを覚えるのに役立つからです。各ステップを何と呼ぶか自体はさほど重要ではありません。この4Cモデルに慣れてくると、講師としての専門知識と研修参加者の学習ニーズの両方に合ったオリジナルバージョンを作ることになるでしょう。私の「トレーナーをトレーニングする研修」の参加者の多くは、すでに「4つのC（4Cs）」の単語（「Connections —つなげる—」「Concepts —つたえる—」「Concrete Practice —つかう—」「Conclusions —まとめる—」）を、C1、C2、C3、C4と略して使っています。

加速学習コースビルダーの創立者、トム・マイヤーは、4つのステップを要約して次のように述べています。「加速学習のこの4つのモデルは、子ども、若者、仕事をしている人など、あらゆる年齢層の人々に適用されます。これらの4つの段階のすべてが学習プログラムの中で1つ以上存在しない限り、効果的な学習は起こらないでしょう」。

ためしてみよう

加速学習データ探し

加速学習に関する20世紀の研究、あるいは一般的な脳の研究についてもっと詳しく知りたい方には、本書の巻末に収録の「素晴らしい参考資料」（234ページ）を一読することをお勧めします。また、次のキーワードでインターネット検索を行い、何が見つかるか試してみてください。

- 加速学習（Accelerated Learning）
- 脳を使った学習と研修（Brain-Based Learning and Training）
- 脳にやさしい学習と研修（Brain-Friendly Learning and Training）
- 学習サイクル（The Learning Cycle）
- 神経科学と学習（Neuroscience and Learning）

加速学習に関する最高のインターネット情報源は、加速学習センターの公式ウェブサイト（www.alcenter.com）にあります。無料でヒントや、利用可能な優れたツールについての情報を見つけられます。なかでも最も優れた参照情報は加速学習センターの共同ディレクターであるトム・マイヤー氏が執筆・編纂した「加速学習構築方法（The Accelerated Learning Coursebuilder）」（未邦訳，1999年，サイト内で販売）です。この資料は加速学習のあらゆる側面をカバーしており、数百もの有用な学習アクティビティと、4段階の教育設計と提供モデルの例が多く含まれています。

設計と実施時に向けたアドバイス

ここでは、4Cを試す際に注意すべきことをいくつかご紹介します。

- **「終わりを思い描くことから始める。」**とは、スティーブン・コヴィーの『7つの習慣』（2004年）からの引用です。効果的な研修には目的を持って始めることが必要です。学習者が学んだことを使って何ができるようになってほしいのかを目的に据えます。別の言い方をすれば、学習成果、あるいは目標とし

て据えられる、参加者や生徒が「理解」すべきことは、すべて「観察可能な学習成果」に置き換え可能であるべきです。研修内容を設計するときは、観察可能な学習成果リストをまず作成し、研修内容のすべてをこのリストに結びつけます。

観察可能な学習成果の例：昆虫駆除のクラスで技術者は適切な殺虫剤散布の手順を実演する。

観察不可能な学習成果の例：技術者は散布手順を知る。

この効果的な学習成果の書き方の詳細については、「22章 終わりから始める　学習成果への新たなアプローチ」（206ページ）を参照してください。

- **「知っておいてほしいこと」だけを教える。**講師にとって最も難しいことの一つは、学習者が知っておくべき情報と、知る必要のない情報とを選別することです。多くの場合講師は、すべての情報は同じように重要であり、教えなければならないと思い込んでいます。ここに例を挙げてみましょう。新しいデータベー

スプログラムを使用する際、会社の従業員は
ログオン方法、ログオフ方法、セキュリティ
コードの変更時期などを知る必要があります
が、これらは重要な事実であり、それがなけ
れば仕事ができません。会社がデータベース
プログラムを変更することにした理由や、新
しいプログラムを使用することで、古いプロ
グラムと比べてどのようなメリットがあるか
ということは、重要な情報ではないでしょう。
あなた自身の研修プログラムについては「学
習者がより良い仕事をするために、あるいは
生活の質を向上させるために、何を知る必要
があるのか」と自問自答してみてください。
例を元にしたより具体的な質問は「従業員が
知る必要があり、それが不足していると仕事
に支障をきたす可能性があるものは何か」で
す。これは、４Ｃの「Concepts ―つたえる―」
に配置された情報です。その他の知っておい
て損はないことは、配布資料や資料にまとめ
ておくか、研修の後半で時間があるときにの
ために取っておきます。

■ **設計の順番は任意。**研修設計のまとめ方は十
人十色です。講師の中には、すべての
「Concepts ―つたえる―」をリストアップし
てから、「Concrete Practice ―つかう―」
「Connections ―つなげる―」「Conclusions
―まとめる―」を決める人もいます。ある講
師は、「Connections ―つなげる―」から始
め、他の３つのステップを経て順番に設計し
ていく人もいます。十数個の教えたいことを
ブレストし、このリストから研修設計のス

テップに入れるものを選びます。最初に最も
興味深いもの、最も困難なもの、またはあな
たがすでに情報を持っているかアクティビ
ティを体験したことがあるものから始めるこ
ともできます。あなたにとって、やりやすい
または最も機能するアプローチを選んでくだ
さい。

■ **部品を使って組み合わせを試してみよう。**研
修要素をまとめる際には、さまざまな選択肢
で遊んでみて、各ステップに何を含めるかを
最終的に決定します。これを行う方法の一つ
は、テーマに関連する重要なコンテンツと、
テーマに関連するいくつかのアクティビティ
を、それぞれ付箋に書き留めておくことです。
その後、付箋を移動させて取捨選択します。
例えば、好きなゲームが割り当てられた時間
やテーマに合わない場合は、そのゲームを選
ばずに別の研修のために取っておきましょう。
どうやって並びを考えるかの例を挙げます。
カスタマーサービス（CS）研修では、効果的
な接客についての講義の後に、接客手順を実
践する寸劇（ロールプレイ）を行うのは理に
かなっています。最初の講義を復習せずに、
すぐに次の研修要素の講義を始めるのは学習
者の記憶に定着しません。また、学習成果と
して得たい概念以外を含めることも意味があ
りません。すべてのコンテンツとアクティビ
ティを研修の学習成果に合わせることを忘れ
ないでください。

■ **流れを作ろう。**パズルのすべてのピースが集
まったら、それらを組み合わせて流れができ

るかどうか、パズルのピースの組み合わせが
適切なのか、流れがスムーズか確認していき
ましょう。もしつながりが弱く断片的な印象
があるなら、つながりができるように変更し
ます。このタイミングでは、進める順番を変
更してもかまいません。例えばですが、
「Connections ―つなげる―」から始めて、
「Concepts ―つたえる―」と「Concrete
Practice ―つかう―」を何回も行ったり来た
りしながら研修で伝えたいコンテンツをまと
めてつたえることもできます。そして最後に
「Conclusions ―まとめる―」を行い、研修全
体を締めくくるのです。具体的な例：転職支
援研修で学習者がどのような仕事に応募した
いかを決めます（「Connections ―つなげ
る―」）。そして彼らは応募フォームを埋める
練習をします。履歴書を書き、面談のアポイ
ントメントを取り、面談をし、フォローアッ
プの連絡をします（「Concepts ―つたえる―」
と「Concrete Practice ―つかう―」を行っ
たり来たりします）。最後に、実際の面談を経
験し評価します（「Conclusions ―まとめ
る―」）。

■ **順番に実施する。**４Ｃは順番通り実践しましょ
う。「Connections ―つなげる―」「Concepts
―つたえる―」「Concrete Practice ―つか
う―」「Conclusions ―まとめる―」。上で述
べたように、２つのステップを行ったり来た
りして順番を変えたり、２つのステップを組
み合わせたりすることもあります
（「Concepts ―つたえる―」と「Concrete

Practice ―つかう―」はこの方法の方がうまくいくことが多いです）。これは全く問題ありません。ただ、多くの場合は順番通りに行われます。各ステップのタイミングは、研修の長さ、教えるべき情報量、グループの規模、情報へのアクセス方法、得たい学習成果など、多くの変数により変化します。

■ **できるだけ多くを学習者に手渡す**。学習者同士で内容の一部を教え合うという選択肢を検討してください。また、できるだけ多くの復習アクティビティを学習者がリードできるよ

うにします。少しの準備（と本書の第1部から第4部のアイデア）があれば、学習者がお互いに教え合って学習することの効果に驚くことでしょう。

■ **うまくいかないときには変えてみよう**。「いつもうまくいく方法は存在しない」という言葉は、研修の進め方にも当てはまります。「4つのC」はほとんどの学習者には効果があると思いますが、最高の研修を計画していても、予想外の問題にぶつかることもあります。柔軟性を持ち、必要に応じて計画を変更できる

ようにしておきましょう。

■ **講師自身は一歩引いて、学習者に学ばせてあげよう**。学習者が話せば話すほど、学習者はより多くのことを学ぶことができることを思い出してください。講師からはこんな指示が増えるはずです。「議論しましょう」「書いてみましょう」「動いてみましょう」「創りましょう」「質問しましょう」「参加しましょう」「練習しましょう」「教え合いましょう」。研修の設計や提供方法の各段階で、学習者が積極的に参加できる機会を設けてあげてください。

Concrete Practice ───── つかう ─────

実際にやってみよう

あなたが教えるテーマで4Cを実践してみましょう。このアクティビティを行う場合は、約10分間の時間を確保してください。このアクティビティの終わりには、次のようなことができるようになります。

- 次回の研修で使える研修の進め方を完成させる
- 自分にとって意味のある教材を使って、研修の進め方を設計できる
- 次回研修を設計する際には今回の設計プロセスを流用して簡単に準備ができる
- 同僚から研修設計の方法を聞かれたときに、設計方法を説明できる

このエクササイズを行うために、12枚のインデックスカードまたは中サイズのポストイット、5枚の白紙のA4用紙、マーカーペンまたは鉛筆を用意します。材料ができたら、次のステップに進みます。

1. A4用紙の1枚目には大きく読みやすい字で「テーマと学習成果」とラベルをつけます。他の4枚のプリント用紙には、「4つのC」のステップ（「Connections —つなげる—」「Concepts —つたえる—」「Concrete Practice —つかう—」「Conclusions —まとめる—」）のラベルを、それぞれ1つずつ貼ってください。目の前のテーブルの上に用紙を並べます。

2. 教えるテーマを考えます。例えば、顧客サービスのスキル、社内データベースの使い方、新入社員のオリエンテーション、職務上の安全性、リーダーシップ等のテーマが考えられます。1枚のインデックスカードに1つのテーマを書き、「テーマと学習成果」の紙の上に置きます（この章の始めで紹介したドン先生の授業のテーマなら「金融投資入門」になるかと思います）。

3. 目的を持って始める。学習成果を1つ、つまり、研修終了時までに学習者の観察可能な学習成果を1つ考えてください。1つのテーマには多くの学習成果があるかもしれませんが、とりあえず1つだけ選んでください。他の成果は後で書き直してもかまいません。学習成果は観察可能なものでなければならないので、「知っている」「理解している」「学んでいる」という言葉は使わないでください。学習成果を別のインデックスカードに書き、「テーマと学習成果」用紙に貼ってください。この時点から行うすべてのことは、この学習成果に結びつけられます（ドン先生の学習成果カードには「5つの投資の選択肢を定義し、説明しなさい」といったふうになるでしょう）。

4. 必要な知識だけを教えます。テーマに関連する概念を1枚のカードにいくつか書き留めます。これらを「Concepts —つたえる—」の紙の上に置きます。「Concepts —つたえる—」の紙の上に置かれたカードは、研修の間に説明する「知っておいてほしいこと」です（ドン先生のコンセプトカードは次のようになります。「金融投資の概要、投資の選択肢：株式、債券、年金、投資信託、金融市場の定義、説明、例」）。

5. 設計は順不同。学習者を巻き込みながらコンセプトをつたえる方法をいくつか考えてみてください。それらの方法をインデックスカードに書き留め、コンセプトカードと一緒に「Concepts —つたえる—」の紙の上に置いてください。あなたが以前に使ったことのある方法でも、他の講師が使っているのを見たことのある方法でも、この本の第2部に掲載されているものでもかまいません（ドン先生の場合は「コンセプトマップを使ってメモを書いてもらう、コ

ンセプトセンター」を使いました。どちらのアクティビティもこの本の第2部に掲載されています)。

6. コンクリートプラクティスカードは、コンセプトを学んだ後に学んだことを練習したり、復習するアクティビティになります。1、2枚のコンクリートプラクティスカードを書いて、「Concrete Practice ─つかう─」の紙の上に置きます。この本の第3部のアクティビティを使うこともできます（ドン先生のコンクリートプラクティスカードは「小グループでのケーススタディディスカッション、小グループが全体へのプレゼンテーションを行う、全体でのディスカッション」となります）。

7. 「Concepts ─つたえる─」と「Concrete Practice ─つかう─」が計画されたので、頭の中で研修の最初の部分に戻ってみてください。研修の冒頭で学習者が行う必要があるテーマと学習者、そして学習者同士の関係性について考えてみましょう。ここでも、自分がよく知っているもの、使っているのを見たことがあるもの、またはこの本の第1部にあるものを選ぶことができます。「Connections ─つなげる─」で使うアクティビティをインデックスカードに書き留めて、「Connections ─つなげる─」の紙の上に置きます。1つだけでも、時間があれば複数の手法を選んでもかまいません（ドン先生のカードには、「あなたはどこに立つ?」と「○×」と書かれています。どちらも、この本の第1部に掲載されているアクティビティです）。

8. 学習者が学んだことをどのようにまとめ、評価、利用してほしいかを考えてください。「Conclusions ─まとめる─」を説明するカードをもう1、2枚書き出して、「Conclusions ─まとめる─」の紙の上に置きます（ドン先生のコンクルージョンカードには「学習ログ」と書かれています。本書の第4部で解説します）。

9. 研修のパーツを使って遊びながら、流れを考えてみましょう。4つのCのコンテンツとアクティビティを調整しながら、研修がどのようにステップからステップへと流れていくのかを想像してみてください。各ステップが実行されるときに、学習者としてどのように感じるかを想像してみてください。以下を自問自答し、必要に応じてインデックスカードを並べ替えてください。

■ 研修が1つのステップから次のステップへとスムーズに流れていくために、何を追加したり変更したりすることができますか?
■「知っておいてほしいこと」だけを教えていますか?
■ 学習者に主体的にやってもらえるものは何か?
■ すべてのステップが学習成果に結びつけていますか?
■ 学習者は、すべてのステップに参加していますか?

10. すべてのパーツを記入したので、紙やカードを並べ替えて研修全体のプロセスを整理して読んでいきましょう。「テーマと学習成果」「Connections ─つなげる─」「Concepts ─つたえる─」「Concrete Practice ─つかう─」「Conclusions ─まとめる─」の提供順にします。

11. できるだけ多くのことを学習者にやってもらい、講師自身は一歩引いて、彼らに学ばせましょう。

これで設計は完了です。後は、研修設計を自分に合った印刷可能な形に変換するだけです。パソコンに入力して印刷したり、紙にアウトライン化したり、インデックスカードを順番に並べたり、スクリプト化したり、何でもいいので、すぐに使えるようにしておきましょう。また、後で詳細をリストアップする必要があります。研修資料、スライド、配布資料、タイムライン、およびすべての研修の必需品などです。しかし、あなたはもう、この演習で基本的な設計と提供のプロセスを理解できたと思います。これで、学習者の脳にやさしい研修、つまり、学習者が取り組める研修を非常に短い時間で完成させることができたのです。自分を褒めてあげてください。そして、研修を提供し、その結果を記録してください。

Conclusions ── まとめる ──

この章では、「４つのＣ」の設計方法と提供方法の概要を説明しました。４Ｃモデルは加速学習に基づいているため、効果的な研修を設計し提供するための、脳にやさしいアプローチとなっています。４Ｃを使うことは、参加者が学習体験全体に関与し、最終的には学習教材の記憶への定着と応用力を高めることにつながります。

この章の最後（55ページから）には、以下を掲載していますので参考にしてください。

■ 4C モデルの説明

■ あなたの研修のための4C テンプレート

■ リアルな研修の4C の例（「金融投資のイントロダクション」）

■ オンラインでの4C の例（「世界の医療保険のイントロダクション」）

■ パソコンを使った自習レッスンでの4C の例（「在来の地中シロアリ」）

この後に続く第１部から第４部では、４Ｃの各ステップの設計と提供について、合計65の指導方法が紹介されています。４Ｃを活用するための役立つガイド、提案、アクティビティ、情報、ヒントなどが豊富に掲載されています。

> "そこら中の学生が、本を読んだり、講義を聞いたり、
> 宿題の問題を解くだけではなく、
> 本当に前向きに取り組む（最終的には自分たちで作る）
> 素晴らしい《学習》環境を創造している状況をイメージしてください。"
>
> **クラーク・クイン**
> 『Engaging Learning』（未邦訳）, 2005年, p.271

1分間コンクルージョン

研修の進め方について（この本ではなく）過去に教わったことを思い出してみてください。それをこの章で学んだことと比較して、下記に書き留めてください。効果的な研修の設計方法と提供方法について、覚えておくべき重要なことは何だと思いますか？　あなたの研修では、「4つのC」をどのように実践していきますか？

トレーナーの道具箱

この章を振り返って、あなた自身の研修で使用できるアイデアや戦略を探してみてください。ここに書くことで、覚えておいて後で使う可能性が高まります。すぐにこのページにアクセスできるように、このページに付箋を貼ることを忘れないでください。

４Ｃモデルの説明

これは、研修、プレゼンテーション、ワークショップ、クラス、レッスンなどを設計する際に補助的な参考情報としてご活用ください。

コネクション
Connections ―つなげる―

学習者が研修テーマについて、すでに知っていることや知っていると思っていることと、これから学ぶことや学びたいことをつなげ、さらに学習者同士をつなげていきます。

コンセプト
Concepts ―つたえる―

学習者は、聞く、見る、議論する、書く、表現する、想像する、参加する、そして他の人に教えるなど、さまざまな感覚を駆使することで効果的に新しい情報を取り入れていきます。

４つのC

1　**2**　**3**　**4**

コンクリート プラクティス
Concrete Practice ―つかう―

学習者は、学んだ新しいスキルを積極的に実践したり、新しく得た知識の復習をアクティブに行います。

コンクルージョン
Conclusions ―まとめる―

学習者は、学んだことをまとめ、評価・賞賛します。そして研修終了後に新しい知識やスキルをどのように活用するかといったアクションプランを作成します。

あなたの研修ための4Cテンプレート

テーマ:＿＿

学習者:＿＿

時間:＿＿＿

学習成果:＿＿＿＿＿＿＿＿＿＿＿＿＿＿＿＿＿＿＿＿＿＿＿＿＿＿＿＿＿＿＿＿＿＿＿＿＿＿＿

Connections ―つなげる―	Concepts ―つたえる―
1	**2**

4つのC

Concrete Practice ―つかう―	Conclusions ―まとめる―
3	**4**

あなたの研修ための4Cテンプレート

テーマ：金融投資のイントロダクション

学習者：20人の生徒

時間：3時間

学習成果：5つの投資の選択肢を定義し、説明する。

Connections —つなげる—

1. コンテンツ：投資経験や事前の投資知識の学習成果
2. アクティビティ：意見を体で表現しよう、○×ゲーム

Concepts —つたえる—

1. コンテンツ：年金、投資信託、金融市場 — 金融投資の概要：5つの投資オプションの概要
2. アクティビティ：コンセプトマップ、○×ゲーム、コンセプトセンター

4つのC

Concrete Practice —つかう—

1. コンテンツ：金融投資情報をシミュレーションで利用する
2. アクティビティ：小グループでのケーススタディディスカッション、大グループへの小グループによる発表、大グループでのディスカッション

Conclusions —まとめる—

1. コンテンツ：情報を定義し、説明し、要約する
2. アクティビティ：学習ログ

あなたの研修のための４Cテンプレート

テーマ：世界の医療保険のイントロダクション

学習者：12名の新たな新規顧客サービス担当

時間：1時間

学習成果：メディケアの目的と歴史を説明し、４つのパートＡ、Ｂ、Ｃ、Ｄについてそれぞれの事実を述べる。

Connections ―つなげる―

1. コンテンツ：事前知識。医療保険について、知っている事実もしくは聞いたことがあることを５つ書く
2. アクティビティ：考えて書いてみよう、ドット投票、事前テスト

Concepts ―つたえる―

1. コンセプト：医療保険の目的、歴史、そして提供される４つの保険プログラム（パートＡ、Ｂ、Ｃ、Ｄ）の違い
2. アクティビティ：ワークシートを埋める、学んだことをその場で繰り返す、立ってストレッチして話そう

４つのC

Concrete Practice ―つかう―

1. コンテンツ：情報の積極的な見直し
2. アクティビティ：○×ゲーム（カードの代わりにパソコンを利用）、質問クイズ、全体ディスカッション

Conclusions ―まとめる―

1. コンテンツ：学んだことを説明し、要約し、提供された４つのプログラムについて事実をリストアップする ―「誰かがあなたに医療保険についての短い新聞記事を書くように頼まれたら、あなたは何を書きますか？」
2. アクティビティ：新しい記事を書く

あなたの研修のための4Cテンプレート

テーマ：在来の地中シロアリ

学習者：自習

時間：1時間

学習成果：昆虫駆除の専門家が知っていると有利なシロアリについての事実を少なくとも12個リストにしてください。

Connections ―つなげる―

1. コンテンツ：シロアリに関する予備知識、学習成果
2. アクティビティ：インターネット検索する、予測してみよう

Concepts ―つたえる―

1. コンテンツ：シロアリ用語、生物学、習慣、食物、カースト制、害虫駆除のライフサイクルの理由
2. アクティビティ：シロアリの形をしたコンセプトマップなどのワークシート、時計に負けるな、考えて書いてみよう、曲げて呼吸して書こう

4つのC

1 **2** **3** **4**

Concrete Practice ―つかう―

1. コンテンツ：実際に駆除している状況に関するインタラクティブな動画を利用して学ぶ
2. アクティビティ：動画内にあるクイズに回答し、即座なフィードバックを得ながら学習を進める

Conclusions ―まとめる―

1. コンテンツ：シロアリの事実
2. アクティビティ：4つの四角を使ったフィードバック（監督者に電子メールで送信）、まとめテスト

Connections

第1部

つなげる

4章

「Connections ―つなげる―」
について知っておくべきこと

"学習の多くは社会的なものなので、他者とのふれあいを重視して、
お互いに学び合えるようにした方が効果的ではないだろうか？"

ジェイ・クロス
『Informal Learning』（未邦訳）, 2007年, p.39

本章のベーシック・コンセプトマップ

この章の各節を読むごとに、覚えておきたい重要と思ったことを以下のコンセプトマップに書き込んでいってください（コンセプトマップについては9章で解説します）。

学習者と他の学習者をつなげる まとめ:	学習者とテーマをつなげる まとめ:	学習者と個人の学習ゴールをつなげる まとめ:

**「Connections ―につなげる―」について
知っておくべきこと**

学習者と学習成果をつなげる まとめ:	初頭効果と終末効果の原則 まとめ:	アイスブレイクではなく、 「Connections ―につなげる―」 まとめ:

以下から、研修の始め方で一般的と思うものを、1つ以上 ☐ にチェックしてください。

☐ 講師が、学習者を歓迎し、講師自身の自己紹介する

☐ 講師が、今日の研修名や研修のテーマ、学習要項を伝える

☐ スライドを使う場合は、講師が、スクリーンに表示された研修名、目的、ゴール、学習要項を読み上げる

☐ 講師が、研修でのルールと施設案内(休憩、出口、トイレの場所、電話可能な場所など)を案内する

☐ 学習者が、立ち上がって自己紹介する

☐ 学習者が、研修内容とは関係のないアイスブレイクに参加する

上記はすべて、従来の研修の始め方です。おそらく、ほぼすべての文にチェックを入れたのではないでしょうか。内容には何の問題もありませんが、学習とも何の関係もありません。

これらは、研修のオープニングではなく、途中でも伝えることが可能です。もっと言うと、研修の一番最初に入れるべきではありません。参加者がドアを開けた瞬間から学習を開始するためには、上記のリスト化されたことよりも、まず何か別のことをしなければなりません。この章では「Connections ──つなげる──」の重要性と、教室に入った瞬間から学習者を巻き込む必要性について、その理由と方法について学びます。

想像してみてください…

あなたは、所属する会社が購入した新しいデータベースの研修に参加しています。これは非常に難しい技術情報を含むものです。あなたはデータベースの機能に関してすでに少し理解しています。なぜなら、会社から事前宿題としてメールで簡単なテキストが送られてきており、事前に読んでいたからです。あなたはパソコンの前に座っ

て、講師のマリーが話し始めるのを待っていると、前のスクリーンにスライドが表示され「立って他の従業員3人とグループを作り、ここに来る前に読んだメールで学んだことを話してください」と書かれているのに気づきました。BGM が流れるなか、あなたは立ち上がってグループを作り、このデータベースについて知っていることを話し始めます。

数分後、マリーは、参加者に研修で期待する学

習成果が一覧化された壁のフリップチャート(模造紙の束がスタンドに設置されているツール)を紹介しました。彼女は、さまざまな色のドットシール(小さい丸形シール)を参加者に配り、「一覧を読んで、あなたにとって最も重要な2つの学習成果の横にドットシールを貼ること」を促しました。ドットシールを貼った後、あなたは利用可能なパソコンを見つけて、その前に座ります。あなたは、隣に他の参加者が座っていることに気づ

きます。1つのパソコンを2人で共有して、この研修を一緒に学ぶことになるようです。

マリーは、あなたがドットシールを貼った項目について、なぜそれにドットシールをつけたのか、そして研修から何を学びたいのかをパソコンを共有している隣のパートナーに伝えるために、もう数分間の時間を与えます。

ここで初めて、マリーが自己紹介をします。マリーは、あなたがこれまでに行ってきたこと、これから学ぶこと、その他、一般的なトレーニングを成功させるために必要なことなどを伝えます。

この研修の最初の10分間で、あなたは何をしましたか? 簡単にリストアップしてみましょう。

■ あなたはすでに知っていることと本当に学びたいことへのつながりを作った

■ あなたは学習テーマと関連する形で他の学習者とのつながりを作った。まず、立ってグループを作り、次にコンピュータを共有するペアを作った。どちらの時間も、あなたはテーマと関連する情報について議論をした

■ あなたは事前宿題の資料、ドットシールでの投票、パートナーへの説明の3つの異なる方法で学習成果について確認した

気づいていないうちに、実は3つの「つながり」を作るアクティビティに参加していました。「スタンディングサーベイ」(87ページ)、「ドット投票」(83ページ)、そして「ターン&トーク」(84ページ)。マリーはつながりを作るアクティビティが終わってから、講師の自己紹介とクラスの概要を説明しました。

Concepts ── つたえる ──

「Connections ―つなげる―」とは、学習者に焦点を当てた、以下の4つの重要な要素を含む短時間のオープニングアクティビティです。

■ テーマと関連のある方法で、前向きかつ有意義な方向で学習者と他の学習者をつなげる

■ これから学ぶことについて、すでに知っていることや知りたいことを通して、学習者とテーマをつなげる

■ 学習者が個人的にこの研修から何を得たいのか──学習者と個人の学習のゴールをつなげる

■ 学んだ結果、何ができるようになるのか──学習者と学習成果をつなげる

加えて、学習者は講師や研修環境にもつながります。これは、学習者が安心して講師と接することができるようになることを意味しています。講師は知識が豊富で、プロフェッショナルでありながら親しみやすい存在であると感じます。そして、学習者は、歓迎され、カジュアルで、視覚的にも楽しく、精神的にも刺激的な学習環境のなかで居心地が良くなります。

最初のアクティビティとして部屋の中を歩きまわることで、学習者は学習に対する気持ちを高めます。数分で4つのつながりをすべて行い、急速に学習意欲を高め、興味津々、より学びたいと思うようになります。

次ページからは、この4つのつながりの要素を詳しく見てみましょう。

学習者と他の学習者をつなげる

ほとんどの人は、見知らぬ人たちと一緒にいるよりも、友達と一緒にいる方が、より良い学習ができます。これは、人間は通常、知っている人と一緒にいる方が心理的に安全だと感じるからです。

心理的安全性とは、学習者が、

■ **質問できる**

■ **何かを試せる**

■ **失敗できる**

■ **意見を言える**

■ **リスクを取れる**

ということです。心理的安全性は学ぶために本当に重要なことです。

一緒に研修に参加している人たちが一緒に仕事をすることもよくあることです。そのため、講師は、彼らがすでにお互いに友好的な関係にあると思い込んでおり、グループ内の個人がお互いに安心していると思っているかもしれません。しかし、必ずしもそうではありません。

職場環境のなかには、緊張感やストレスの多い場所もあり、協力的というよりは競争的で、ミスを隠したり、意見や質問したりすることを控えたり、リスクを取るよりも無難に過ごす方が好ましいという考え方が一般的な環境も多くあります。

そのため、一緒に仕事をしている人と研修に参加しても、お互いに安心して学べるとは限りません。心理的安全性は、学習経験のなかに設計され、組み込まれていなければならず、学習者が一緒に過ごす時間のなかで育まれなければなりません。

研修プログラムにおいて、心理的安全性は、簡単な自己紹介や個人的なことをいくつか共有する以上に、深い意味を持ちます。研修における心理的安全性は、学習者が部屋に入った瞬間から、テーマに関連した意味のあるアクティビティに没頭し、学習者達が強い学習コミュニティを形成することで構築できます。インフォーマル学習を探求しているジェイ・クロスは「学習とは社会的なものです。私たちは、他の人々から、他の人々によって、他の人々と共に学びます。学習とは生産者が消費者に知識を提供するプロセスではなく、学習者間の相互作用なのです」と述べています。

学習者とテーマをつなげる

年齢、文化、性別に関係なく、学習者は全くの白紙状態で研修に望むことはありません。学習者、とりわけ大人は、これまでの経験や情報を何かしら持っています。それらは正確かもしれませんし、そうでないかもしれません。正確かどうかに関係なく、頭の中にあります。

学習者の多くは、研修内容についてある程度知っています。特定の事柄について知らない場合でも、学習者は一般的になっている情報を何かしら知っているものです。

例えば、もし研修テーマが特定のデータベースについてであり、新入社員のためのものである場合、新入社員たちは特定のデータベースについて知らないかもしれませんが、他の会社のデータベースを使った経験があるかもしれません。あるいは彼らは、一般に普及している他のデータベースについて知識を持っているかもしれません。

他の例として、小売店の新入社員は、接客経験がないかもしれませんが、普通に生活をしていればお客さんになった経験が一度はあるでしょう。サービスを提供する側の経験はなくとも、受け手側としての顧客サービスに対する視点を持っています。

大切な点は、学習者がそのテーマについてすでに知っている（あるいは知っていると思っている）ことを復習したり、議論したり、書き留めたりすると、研修中に学んだ新しい情報が古い情報と結びつき、脳内の学習経路が強化され、学習者はより多くのことを学ぶようになるということです。別の言い方をすると、脳の神経ネットワークは、情報が知覚されるとすぐに身近な何かに適合するかどうかを確認するためにチェックします。「意味のないものに注意を払い続けることは、つまらないだけでなく、ほとんど不可能です」（Wolfe, 2001, pp.83-84）。意味を理解するということは、新しい情報を整理し、すでに知っていることと結びつける行為なのです。

学習者と個人の学習ゴールをつなげる

人はそれぞれ学習に対して理由を持っています。「上司にこの研修を受けろって言われたんです」「この学習内容にすごい興味があるんです」「次の仕事で活用するために前もってこの研修を受けておきたいのです」など。

研修会場に足を踏み入れる学習者には、たとえ意識的でなくても、そこにいる理由（「もっと機械の操作がうまくできるようになるにはどうしたらいいのかを学びたい」とか「もっと良い仕事の仕方を学びたい」など）があります。これらの理由を話し合いや紙に書く行為を通じて無意識から意識に持っていくために、学習者には以下を実行してもらいます。

- 自身の学習ゴールと研修で得られる成果を自分の中で一致させる
- 研修から何を得たいのか、イメージをはっきりさせる
- 自分自身が重要だと思うものに焦点を当てることで、（講師が一方的に押し付けるより）学びに対する抵抗を下げる
- 自分が学びたいことを説明するために最初に時間をかけることで、研修が終わったときに学んだことを説明する力を強化する

加速学習の権威であるデイブ・マイヤーは次のように述べています。「学習者が何のために研修を受講しているのか、そして、何を得られるのか？ 研修が真に価値のあるものにするためには何が必要か？ という問いに対する答えを早いタイミングで見つけることにより、学習者は研修とつながり、自分自身の興味と研修の内容をつなげられる可能性が高まります」。

学習者と学習成果をつなげる

学習成果（学習要項または学習基準とも呼ばれる）は、研修が終了した際に学習者が使えるようになる知識やスキルです。学習成果は、学習経験の成否を測るものさしとなります。

従来の研修では、講師がすぐに成果について学習者に教えることが多いうえ、講師はそれ以降、成果について言及することはまずありません。さらに悪いことに、学習者は成果について考えたり、自分の学習ゴールと照らし合わせたりする機会がありません。

学習者自身に学習成果について話させる機会を与えると、学習者は研修が終わった後に何ができるようになるかを知るだけでなく、そこに行き着く可能性が高くなります。学習成果を自分自身の学習ゴールに結びつけることは、研修の理解度も高めます。この関連付けは、学習者が単に箇条書きのリストを聞いたり、黙読したりしているときには起こりません。話したり、評価したり、優先順位をつけたり、追加したり、議論したり、編集したり、自分のリストを作成したりと、リストを使って何かをしなければなりません。

学習成果は、研修中に定期的にベンチマークとしての役割を果たすこともできます。研修の最初に積極的に学習成果を確認するだけでなく、学習者は研修中のさまざまなタイミングで学習成果を確認することができ、まるで道しるべのように、自分の学習の旅路がどこにあるかを確認することができます。学習成果を研修全体の不可欠な部分とすることは、学習者が研修の最中に自分自身の学習を評価するのに役立つ、より興味深く、効果的な方法です。そうすることで、これまでに何を学んだのか、何をまだ学んでいないのか、そして学んだことを自分の仕事や生活にどれだけ活かせるのかを知ることができるのです。

空白を埋めよう

文章の穴埋めをして、答えを確認しましょう。

研修のオープニングに、

1. テーマに関連した前向きかつ有意義な方法で学習者と ＿＿＿＿＿＿＿ をつなげる。

2. 学習者と ＿＿＿＿＿＿＿ をつなげる。つまり、学ぶべき情報について彼らがすでに知っている、または彼らが知っていると思っていることとつなげる。

3. 学習者と個人の ＿＿＿＿＿＿＿ をつなげる。つまり、自分自身がトレーニングから何を得たいかとつなげる。

4. 学習者と ＿＿＿＿＿＿＿ をつなげる。つまり、学習の結果、できるようになることとつなげる。

全部埋められましたか？ 下記が答えとなります。

1. テーマに関連した前向きかつ有意義な方法で学習者と<u>他の学習者</u>をつなげる。

2. 学習者と<u>テーマ</u>をつなげる、つまり、学ぶべき情報について彼らがすでに知っている、または彼らが知っていると思っていることとつなげる。

3. 学習者と個人の<u>学習ゴール</u>をつなげる。つまり、自分自身がトレーニングから何を得たいかとつなげる。

4. 学習者と<u>学習成果</u>をつなげる。つまり、学習の結果、できるようになることとつなげる。

初頭効果と終末効果の原則

　最後の長期休暇を覚えていますか？ 休暇のなかで一番よく覚えているのは、最初、中間、最後のどの部分ですか？ また、聞いたり読んだりした物語はどうですか？ どの部分が一番心に残っているでしょうか？ 始まり方、中間で起こったこと、終わり方？ クラス、ワークショップ、会議、プレゼンテーション、または研修に参加した学習経験について考えてみてください。どの部分が心に残っていますか？

　ほとんどの人は、途中で起こった出来事よりも、始まりと終わりを覚えています。さらに、始まりと終わりが普通ではなかったり、常軌を逸したものであれば、人は日常的な始まりと終わりよりも長く記憶しています。『How the Brain Learns』（未邦訳, 2006年）の著者デビッド・スーザによると、「学習期間、私たちは最初に来るものを一番よく覚えていて、最後に来るものは二番目によく覚えていて、真ん中を過ぎたところに来るものはほとんど覚えていない」（p.89）とのことです。

　初頭効果と終末効果の原則とは、学習者が研修の始まりと終わりを記憶するのは、途中の部分を記憶するよりも簡単であるということです。双方向で記憶に残るオープニングやエンディングのアクティビティ（興味深く関連性のあるつながりを生み出すもの）を追加すると、オープニングやエンディングが学習プロセス全体の重要な部分となります。

　この章の冒頭の「１分間コネクション」（64ページ）で確認したように、ほとんどの研修は、今日の予定、つまり連絡事項から始まります。この貴重な「覚えやすい」時間を、自己紹介、議題、概要などに費やすのは、**貴重な学習時間を無駄にする**ことになります。このような連絡事項はいつでもできます。学習者にとって魅力的で意味のある、テーマに関連したオープニングにしてください。

ためしてみよう

ググってみよう

グーグルは、名詞（会社名）であると同時に、よく使われるコンピュータ用語の動詞でもあります（ググる、はインターネットで検索する、と同じ意味です）。もしもっと学習したいなら、「初頭効果と終末効果」とググってみてください。多くの記事がヒットするでしょう。これらの記事を読んで頂くと、能動的に参加してもらうアクティビティを使い、研修のコンテンツと学習者をつなげることが、研修プログラムの開始と終了においていかに重要性を再認識できるでしょう。

アイスブレイクではなく、「Connections ─つなげる─」

　「Connections ─つなげる─」のアクティビティは、ほとんどの講師が利用しているようなアイスブレイクではありません。アイスブレイクは、通常、研修の内容とは、ほとんど関係のないオープニングです。確かに、アイスブレイクは、参加者がお互いを知り、心理的にも安心して一緒に学習できるようにします。しかし、多くのアイスブレイクは、研修のテーマやコンテンツとは無関係であるため、貴重な学習時間を無駄にしてしまいます。そのため、短時間で多くの内容を教えなければならない場合、アイスブレイクなしでコンテンツに取り掛かることになります。

　一方、「Connections ─つなげる─」は、学習者を他の学習者や、研修テーマに結びつけます。オープニングアクティビティに「Connections ─つなげる─」を採用すれば、学習の一部として研修に追加されます。

　研修でよく使われるテーマとは関係のないアイスブレイクに、「２つの真実と１つの嘘」があります。この演習では、学習者は自分自身について２つの真実と１つの嘘を述べ、グループはその嘘が何であるかを当てようとします。楽しいですか？　面白いですか？　おそらくそうでしょう。学習に関連していますか？　いいえ。ただ、このようなアイスブレイクの質問を研修のテーマに変えれば「Connections ─つなげる─」のアクティビティとして利用できます。（例：「このデータベースを使用するときは毎月パスワードを変更します」）。あるいは、学習者はテーマとの関係性について話してもらうこともできます。（例：「私はこのデータベースを13年間使用しています」）。このように学習者とテーマ、そして学習者同士を結びつけることができるようになります。

　繰り返しになりますが、研修のテーマに関連していないアイスブレイクでも、学習者の間に社会的なつながりを築くことはできます。そして、人々がお互いに居心地が良いと感じれば、質問をしたり、意見を述べたり、間違いを恐れずに積極的になれるでしょう。アイスブレイクを入れる時間の余裕があるのであれば、使ってください。しかし、限られた時間内に多くの内容を学ばなければならない場合は、使用する予定のアイスブレイクを「Connections ─つなげる─」のアクティビティに変えて、学習者がテーマだけでなく学習者同士もつなげられるようにしてください。

Concrete Practice ——— つかう ———

この本の内容に関するご自身の「Concrete Practice ―つかう―」として、次回の研修では、76〜89ページで紹介する15のアクティビティの中から1つまたは複数を使用してみてください。これらのアクティビティを試したり、学習者のニーズに合わせて変化させて使ってみてください。どのアクティビティが学習者にとって最も効果的なのかがわかったら、それを自分の研修の定番にしていきましょう。

以下に、5〜7章で紹介するアクティビティの名前と簡単な概要を示します。

■ **ウォーミングアップ・アクティビティ（研修前の事前宿題）**（76ページ）は、「専門家に聞こう」、「インターネット検索」、「宝探しゲーム」、「事前アンケート」、「事前クイズ」の5つです。研修が始まる1週間ほど前に、これらのアクティビティを利用して、学習者の研修テーマへの好奇心や興味を刺激します。

■ **ファストパス・アクティビティ**（82ページ）は、「ドット投票」、「考えて書いてみよう」、「付箋を貼ってみよう」、「ターン＆トーク」、「予想してみよう」の5つです。これらのアクティ

ビティは、学習者が部屋に入ってきた瞬間から参加することができます。短時間で1〜2分程度で終了します。

■ **スタートアップ・アクティビティ**（86ページ）は、「スタンディングサーベイ」、「壁に書いてみよう」、「テーブル単位で議論しよう」、「意見を体で表現しよう」、「カード回し」の5つです。これらのアクティビティは、研修の最初の5〜10分程度の時間を使います。

1分間
コンクリートプラクティス

当てはめてみよう

次ページに示したA〜Fのオープニングアクティビティで達成できる「Connections ―つなげる―」の要素は何でしょう？ いくつかのアクティビティには、2つ以上の要素が含まれる場合があります。実際にオープニングアクティビティがどの「Connections ―つなげる―」の要素に当てはまるか考えて、当てはまる番号すべてに○をつけてください。できたら、答えを確認してみましょう。

「Connections ―つなげる―」の要素

1. **学習者と他の学習者をつなげる**
2. **学習者とテーマをつなげる**
3. **学習者と個人の学習ゴールをつなげる**
4. **学習者と学習成果をつなげる**

オープニングアクティビティ

A. 学習者は、付箋に何を学びたいかを記入します。学習者はその付箋を壁に貼って、研修の最後に達成できたかを確認します。（ 1 、 2 、 3 、 4 ）

B. 学習者は「スタンディングサーベイ〜この研修の参加者の状態調査〜」（87ページ）を行い、そのテーマについて何を知っているか、他の参加者に尋ねます。そして、テーブルグループに戻ったら調査結果を報告します。（ 1 、 2 、 3 、 4 ）

C. 学習者はインデックスカードに、学習テーマについて知っていることを少なくとも3つ素早く書き出します。学習者は自分のリストを隣の席の人にも読んでもらいます。（ 1 、 2 、 3 、 4 ）

D. 学習者は壁に貼り出された学習成果の一覧を読みます。2人1組になって、議論し、どの学習成果が自分たちにとって最も重要か決定します。次に、各ペアは明るい色のマーカーを使って、自分が選んだものに丸をつけます。(1、2、3、4）

E. 学習者はスタンディンググループを作り、何を学びたいのか、配布資料に記載されている学習成果のなかで自分の学習目標に最も近いものはどれかを話し合います。（ 1 、 2 、 3 、 4 ）

F. 学習者は、研修前にアンケートに記入し、テーマについて知っていること、研修から学びたいこと、テーマに関して質問したい内容を書き出します。（ 1 、 2 、 3 、 4 ）

答え

下記の回答をチェックして、すべて正解だった場合は、拍手喝采です！

A. 3 　　学習者と個人的なゴールをつなげる

B. 1, 2 　　学習者と他の学習者およびテーマをつなげる

C. 1, 2 　　学習者と他の学習者およびテーマをつなげる

D. 1, 4 　　学習者と他の学習者および学習成果をつなげる

E. 1, 3, 4 　学習者と他の学習者および個人の学習ゴールおよび学習成果をつなげる

F. 2, 3 　　学習者と学習内容および個人の学習ゴールをつなげる

Conclusions ——— まとめる ———

今後、あなたの研修では、自己紹介やゴール・アジェンダ・告知・グランドルール説明など学習からそれるものは「Connections —つなげる—」のアクティビティの後にするようにしてくださ い。そして、「Connections —つなげる—」が行われている間は、学習者の会話を聞きながら部屋の中を歩き回ることになります。研修のオープニングの間、学習者は講師のことではなく、学習者同士のことに集中しているので、講師が教室の前に立っている必要はありません。これまでとは根本的に異なる学習体験の始め方です。

"私たちは、生活・仕事をしながら、他の人と一緒に、文脈の中で学ぶ。この事実を認識することが、効果的な学習経験を作るための第一歩である。"

ジェイ・クロス
『Informal Learning』（未邦訳）, 2007年, p.7

学習ログ

1分間コンクルージョン

この章を読んで、最も重要なことは何でしたか？ あなたの研修のオープニングを、より脳にやさしいものにするために、変更できることがあれば
いくつか挙げてください。

1分間コンクルージョン：カードの並び替え

「効果的なオープニング」と「効果的でないオープニング」に9枚のカードを分類してみましょう。

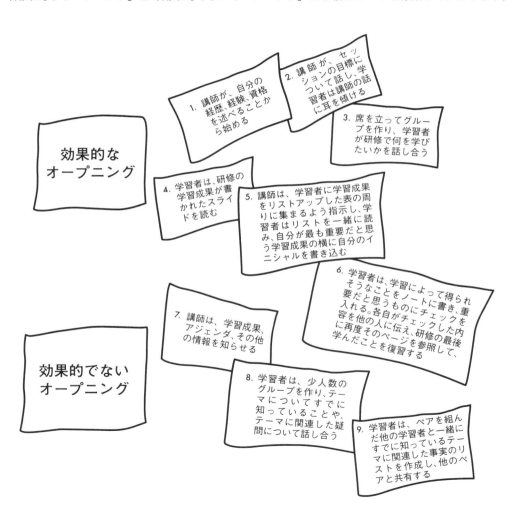

**効果的な
オープニング**

1. 講師が、自分の経歴・経験、資格を述べることから始める

2. 講師が、セッションの目標について話し、学習者は講師の話に耳を傾ける

3. 席を立ってグループを作り、学習者が研修で何を学びたいかを話し合う

4. 学習者は、研修の学習成果が書かれたスライドを読む

5. 講師は、学習者に学習成果をリストアップした表の周りに集まるよう指示し、学習者はリストを一緒に読み、自分が最も重要だと思う学習成果の横に自分のイニシャルを書き込む

6. 学習者は、学習によって得られそうなことをノートに書き、重要だと思うものにチェックを入れる。各自がチェックした内容を他の人に伝え、研修の最後に再度そのページを参照して、学んだことを復習する

**効果的でない
オープニング**

7. 講師は、学習成果、アジェンダ、その他の情報を知らせる

8. 学習者は、少人数のグループを作り、テーマについてすでに知っていることや、テーマに関連した疑問について話し合う

9. 学習者は、ペアを組んだ他の学習者と一緒にすでに知っているテーマに関連した事実のリストを作成し、他のペアと共有する

▶答えは次ページへ

トレーナーの道具箱

この章を振り返って、自分の研修に使えるものを何でもいいので取り入れてみてください。
ここにアイデアをここに書き込んで、後で素早く参照できるようにこのページに付箋を貼ってください。

5章

ウォーミングアップ・
アクティビティ

ウォーミングアップ・アクティビティとは?

ウォーミングアップ・アクティビティ（以下、ウォーミングアップ）とは、実際の研修が始まる1週間ほど前に学習者が行う事前アクティビティです。ウォーミングアップは学習者が学習するテーマや概念に触れ、興味を持つようにします。ウォーミングアップは、学習者が研修に参加する際に使用するテーマに関連した単語やフレーズといった共通言語を作ることになります。また、学習者が研修前に知っていることと研修終了後に知っていることを比較するという意味で、事前・事後の評価ツールにもなります。つまり、ウォーミングアップは脳へのモーニングコールであり、学習の準備をするための脳への刺激となります。

ウォーミングアップするのはなぜ?

1つ以上のウォーミングアップ・アクティビティを行うことで、学習者は以下のことができます。

■ 研修テーマに関連する情報収集を**開始する**

■ 学習者が、テーマについて知っていることを**増やす**

■ テーマについて学習者が持っている初歩的な誤解を**修正する**

■ テーマに関連した自分の経験や学習目標を**リ**ストアップする

■ 研修の用語、言語、概念に**慣れる**

■ テーマに興味を持ち、学ぶ意欲を**向上させる**

■ ウォーミングアップで学んだことを研修中の他の人に**教える**

■ 研修前と研修後に知っていることを**評価し、比較する**

ここでは、ウォーミングアップを成功させるための重要な要素を紹介します。

■ **選択肢を用意する。** ウォーミングアップは、学習者が研修前のアクティビティの一覧から選択できるようにすると最も効果的です。選択肢があれば、学習者は自分にとって最も興味のある活動を選ぶことになります。自らアクティビティを選択できることで、結果的に学習者のモチベーションが上がり、ウォーミングアップが1つしかない場合よりも、多くのウォーミングアップを行えるようになります。

■ **個人の責任を自覚させる。** 学習者に、研修が始まるまでに少なくとも1つのウォーミングアップを終わらせていることを期待している、と伝える必要があります。学習者に責任を持ってウォーミングアップしてもらうには、ウォーミングアップで学んだことをどのように研修で利用するのかを学習者に知らせる必要があります。以下は3つの指示例です。

■ 「研修前に、各学習者はウォーミングアップで学んだことを簡潔にまとめたメールを講師または参加者全員に送信してください。」

■ 「研修中に、学習者はペアになった人に対してウォーミングアップした内容を短くまとめ共有してもらいます。」

■ 「研修後、学習者は研修中に学んだ事実とウォーミングアップの情報を比較しながら、短いレポートを書いてもらいます。」

■ **タイミングも重要。** 学習者は通常、研修の1～2週間前にウォーミングアップを行います。ウォーミングアップと実際の研修日との間が長すぎると、関連性を忘れてしまう可能性があります。また、ウォーミングアップが研修日に近すぎると、学習者はウォーミングアップを行う時間が取れない可能性がでてきます。そのため、研修参加者がウォーミングアップの選択肢をタイムリーに受け取ることができるように、メール、ブログなど必要な手段を準備し、学習者に適切なタイミングで指示を送ってください。

実施のポイント

■ **教材**：研修教材は必要ありません。

■ **準備**：特に事前準備は必要ありません。

■ **人数**：これらのアクティビティは、大人数のグループだけでなく、マンツーマンでも行うことができます。

■ **時間**：ウォーミングアップを作成し、それを行うために必要な時間に特に制限はありません。

5つのウォーミングアップ・アクティビティ

1. 専門家に聞こう

研修の2週間前に、以下のようなウォーミングアップのメールを参加者に送ります。

「このテーマに詳しい人を探してみてください。その人が知っていることや、何を学ぶのが重要なのか、研修中に質問すべきことは何かをインタビューします。インタビューの内容を短くまとめ、研修中にそのまとめを発表できるように準備しておいてくださいね。」

2. インターネット検索

次のような指示を送ります。

「研修の前に、以下のテーマに関連する概念、文章、単語のリストに目を通してください。一覧から2～3つの文章を選び、これらのキーワードでインターネット検索してください。インターネット検索して学んだことをメモして、他の研修参加者と情報を共有できるようにしておきましょう。」

テーマに関連する単語、文章なども同時に伝えてください。

3. 宝探しゲーム

次のような流れで行います。

■ 講師は、テーマに関連した事実や物、概念、質問、本、記事などで、5～10個の珍しい項目の一覧を作成します。

■ 印刷した指示書を送ります。「宝探しゲームのアイテムをいくつ見つけられますか？ 研修までの間にできるだけ多くのアイテムを見つけてください。見つけた日や、任務完了した日を記録してください。全部見つけた人には賞品を用意しています。」

■ 学習者は、発見した情報や完了日を記入します。研修中にすべての項目を発見した学習者に贈る、簡単な賞品を用意しておきます。

宝探しゲームの一覧例

■ 「テーマに関連する記事を探して、タイトル、出典、記事の日付をここに書き出してください。」

■ 「同じ研修を受けた他の社員を探して、ここに名前を書いてください。」

■ 「この研修を受けたら何ができるようになるのか、ここに書いてください。」

■ 「以下の著者を調べて（著者名を列挙）、彼らが書いたテーマに関連した本タイトルをここに書いてください。」

■ 「研修のメタファー（比喩）になり得る物を見つけてください。見つけた物を研修に持参し、それがどのように似ているかを説明できるように準備してください。持ってくる物の名前を書いてください。」

（例：チームビルディングの研修では、葉っぱのついた枝は会社とその多くの従業員を表すことができます。顧客サービスの研修では、スプーンは、顧客に一口ずつ、積極的なサービスを提供することを表しています。

新入社員のオリエンテーションでは、電球は会社に新しい光とエネルギーをもたらす従業員一人一人を表すことができます等々）

■ 「ワークシート、配布資料、新聞記事、その他の印刷物の中から、テーマに関連するものを探して、名前をつけて研修に持参してください。」

■ 「テーマに関連することで聞きたいことを同僚にヒアリングし、その人の名前と質問を書き出します。」

■ 「研修のテーマについてネットで調べ、テーマに関連するウェブサイトのURLを3つ書き出します。」

■ 「学習者であるあなたが研修中に答えを知りたい質問を書き出してください。」

■ 「テーマに関連する物を探し、研修に持ってきてください。持ってくる物が何であるかをここに書いてください。」

（例：不動産関連の研修参加者は新しいレイアウトの不動産のチラシを持ってきました。コールセンターの従業員は質問したいことをリストアップして持ってきました。マネジメント研修の参加者は、優秀な従業員に送るポ

ジティブなカードを持ってきていました）

■「テーマについて、上司、マネージャー、または管理者が知っておくべき重要なことは何かヒアリングしてください。ヒアリングに協力してくれた人の名前と回答をここに記録してください。」

4. 事前アンケート

　事前アンケートとは、参加者が研修開始前に対象となる人たちにアンケートをし、その結果を研修に持ち込んで議論をするためのものです。説明には次のように書かれています。

「まず、お渡ししたテーマに関して何か知っている可能性のある同僚の一覧を作成してください。そして、その人たちに事前アンケートにある質問をし、名前と回答を記録してください。調査結果を研修時に報告できるように準備しておいてください。」

事前アンケートの例

■「そのテーマについて知っている最も重要なことは何ですか？」

■「あなたがテーマに関することで学んだものの、結局は重要ではないと思ったことは何ですか？」

■「このテーマについて、さらに学ぶための次のステップは何ですか？」

■「今知っていることで最初の頃に知っていたらよかったのにと思うことは何ですか？」

■「この研修テーマに関連したアドバイスはありますか？」

　事前アンケートは、参加者が記入して講師にメールで返信してもらいます。事前アンケートの説明には次のように書きます。

「学習者の学習ニーズに合わせて次回の研修をカスタマイズするために、以下の質問の一部または全部に回答を記入してください。回答を記入したら、講師にメール等で返信してください。」

メールの質問例

■「このテーマについて知っている事実を３つ挙げるとすると何になりますか？」

■「このテーマに関連する領域でもっと深く掘り下げてみたいことは？」

■「この研修の経験から何を得たいですか？」

■「テーマに関連して、研修中に回答を得たい質問を１つ挙げるとすると何ですか？」

■「学んだことをどう利用したいですか？」

■「あなたについて、講師に知っておいてもらいたいことはありますか？」

5. 事前クイズ

　テーマに関連したクイズの一覧を作成し学習者に送ります。ここで作成するクイズは、学習者が研修に参加するまですべての答えがわからないような難易度の高いものにしてください（好奇心旺盛な学習者は、おそらくインターネットで検索して調べるでしょう）。

　以下のようなメールを送ります。

「下記のクイズに回答ください。研修中もこのクイズの回答を見直し、間違っていると感じた部分を修正して頂いてもかまいませんし、新たな情報は追記して頂いてもかまいません。また、研修前と研修後でクイズの回答を変えたか比較した結果を共有してもらいますので、準備をしておいてください。」

　以下は本書の研修があるとして、その事前クイズの例です。

■「テーマに関連していて学習者に焦点を当てたオープニングのアクティビティは何ですか？」

■「ほとんどの学習者にとって、学習効果が低下せずに、単に座って聞くことができる最長時間はどれくらいですか？」

■「脳にやさしいトレーニングの重要な５つの要素を挙げてみましょう。」

■「『Connections ─つなげる─』とアイスブレイクの違いを説明してください。」

■「効果的な研修設計と提供方法の４つの C をリストアップしてください。」

あなたの番

　以下のスペースに、あなた自身のウォーミング・アップアクティビティのコンセプトマップを作成してください。次のページでは、私なりにこの章のコンセプトマップを作ってみましたので、紹介します。

ウォーミングアップ・アクティビティのためのコンセプトマップ

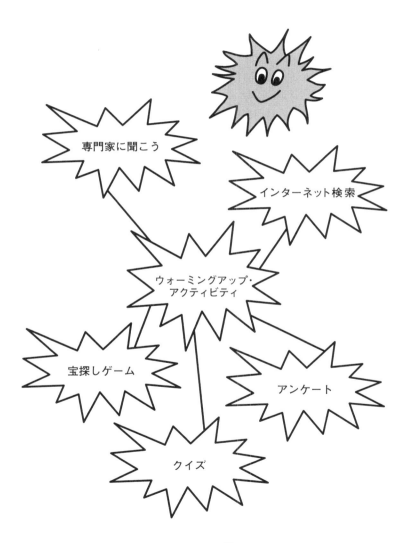

専門家に聞こう

インターネット検索

ウォーミングアップ・
アクティビティ

宝探しゲーム

アンケート

クイズ

6章

ファストパス・
アクティビティ

ファストパス・アクティビティとは?

　ファストパス・アクティビティ（以下、ファストパス。本書では「1分間コネクション」のアクティビティとして登場します。）は、部屋に入った瞬間から学習者を夢中にさせる学習テーマに関連した 1〜2分間の短いアクティビティです。ファストパスはテーマに対する好奇心を喚起し、無駄な時間を吸い上げてくれるスポンジでもあります。なぜスポンジという表現を使ったかというと、通常は学習者がテーマに関連していないことに費やしている時間を吸収することができるからです。例えば、従来の研修の開始時には、参加者が落ち着くまで時間がかかったりします。学習者がチャットをしたり、電話をかけたり、メールをチェックしていることもあります。ファストパスは、学習者同士や研修テーマを能動的かつ興味深く結びつけるような、短時間のアクティビティです。

ファストパスするのはなぜ?

　ファストパスは、以下のことができます。

- 学習者が部屋に入った瞬間から学習テーマに**惹きつける**
- 学習者が自ずと積極的に**関わり始める**
- 学習テーマへの興味と好奇心を**喚起する**

- 学習テーマに関連した方法で、学習者を**巻き込む**
- 学習テーマについてすでに知っていること、考えていること、他の人が知っていること、またはこれから学ぶことと、学習者を**結びつける**

実施のポイント

- **教材**：研修が始まる前に、ファストパスの説明スライド、入り口に張り出すフリップチャート、壁に貼るフリップチャート、グループが使うテーブル、または各参加者の椅子にワークシートを印刷して置いておきます。ファストパスは個別配布などでなく全員で見られる環境でなければなりません。標準的な研修教材（色付きマーカー、フリップチャート、白紙の印刷用紙、インデックスカード、ペンや鉛筆など）と、アクティビティによっては特別な教材が必要な場合があります。

- **準備**：ファストパスの説明を見えるようにしておく以外に特別な準備は必要ありません。アクティビティによっては、参加者が立ったり、移動したり、歩き回ったりするのに十分なスペースが必要になる場合があります。

- **人数**：参加者数は問いません。

- **時間**：ほとんどのファストパスは、講師が時間をかけた方が良いと判断した場合を除いて、1〜2分程度で終了できる内容です。

5つのファストパス・アクティビティ

1. ドット投票

　このアクティビティには、フリップチャート、色付きマーカー、フリップチャートを壁に貼るためのテープが必要です。学習者には、大きめのカラフルな付箋紙を用意しておきます。以下のような流れで行います。

- 研修が始まる前に、学習成果を印刷し、みんなの目につくできるだけ大きな壁に貼り出しておきます。各テーブルにドットシール（色のついた丸いシール）を用意します。

- 以下の指示をスライドなどで学習者に見せます。
　「これを読んだら、テーブルから2色のドットシールを持って、壁の学習成果の一覧を読んでください。あなたにとって最も重要な学習成果を2つ選び、横にそれぞれ異なった色のシールを貼ってください。また、自分がなぜその学習成果を選択したか説明ができるように準備をしておいてください。」

- 壁にフリップチャートを貼るスペースがない場合は、学習成果をワークシートに印刷するか、テーブルごとに1枚ずつ印刷するか、配布資料に記載してください。

- ドットシールを使う代わりに、学習者は丸を描いたり、丸で囲んだり、下線を引いたり、チェックするのでもかまいません。

■ 時間が許せば、テーブルグループ内の学習者同士で、何に印をつけたのか、その理由を共有するように指示します。

2. 考えて書いてみよう

　学習者が使うインデックスカードとペンを用意しておきます。アクティビティの流れは以下のようになります。

■ 学習者に渡される説明書には次のように書かれています。「今日のテーマについて、すでに知っていることを3つ考えてみてください。それをインデックスカードに書き、質問されたらすぐに言えるようにしておいてください。」この際、「知っていること」の代わりに答えてほしいことや、研修の結果としてできるようになりたいことを書いてもらうこともできます。

■ 学習者には、自分が知っていることを書いて、パートナーやテーブルグループ、またはクラス全体で共有する時間を与えます。

■ 学習者は、答えてほしい質問や、研修の結果できるようになりたいことを1つ書くこともできます。

3. 付箋を貼ってみよう

　このアクティビティでは、学習者には付箋紙、フリップチャートと色付きのマーカーを用意しておきます。以下のような流れで行います。

■ 研修の前に、「この研修で学びたいことは何?」と書いたフリップチャートを用意し、誰もが見られて触れられる壁に貼り出しておきます。

■ アクティビティの進め方が書かれた説明書には、次のように書かれています。
「これを読んだ後、付箋を取って、本日の研修から学びたいことを手元の付箋紙に書いてください。壁に貼ってある『この研修で学びたいことは何?』フリップチャートに、書いた付箋を貼ってください。研修の最後にこのフリップチャートを見て、何を学んだかを確認します。」

■ 学習者は自身の学びたいことを書き、「この研修で学びたいことは何?」フリップチャートに貼り出します。

■ 研修の最後に、学習者に壁に貼ってあるフリップチャートから自分が書いた付箋を持って来て、パートナーやテーブルグループに共有し、学んだことを確認し合います。

4. ターン＆トーク〜自己紹介〜

　学習者が研修室に入ったら、すぐに目のつく場所に以下のような張り紙をしておきます。
「隣の席の人に自己紹介をしてください。自分がなぜここにいるのか、この研修で何を学びたいのかを相手に伝えてください。」
　時間が許せば、パートナーが言ったことを全体に共有してもらえるように、参加者を何人か募り

ます。このターン＆トーク〜自己紹介〜アクティビティの指示には、いくつかのバリエーションが考えられます。

■ 「他のテーブルの人に自己紹介してください。」

■ 「まだよく知らない人に自己紹介してください。」

■ 「他の部署（仕事、代理店、ビル）の人に自己紹介してください。」

■ 「自分よりも仕事の経験が長い人、短い人に自己紹介してください。」

5. 予想してみよう

　このアクティビティは、以下のように実施します。

■ 研修の前に、テーマに関連した文章とそうでない文章をまとめたワークシートを作成します。

■ 参加者の椅子に1枚ずつワークシートを置いておき、参加者が部屋に入ってきたら、座る前にワークシートを手に取って読んでもらいます。

■ ワークシートには次のような指示が書かれています。
「以下のリストに目を通してください。テーマに関係のあるものには丸をつけ、関係のないものは取消線で消してください。自分の答え

を隣の人の答えと比べてみてください。」

■ 学習者は、指示の通りワークシートに丸や取り消し線を書き入れ、隣の人と答えを比べます。時間が許せば、アクティビティの後に、ワークシートの項目について簡単にグループで議論を行います。

安全に関する研修のワークシート項目の例
■ 各仕事場には救急箱が設置されています。

■ 従業員のタイムシートは、毎日記入する必要があります。

■ 消火器を使用する前に、安全ピンを引きます。

■ 人事部では、社員のボーナスを把握しています。

■ ハイムリック法は、喉を詰まらせてしまった人に対して使用されます。

「予想してみよう」
アクティビティのバリエーション
■ 「ワークシートに書かれたリストを読みます。リストの内容で正しいものには「○」、間違っているものには「×」と印をつけてください。そして近くに座っている人の答えと比べてみてください。」

■ 「ワークシートに記載されている順番がバラバラの手順を並び替えて正しい順番にしてみましょう。1分ほどかけて、1、2、3……と正しい順番に番号をふりましょう。」

■ 「机の上でワークシートを眺めて確認をしてください。ワークシートに不足していると思われる要素を書き入れてください。自分の答えと講師の答えを比較できるようにしておきましょう。」

あなたの番

今度は、自分のファストパス・アクティビティのコンセプトマップを作成してみましょう。

7章

スタートアップ・
アクティビティ

スタートアップ・アクティビティとは?

　スタートアップ・アクティビティ（以下、スタートアップ）は、「Connections ―つなげる―」のアクティビティの中でも長い時間をかけて行うアクティビティで、学習者同士やテーマへのより深いつながりを作れます。通常は参加者がアクティビティから学んだことについて話すディスカッションの時間も含めて5～10分程度で行われます。

　ファストパス（82ページ）とスタートアップのアクティビティは、参加者が部屋に入ってきた瞬間から学習に参加することができます。ファストパスとスタートアップのどちらか、または両方を組み合わせて使用してもよいでしょう。

スタートアップをするのはなぜ?

　ファストパスと同様、スタートアップは以下のことができます。

- 学習者が部屋に入った瞬間から学習テーマに**惹きつける**
- 学習者が自ずと積極的に**関わり始める**
- 学習テーマへの興味と好奇心を**喚起する**
- 学習テーマについてすでに知っていること、考えていること、他の人が知っていること、またはこれから学ぶことと、学習者を**結びつ**ける

　スタートアップに参加することで、学習者はさらに次のことができます。

- テーマについて知っていることをお互いに**教え合う**
- 研修グループ内に学習コミュニティを**作る**
- テーマに関連する用語、フレーズ、コンセプトに**慣れる**
- アクティビティから学んだことを**話し合う**

実施のポイント

- **教材**：一部のアクティビティでは、標準的な研修教材に加え、アクティビティの説明書に記載されている追加教材が必要となります。
- **準備**：参加者が立ったり動き回ったりするのに十分なスペースが必要です。
- **人数**：どのような規模のグループでもかまいません。
- **時間**：通常、スタートアップは5～10分程度です。その後のグループ全体でのディスカッションの時間によっては、20分程度になることもあります。

5つのスタートアップ・アクティビティ

1. スタンディングサーベイ
～この研修の参加者の状態調査～

　研修テーマに関連する質問リストをフリップチャートに書き出して、壁に貼り出します。学習者には次のような指示を書いておきます。

　「壁のフリップチャートの質問に目を通し、自分から離れたところにいる3人以上の人に聞いてみたい質問を1つ選んでください。彼らの答えをインデックスカードに書き、結果を自分のテーブルグループで報告できるように準備してください。」

質問例

- 「この研修テーマについて、すでに知っている最も重要な事実は何ですか?」
- 「この研修テーマについて、学びたいことは何ですか?」
- 「この研修テーマは、仕事にどのような影響を与えますか?」
- 「この研修テーマについて、疑問に思っていることは何ですか?」
- 「この研修テーマについて重要でないことは何だと思いますか?」
- 「研修終了後、この研修テーマに関する詳しい情報はどこで得られますか?」

2. 壁に書いてみよう

　壁に張り出すフリップチャート、カラーマーカー、フリップチャートを貼るテープ、学習者が座る各テーブルには太いカラーマーカーを用意します。以下のような流れで行います。

■ 各フリップチャートに、学ぶテーマを表題として大きく読みやすい文字で書き、部屋のアクセスしやすいあちこちの壁に貼り出しておきます。例えば、接客トレーニングの研修なら、電話対応、対面対応、挨拶、問題解決、フォローアップ、報告の手順などがテーマの例として挙げられます。

■ アクティビティの説明を書いたフリップチャートも貼り出しておきます。
「これを読んだ後、他の学習者とペアになり、マーカーを持って、壁のフリップチャートの近くに移動してください。書かれている表題についてすでに知っていることを話し合って合意し、フリップチャートに書き込んでください。他のフリップチャートのところに移動し、同じように進めてください。」

■ 約3分後、フリップチャートの書き込みをするのを止め、学習者に部屋を歩き回って、各フリップチャートを読んでから自席に座るように指示をします。

■ グループ全体での議論を促進するために、次のような質問をします。

　■「フリップチャートからどんな新しい事実を学びましたか？」

　■「いくつかのフリップチャートで繰り返されているのはどんな事実ですか？」

　■「正確ではないかもしれないと思ったのはどんなことですか？」

　■「どのようなコンセプトについてもっと知りたいですか？」

　■「フリップチャートに書かれた内容から何を学びましたか？」

■ 研修中のさまざまな場面で、学習者にフリップチャートの再確認を促し、新しい事実を追加したり、誤解を修正したり、情報を追記したりするように促します。

■ 研修の最後に、学習者はもう一度フリップチャートを読み直し、自分が書いたことや学んだことについて追記します。

3. テーブル単位で議論しよう

　以下のような流れで行います。

■ テーマに関連した質問を、全員が読めるようにスライドや壁のチャートに貼り出します。質問には複数の正解があり、「はい」「いいえ」だけでは答えられない質問にしておきます。

質問例

　■（コミュニケーション研修で）「職場で従業員同士の対立に対処する際に、最も重要なコミュニケーションの方法とは？」

　■（フォークリフト操作研修で）「フォークリフトを操作する前に行うべき重要な3つの安全手順とは？」

　■（不動産研修で）「新規物件の広告に最適な方法とは？」

　■（コールセンター研修で）「顧客サポートを始める前に、お客様に尋ねるべき4つの重要な質問は何か？」

■ 学習者同士、隣の人やテーブルグループと質問について話し合ってもらいます。この話し合いには3分程度の時間が必要です。

■ 短い話し合いの後、学習者は話し合いの内容を1〜2文でまとめます。

■ 学習者の各ペア、または各テーブルグループは、議論の要約をクラス全体に発表します。時間が少ない場合や、テーブルグループが十数個ある場合は、発表は数名に絞って発表してもらいます。

4. 意見を体で表現しよう

　以下のような流れです。

■ 研修テーマに関連した質問に対しての答えを行動で示します。

■ 参加者に以下のように指示します。

　■「この行動方針に強く賛成の方は、（部屋の

片側を指して）部屋のこちら側に立ってください。」

■ 「この行動方針に強く反対の方は、反対側に立ってください（反対側を指します）。」

■ 「この行動方針について決めかねている場合や、状況についてもっと情報が必要な場合は、部屋の中央に立ってください。」

■ 学習者は近くに立っている他の人とペアや3人組になって、なぜそのような選択をしたのかを話し合います。

■ その後、グループ全体でディスカッションを行い、次のような質問をします。

■ 「パートナーの会話から、何を学びましたか？」

■ 「どのような状況になれば別の場所に立つことができますか？」

■ 「この活動から、何を学びましたか？」

■ 「より良い選択をするために、他にどのような情報が必要でしょうか？」

■ 「異なる選択をするためには、どのような疑問がありますか？」

■ 他のバリエーションとして、学習者に、部屋の反対側や中央に立っている他の人とペアになってもらい、テーマとなっている問題に対するそれぞれの立場について話し合ってもらうこともできます。

5. カード回し

学習者は、インデックスカードと筆記用具を利用し、以下のような流れで行います。

■ 研修の前に、テーブルグループごとにインデックスカードを用意します。テーブルグループの大きさにもよりますが、1グループあたり4～7枚程度のカードを用意します。各カードには、研修で取り上げるテーマを1つずつ書いておきます。

■ テーブルグループの各グループメンバーに1枚ずつ行きわたるように配り、各自がカードを読み、カードを裏返し、関連する概念、フレーズ、事実、アイデア、質問などを短い文章で自由に書き込みます。

■ 学習者はそれぞれのカードを右の席の人に渡し、受け取った新しいカードに、各人が同じプロセスを繰り返します。各自が少なくとも3枚のカードに書き込むまで、カードを渡し続けます。

■ カード回しの時間が終わったら、学習者は持っているカードをそのまま持っておいてもらい、研修中に、持っているカードに記載されているテーマが取り上げられたとき、カードに書いた質問や文言を読み上げてもらうようにお願いしておきます。

あなたの番

その他のスタートアップ・アクティビティのコンセプトマップを下記のスペースに作成してください。

Concepts

第2部

つたえる

8章

「Concepts ―つたえる―」
について知っておくべきこと

> "何かを学ぶための最良の方法は、それを教えることです。
> 言い換えれば、教える者が学ぶのです。"
>
> **デビッド・スーザ**
> 『How the Brain Learns』（未邦訳）, 2006年, p.95

本章のフローチャート・コンセプトマップ

この章の各節を読むごとに、「Concepts —つたえる—」について覚えておきたい重要な内容を、以下のコンセプトマップに書き込んでいってください。

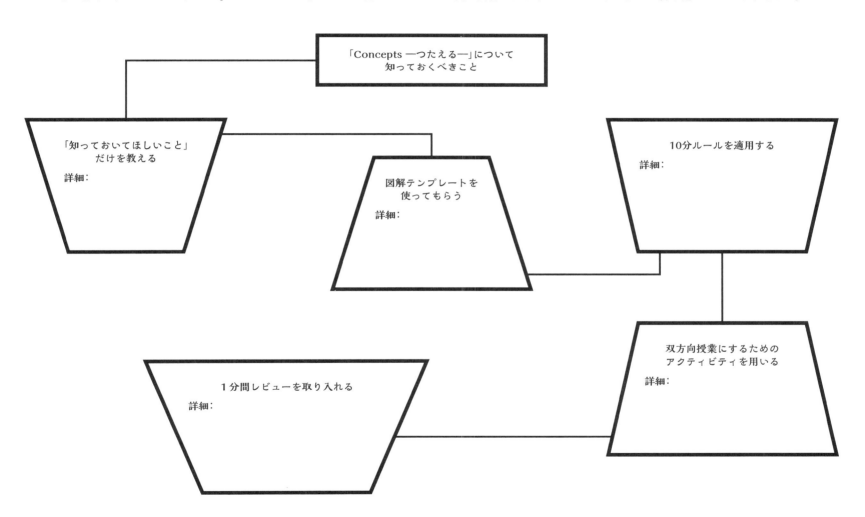

Connections ── つなげる ───────────

以下の文章を読んで、自己採点してください。採点方式は、文頭の＿＿に、１＝滅多にない、２＝時々ある、３＝ほとんど毎回、のどれかから選んで数字を記入します。私は、研修で内容が濃い部分を教える時、次のようにしています。

＿＿＿「知っておいてほしい」コンセプトだけを提示し、「知っておいて損はない」コンセプトは後で参照できるように資料として配布する

＿＿＿ 学習者の興味をそそるノート用紙（図解テンプレート）を与え、メモを取るように促している（ただし、教える際に使うパワーポイントを印刷したスライド一覧は興味をそそるノート用紙とは言えません）

＿＿＿ 自分のコンテンツを約10分から20分の短い授業に分けている

＿＿＿ 講師がすべてを話すのではなく、学習者同士の対話を用いている

＿＿＿ 10〜20分ごとに、学習者を短時間のさまざまな復習に参加させている

＿＿＿ 講師があまり話さなくても、学習者がたくさん話してくれ、それによって教材を（十分）カバーすることができている

もちろん、みなさんには満点（18点）を狙って頂きたいです。まだ満点を取れなくても心配はいりません。この章を読めば、きっと取れるようになるでしょう。第２部「Concepts ─つたえる─」と方法を利用して点数を向上させ、研修で学習者の定着率を高めましょう。

想像してみてください…

あなたは新入社員です。新入社員オリエンテーションに参加しています。オリエンテーションで扱われるすべての情報は、入社時に受け取った社員用のバインダーに入っています。バインダーの中の資料に目を通す時、あなたは講師のマリアンヌが初めから順番に教えてくれると思っていました。しかし、マリアンヌはそのようには教えてくれませんでした。

マリアンヌは研修が始まるとこう言いました。「各テーブルグループがバインダーの異なる部分から主要なコンセプトを他の学習者に教える責任があります」。あなたのテーブルグループのメンバーは、約30分で自分の担当セクションを読み、議論し、10分間で要約文を用意してもらいます」。マリアンヌはこの準備をするためにテーブル内でファシリテーターを１人選び、重要な要素を探して議論し、発表する前に要約を書き出すのをファシリテートするように依頼しました。また、フリップチャートとカラフルなマーカーを使って、重要なポイントを視覚的に表現することも勧めています。テーブルグループが作業を始めると、マリアンヌはグループからグループへと移動し、すべてのグループがマニュアルの各セクションから重要なコンセプトを理解しているかを確認していきます。

プレゼンが始まる前に、マリアンヌはグループが発表するときにメモを取るように全員に促します。発表が終わると、すべてのグループに拍手が送られます。

新入社員オリエンテーションの最後には、学んだことを復習するためにエネルギッシュなゲームを行います。また、重要なポイントについて簡単な確認テストをその場で実施します。最後に、

テーブルグループに別れを告げます。この取り組みを通じて新しい職場で毎日顔を合わせることになる新しい友人たちができたのです。

Concepts —— つたえる ——

4つのＣの2つ目である「Concepts —つたえる—」とは、学習者が能力を発揮したり、より効果的に仕事をしたりするために知っておくべき重要な事実のことです。「Concepts —つたえる—」のステップでは、この重要な事実を学ぶのですが、人間の学習に関するどの研究結果を見ても、それを「講師の口から伝えなければならない」とは書かれていません。つまり、学習者に覚えてもらうためには講師が話さなければならないとは書かれていないのです。もうおわかりのように、その逆です。学習者が「Concepts —つたえる—」を伝える活動に参加すればするほど、学習内容をより多く記憶することができるのです。

これは、すべての説明を学習者にやってもらうということではなく、多くの場合、驚くほど多くの内容を学習者が相互に教え合うことができるということです。『クリエイティブ・トレーニング・テクニック・ハンドブック［第3版］』（2003年）

の著者であるロバート・パイクは、講師が教えようとしていることの70％はすでに学習者が知っているだろうと主張しています。学習者はすでに知っていることに気づいていないだけなのです。『Learner-Centered Teaching』（未邦訳, 2002年）の著者であるマリーエレン・ワイマーは、「学習者が専門知識を身に着けるまで待つ必要はありません。専門知識のレベルにかかわらず、コンテンツを探求し、扱い、自分の経験と関連づけ、挑戦することで知識を身に着けていくことができます」と述べています。

「Concepts —つたえる—」のステップでは、5つの重要な要素を念頭に置いています。

■ **知っておいてほしいことだけを考える**：前段で説明しましたが、これは学習者にとって必須の学習内容です。

■ **図解テンプレートを使ってもらう**：学習者が長期的に記憶する上で重要であると同時に、視覚的にも面白いノートテイキングの用紙です。

■ **10分ルールを適用する**：コンセプトをより小さな単位に分けて授業をするためのルールです。

■ **双方向授業のためのアクティビティを用いる**：研修に学習者を巻き込む方法です。

■ **1分間レビューを取り入れる**：コンテンツの説明中に散りばめられた短時間の学習アクティビティです。

それぞれの要素について、もう少し詳しく見てみましょう。

知っておいてほしいことだけを教える

本書の初め（7ページ〜）に3つの大切な質問をしたのを覚えていますか？「知っておいてほしいこと」と「知っておいて損はないこと」を分けるためには、同じように次のような質問を自分に投げかけてみましょう。

- 「もし、この研修の内容の半分しか発表する時間がないとしたら、何を省くだろうか？」
- 「学習者が仕事で成功するために必要なコンセプトは何か？」
- 「もしこの情報を10分間で伝えるとしたら、何を自分の口から伝え、何を資料集に入れて学習者が後で読めるようにするか？」

研修中に扱う主なコンセプトは「知っておいてほしいこと」だけに絞ります。「知っておいて損はないこと」は参考情報であり、時間が余ったときに取り上げたり、宿題にできます。

図解テンプレートを使ってもらう

これは、学習者の興味を引くような、テーマに関連したグラフィック（漫画、アイコン、写真、グラフ、絵）と、学習者が書き込んだり落書きしたりするための充分な余白を含む用紙のことです。「9章 コンセプトマップ・アクティビティ」には、5つの図解テンプレートの例があります。

この他にも、第1〜4部の各冒頭にそれぞれ1つずつ、例が掲載されています。

図解テンプレートは、学習者が重要な情報を記憶するのに以下の理由で役立ちます。

- **学習者は書いたことを記憶します。**つまり、紙の上でペンを動かすことで、書かれたことを脳に定着させることができるのです。したがって、「知っておいてほしいこと」をあなたが書いてあげるのではなく、自分自身で書いてもらう方がよいのです。

- **学習者は書いた場所を覚えています。**視覚—空間記憶は、何かを記憶するための強力な方法です。学習者は、ページのさまざまな場所に情報を書き込みます。後で情報を思い出す必要があるときに、書いた場所と関連付けて書いた内容を思い出すのです。

図解テンプレートは、講師が作成したものでも、学習者が作成するものでも構いません。講師が使用するノート用紙を用意してあげることもできますし、研修中に学習者自身に作成してもらうこともできます。いずれにせよ、学習者にはメモを取るように注意を促す必要があります。初歩的なことのように聞こえるかもしれませんが、学習者はメモを取ることに慣れていません。ただ座って聞いているだけという状態になっているので、頻繁に注意を促すことが必要です。そのためには、「これはテストに出るところだから、書いて

おいてね」などとユーモアを交えて伝えるのがいいでしょう。

スライドを印刷して配ったり、パワーポイントに付属のテンプレートを使用する際は注意をしてください。これらは視覚的にも認知的にも退屈なものです。さらに、多くの学習者は、「この配布資料にすべてのスライドが入っていて、講師が立ってスライドをただ読んでいるだけなら、なぜここにいなければならないのだろう？ この資料を持ち帰って、コーヒーを飲みながら自分で読めばいいのに」と思ってしまうのです。

スライドのコピーを配布しなければならない場合や、学習者から求められた場合は、トレーニングの最後まで待って、参考資料としてのみ配布するようにしてください。もう一度言います。ただスライドを印刷したものは図解テンプレートではありません。

Try it!

ためしてみよう

色々なテンプレートを使ってみよう

図解テンプレートの分野では、『Mapping Inner Space』（未邦訳, Margulies, 2002年）と『Visual Thinking』（未邦訳, Margulies, 2005年）の2冊が最も優れた書籍です（訳者注：これらの本は未邦訳ではありますが、ビジュアル率が高い本となるので興味がある方は手に取ってみることをお勧めします）。これらの本には、図解テンプレートをすべての研修プログラムの重要な部分として使用するための多くのヒントやアイデアがあります。どちらの本もアマゾンで見つかります。

また、インターネットで「図解テンプレート」を検索すると、さまざまなウェブサイトが見つかり、その多くが無料でダウンロードできるテンプレートを配布しています。たとえ子供向けだとしても、敬遠する必要はありません。図解テンプレートは、大人でも子供でも同じように使えます。これらのサイトを見れば、テーマや対象者に合わせたノートの取り方アイデアがたくさん見つかるはずです。

「コーネル式ノート」という言葉もありますが、これは多くの大学で採用されている図解テンプレートのことです（下図）。また、104ページからのコンセプトマップのアクティビティも読んでみてください。

コーネル式ノート

日付＿＿＿＿＿＿＿＿＿＿＿＿　　　テーマ＿＿＿＿＿＿＿＿＿＿＿＿＿＿＿＿＿＿＿＿＿＿＿＿＿＿＿＿＿＿＿＿＿＿＿＿＿

主な考え方	事実と詳細

要点

10分ルールを適用する

前述のように、講義を10〜20分を超えて続けると学習効果が薄れてきます。だからといって、内容を簡略化しろというわけではありません。単に、タイミングの問題なのです。学習者が重要な情報を覚えやすくするために必要なことは、授業を10分程度の短い学習単位に分け、各学習単位の後に、学習者が興味を持てるような１〜２分の短い復習を行うことです。これにより、学習者の注意力、モチベーションが高まり、重要な情報を保持することができます。

双方向授業にするための
アクティビティを用いる

本書では、「講義」という言葉は、講師だけが話していて、学習者は聞く以外に何もしない、「教育上のひとり芝居」を意味しています。講義は、「プレゼンテーション、トーク、レクチャー、スピーチ」とも同義です。講師が「さぁ、議論しましょう」や「これから私達は…について話し合います」と言っていても、講師がほとんど、あるいはすべての話をしていれば、それは講義になります。講師にとって最も難しいことの一つは、研修中に学習者が受け身で座ってあなたの話をただ聞いている時間を計測することです。

双方向授業では、学習者のほとんど、あるいは全員がアクティビティに参加します。一つの質問に一つの答えを引き出すことは、双方向授業ではありません。十数人の学習者から十数個の答えを引き出すのが双方向授業です。すべての学習者に図解テンプレートの使用を促すことも双方向授業となります。授業の合間に１分間の復習をするのも同様です。もちろん、学習者に学習内容の一部を発表させることは、最も強力な双方向授業の一つです。

Try it!

ためしてみよう

講師が答える前に３つの答えを集めよう
授業をしながら学習者の興味を引くにはどうしたらいいかわからない場合には、「私の前に３つの答え」というルールを適用してみるのもいいでしょう。このルールの使い方は授業中に学習者が質問をしたら、こう言います。「私がこの質問に答える前に、皆さんから３つの答えを頂きたいです」すべての答えを受け入れてください。そして、自分の答えを加えます。もちろん、正解が１つしかない質問の場合は、この方法は使えません。また、質問されるたびに、この方法を使うわけでもありません。しかしながら、学習者の知識を認め、学習者の興味を引き、多くの正解があることを示すための強力な方法です。
時間があれば、「双方向授業」をインターネットで検索してみてください。授業をする過程で学習者を巻き込むための優れた自由なアイデアや提案を多く見つけることができると思います。これらの記事の多くは、大学の授業に関連したものですが、ほとんどは企業の研修等にも応用できます。

1分間レビューを取り入れる

授業の合間に学習者に1分間の短い復習（本書で行っているものと同様）をしてもらいます。このような短時間のアクティビティは、学習者の理解を深め、誤解や混乱を解消し、新しい情報をすでに知っている情報と結びつけるのに役立ちます。また、これらのアクティビティは、学習者がいったん教材から離れ、これまでに学んだことを評価するための「脳の休憩時間」としても機能します。

Concrete Practice ──── つかう ────

この本の内容を具体的に実践するために、次回の研修では、104〜131ページで紹介する20のアクティビティの中から1つ以上を使用することを計画してください。どのアクティビティが最も効果的かがわかったら、研修の一部として定着させましょう。ただ、自分も参加者も飽きないように、アクティビティを変化させるようにしましょう。

以下に、9〜12章で紹介するアクティビティの名前と簡単な概要を示します。

■ **コンセプトマップ・アクティビティ**（105ページ）は、「ベーシックマップ」、「フローチャート」、「バーガー」、「フリーフロー」、「タイムライン」の5つです。これらは学習者が作成する図解テンプレートです。視覚的な記憶をサポートするツールです。学習者が重要な内容を記憶するのに役立ちます。

■ **双方向授業にするためのアクティビティ**（114ページ）は、「学んだことをその場で繰り返す」、「カードを渡す」、「立ってストレッチして話そう」、「時計に負けるな」、「曲げて呼吸して書こう」の5つです。これらのアクティビティは、時間や内容を無駄にすることなく、授業の途中に1〜2分のレビューとして入れることができるので、便利です。

■ **ジグソーパズル・アクティビティ**（120ページ）は、「ひとりひとりが専門家」、「テーブル単位の専門家」、「カード単位の専門家」、「コンセ
プトクリニック」、「学ぶ領域を選択しよう」の5つです。学習者に、これらのアクティビティを通じて授業の一部を担ってもらいます。

■ **コンセプトセンター・アクティビティ**（126ページ）は、「テーブルセンター」、「ウォールセンター」、「ディスカッションセンター」、「コンピュータセンター」、「学習者が作成するセンター」の5つです。この章で紹介するようなセンターを使って研修を設計するとき、講師であるあなたは本当の意味で一歩下がり、学習者が自分のやり方で、自分のペースで学べるようになります。

取り消し線

4Cのうち、「Concepts ―つたえる―」についてどれだけ学んだかを確認してみましょう。以下の文章を読んで、間違っているフレーズに取り消し線を引いて、答えを確認してください。

1. **研修のコンセプトは、（授業・オープニング）です。**

2. **余分な研修時間がない限り、（知っておいてほしいこと・知っておいて損はないこと）だけが授業の中でカバーすべき内容です。**

3. **コンセプトのステップでは、学習者は（スライドのコピー・図解テンプレート）にメモを取る必要があります。**

4. **学習者が（実際にコンセプトの一部を教える・講師がコンセプトを教えているのを聞く）ことで、情報をより長く記憶することができます。**

5. **双方向授業形式では、（講師の質問に一人で答える・全員が参加する１分間の復習アクティビティ）があります。**

誤ったフレーズを消していくと、次のような文章になります。

1. **研修のコンセプトは、授業です。**

2. **余分な研修時間がない限り、「知っておいてほしいこと」だけを授業の中でカバーすべき内容です。**

3. **コンセプトの時には、学習者は図解テンプレートにメモを取る必要があります。**

4. **学習者が実際にコンセプトの一部を教えることで、情報をより長く記憶することができます。**

5. **双方向授業形式では、全員が参加する１分間の復習アクティビティがあります。**

Conclusions ──── まとめる────

講師が学習者の前に立ってテーマについて話をするだけが教え方ではありません。パワーポイントのスライドを使って授業するよりもはるかに多くの良い方法があります。あなたの研修では知っておいてほしいことだけを教え、図解テンプレートを用意し、10分ルールを適用し、双方向授業の手法を用い、1分間のレビューを取り入れてみましょう。

さらに、学習者が授業の一部を担う手法も試してみましょう。これこそが最高の学習であり、学習者が学習プロセスのすべての段階に関わり、授業まで担うことができるようになるのです。

"あなたが作れば、彼らは眠る。
彼らが作れば、彼らは学ぶ。"

デイブ・マイヤー
『The Accelerated Learning Handbook』（未邦訳）, 2000年, p.86

1分間コンクルージョン

授業の一部（またはほとんど）を学習者に委ねることについて、あなたはどう思いますか？ この考え方についてのあなたの意見と、思いつく限りの長所や短所を書いてください。

トレーナーの道具箱

この道具箱にこの章で学んだこと、インターネット検索で見つけた情報など、可能な限り多くのアイデアを集め、書き込んでください。

他の道具箱のページと同じように付箋を貼って、いつでもこのページにアクセスできるようにしてください。

9章

コンセプトマップ・アクティビティ

コンセプトマップ・アクティビティとは?

コンセプトマップとは、言葉で表現された情報を視覚的に把握するためのノート用紙です。これは、重要な概念、事実、データ、およびそれらの関係性を図解したものです。ノート用紙は言葉とそれを表現する絵、線、余白などからなり、テーマが何であるか、頭の中にイメージが作られます。コンセプトマップを使ったアクティビティは学習の重要な一部であり、コンセプトマップなしの研修はありえません。

教育コンサルタントであり、脳科学を教育に応用し続けているパトリシア・ウルフは、「人間は非常に視覚的な動物である。目は体の感覚受容器の70%を占めている。……記憶の視覚的要素が非常に強いことは驚くべきことではありません」と述べています。言い換えれば、人間の脳はまず絵で考え、次に言葉で考えるようにできているのです。実は、言葉は心の中のイメージ（人、物、経験、アイデアなど）を表現したものに過ぎないのです。さらに、人間の脳は通常、印刷された文字よりも視覚的なイメージをよく覚えています。ウルフはこう言います。「絵の長期記憶能力は、ほとんど無制限のようです」。つまり、コンセプトマップはアートではなく、重要な情報を記憶し、思い出すためのものなのです。

コンセプトマップは、図解テンプレート、マインドマップ、マインドスケープ、ベーシック・コンセプトマップ（クラスターマップ）、バブルマッ

プ、インフォメーションマップなどとも呼ばれています。これらすべてのコンセプトマップは同じ原理に基づいています。情報が視覚的であることは学習者が重要なデータを思い出すのに重要な働きをしています。実はすでにあなたは毎日のようにコンセプトマップを使っています。あなたが新しい場所で道を探すときに使う地図もコンセプトマップです。ショッピングモールの入り口付近に設置されているショッピングモールの案内図もそうです。あなたの家の電気を管理しているヒューズボックスには、スイッチの図が表示されていると思いますが、これもコンセプトマップです。

研修では、フローチャート、ベン図、円グラフ、棒グラフなど、文字だけでなく画像や線、記号などを使ったメモの取り方がコンセプトマップの例として挙げられます。一方、研修テーマの概要や研修のアジェンダは、画像を使わずに箇条書きで書かれたものが多く、コンセプトマップとは言えません。また、多くの講師が使用しているパワーポイントを印刷した配布資料などもコンセプトマップとは言えません。

コンセプトマップは、視覚的・空間的（イメージやシンボル）、言語的（言葉やフレーズ）、論理的・数学的（コンセプト間のパターンや関係）、そして運動的（筋肉の動きなら絵で描いたり、文字で書いたり）という、さまざまな知識や記憶を補助する方法が組み込まれています。また、図解することは、言葉を主に処理する脳の左半球と、イメージを主に処理する右半球という、大脳新皮

質の両半球を使って行われます。

ここでは、コンセプトマップを研修で使用する際の注意事項を紹介します。

- **言葉とイメージ**：学習者は、書かれた言葉と、その言葉を視覚的に表現したもの、あるいはアイデアの関係を示す図形や線を使って、コンセプトマップを作成します。さらに、学習者がマップに（色ペン、鉛筆、クレヨン、マーカーなどで）色を加えると、さらに視覚的に興味深く、記憶に残りやすくなります。

- **学習者が作成するもの**：情報の整理の仕方や記憶の仕方は人によって異なるため、学習者が自分でコンセプトマップを作成することが重要です。107ページのようなベーシック・コンセプトマップを与えることで、学習者の手助けをすることはできますが、基本的に学習者は、あなたが描いたり書いたりしたものよりも、自分で描いたり書いたりしたものをよく覚えています。

- **タイミング**：コンセプトマップはノートを取るためのツールなので、学習者は授業やプレゼンテーションの後ではなく、授業やプレゼンテーションの最中に使用する必要があります。授業中にマッピングを使う時間を設ける必要があります。また、聞いたことを図解するように学習者に注意を促してください。このようなノートの取り方は、ほとんどの研修参加者にとって初めての経験であるため、参加者が自主的にやってくれることを期待して

はいません。

■ **理由とやり方**：今までとは違う方法でノートを取ることを学習者に勧めると同時に、このノートの取り方をする理由を説明してください。そうすることで、学習者はコンセプトマップがアートや小学生時代に戻ったようなものではなく、重要なデータを長期的に保持するためのツールであることを理解するでしょう。あなたが例を挙げたり、ベーシックマップを配ったりすることで、この強力な記憶保持ツールを使い始めることができるのです。

コンセプトマップを作るのはなぜ?

コンセプトマップを使うと、学習者は以下のことができます。

■ 重要な概念を視覚的に**イメージする**

■ 視覚的・空間的、言語的、論理的・数学的、運動感覚的など、さまざまな学習方法を**使う**

■ 大脳新皮質の**両半球を使って**学習する

■ 重要な情報を**長期的に**保持する

■ 授業の間、ずっと研修に**集中しやすくなる**

■ 学習したことを**視覚的に思い出し**、後で研修の情報源として利用する

実施のポイント

■ **教材**：ほとんどのコンセプトマップでは、標準的な研修教材に加えて、さまざまな色のペン、鉛筆、マーカー、色紙などの画材を各テーブルに必要です。また、より創造的で立体的なマップにしたい場合は、色のついたシールやドット、スタンプなどを用意するとよいでしょう。

■ **準備**：マッピング作りに使用する材料は、テーブルの上に置いて、参加者全員が触れるようにしておきます。

■ **人数**：どのような規模のグループでも構いません。

■ **時間**：コンセプトマップは研修の重要な一部であるため、学習者は講義の間は常にコンセプトマップを使用する必要があります。

5つのコンセプトマップ

1. ベーシック・コンセプトマップ

ベーシック・コンセプトマップ（以下、ベーシックマップとも呼びます）は、クラスターマップやバブルマップとも呼ばれます。このマップでは、学習者はテーマ、アイデア、詳細を紙に書き、色のついた丸などのさまざまな図などを単語や文章の周りに書き足していきます。学習者は、色のついた線を使って、アイデアやテーマに、詳細を関連づけていきます。

プレゼンテーションや授業を始める前に、学習者にこう言ってください。

■ 「色のついた紙を選び、カラーペンやマーカーを使ってください。」

■ 「紙の中央にテーマを書き、その周りに色のついた丸を描いてください。」

■ 「私が授業をしている間に、皆さんはテーマの周りにアイデア（コンセプト）を書き込んでください。 それぞれのアイデアの周りに色のついた丸を書き、色のついた線で丸と丸をくっつけてください。」

■ 「各アイデアの円の周りに、線を引き、その横に詳細を書き込むこともあります。」

■ 「ベーシックマップに、アイコンや図、曲線、マンガ、棒人間の絵などのイメージを加えて、覚えやすくします。」

■ 「ベーシックマップは、自分の好きなようにカラフルに作ることができます。色や図は情報を記憶するのに役立ちます。」

学習者がマップを描いたり、アイデアや詳細を書き込んだりする時間を確保するため、授業中に定期的に書き込む時間を設けるようにしましょう。

コンセプトマップの例：
①ベーシック・コンセプトマップ（クラスター・コンセプトマップ）

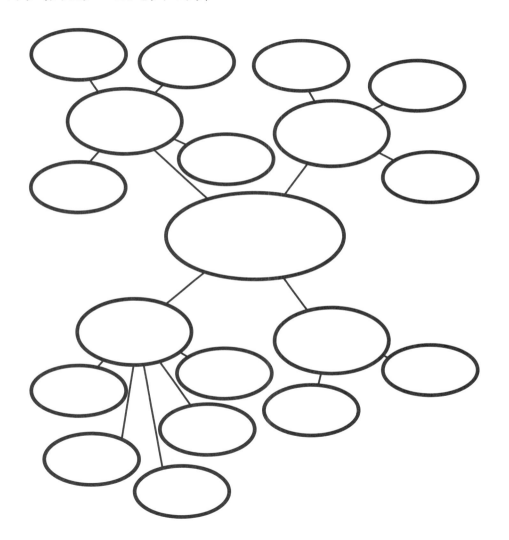

2. フローチャート

　ほとんどの学習者は標準的なフローチャートに慣れているので、比較的簡単に利用することができます。

　フローチャートコンセプトマップ（以下、フローチャート）では、ベーシックマップよりも、より構造的で直線的なノートになります。

コンセプトマップの例：
②フローチャート・コンセプトマップ

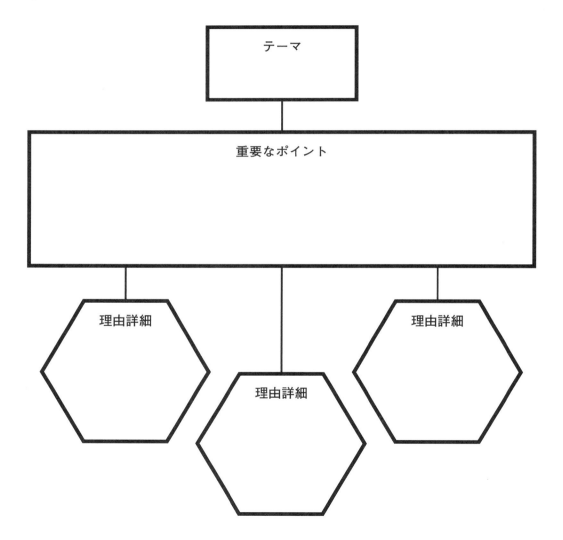

次のような指示をしてください。

- ■「ページの一番上にテーマを書き、その周りにカラフル色な枠を付けて飾ってみましょう。」
- ■「私が授業をしている間に、テーマの下にそれぞれの重要なポイントを書き、その周りにボックスを描きます。そのボックスを線でテーマとリンクさせます。」
- ■「各アイデアの下に、詳細を書き、その周りにボックスを描き、テーマとリンクさせます。」
- ■「資料を覚えるのに役立つカラフルなイメージや線、形を加えていきます。」

3. バーガー・コンセプトマップ

バーガー・コンセプトマップ（以下、バーガーマップ、図は110ページ）には、テーマのバンズとまとめのバンズがあり、中央にはアイデアと詳細が「ハンバーガー」のパーツとして配置されていきます。学習者は自分でバーガーを描いてもいいし、あらかじめ印刷して配布されたものを使ってもいいです。ピクルス、チーズ、チップス、ソーダなど、カラフルな落書きをして、ハンバーガーにスパイスを加えることができます。バーガーは、メモを取る行為にちょっとしたユーモアを与えてくれます。

実は、いろいろな物の形をノート用のマップ素材として使うことができます。家庭にあるもの（椅子、スプーン、電話、食器）、オフィスにあるもの（タブレット、鉛筆、電卓）、研修のテーマに関連するもの（例：技術研修ならパソコンの形、接客ならTシャツの形、手順書ならはしごの形など）、自然の形（木、魚、葉っぱ、水滴）、体の一部（頭、手、足）、そしてもちろん食べ物の形。比喩的な形（キャリアの階段を上るという意味で階段）などテーマに関連した形を使うと、マップがより記憶定着を促進します。

学習者への指示は、前の2つのマップで挙げた指示と同様となります。

4. フリーフロー・コンセプトマップ

フリーフロー・コンセプトマップ（以下、フリーフロー、図は111ページ）は、長期的な記憶力を高めると同時に、無限の芸術的な創作を可能にする、より楽しく創造的なマップです。フリーフローでは、学習者はページのどこからでもマップを始めたり、終わらせたりすることができ、書いた情報は曲がりくねった道路や川のような蛇行した線が描かれます。学習者は、線、形、イメージ、色などをふんだんに使います。結果的にノートはまるでアート作品のように面白く、視覚的にも魅力的に仕上がります。学習者は、この芸術的なページを仕事場に持っていって、仕事をする際に参照することができます。フリーフローの例としては、言葉と絵を組み合わせ、流れるような線と空白部分を多用した花火のような図形などです（198ページ）。また、3次元のフリーフローではクラフト素材を使って概念、アイデア、詳細を表現した立体的なものを作ることもあります。立体的なフリーフローでは、各テーブルに小さな袋や箱を用意し、カラフルな手芸用のモール、木製の小さなスティック、ラメ、ステッカー、発泡スチロール、カラー粘土、テープ、接着剤などのクラフトアイテムを用意します。学習者への指示は、これまでのマップの指示と同様に行います。加えて、学習者に工作材料を使うように指示します。授業の合間に、制作のための時間を設けてください。

コンセプトマップの例：
③バーガー・コンセプトマップ

研修テーマ

ポイント

まとめ

コンセプトマップの例：
④フリーフロー・コンセプトマップ

テーマ＿＿＿＿＿＿＿＿＿＿＿　　ここからスタート

コンセプト

イメージ

ここで終了

5. タイムライン・コンセプトマップ

　タイムライン・コンセプトマップ（以下、タイムラインマップ）は、プロセスや歴史など時間軸に沿って可視化することが好ましい場合に利用されます。プロセスを表現する例として、コンピュータプログラムの一連の挙動などが挙げられます。また、特定の問題を解決するために必要なアクション手順などでも使えます。また、何かしらの歴史を表現する方法としても使えます、企業の歴史に関連する特定の日付や、過去、現在、未来などを可視化することも可能です。具体的な書き方の指示は下記の通りです。

■ 「白紙の用紙を横向きにして目の前に置き、用紙の長い方が縦ではなく横になるようにします。」

■ 「紙の中央に沿って左から右へと線を引き、紙を半分にします。これがあなたのタイムラインです。」

■ 「私の授業では、この線の上と下にメモを書き、メモとタイムラインを線で結んでいきます。メモを書く順番は、左から右へと書き進みます（テーマに応じて変更可能です）。」

■ 「タイムラインの上下に書かれた情報を色のついた枠で囲みます。」

コンセプトマップの例：
⑤タイムライン・コンセプトマップ

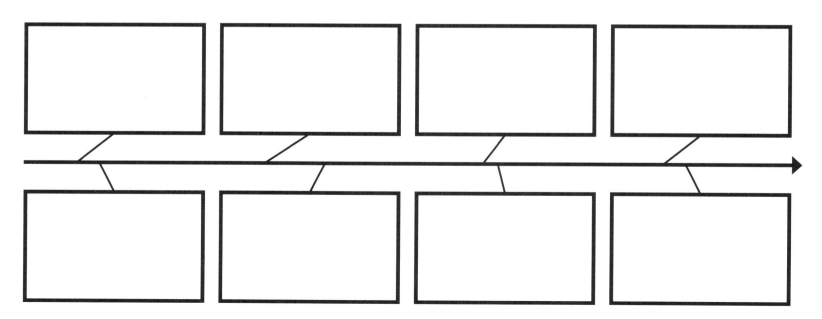

あなたの番

　以下のスペースで、あなた独自のコンセプトマップを試してみたり、他の講師が使っているものを再現してみたりしてください。この章から1つまたは2つのアイデアを使い、組み合わせたり、アレンジして、あなたの教えるテーマに適用してみてください。また、あなたが良いと思ったマッピングのアイデアを書き留めてください。

10章

双方向授業にするための
アクティビティ

双方向授業とは?

「双方向」とは、一般的に学習者の能動的な参加を意味します。つまり、双方向授業とは、単に座って講師の話を聞くのではなく、学習者が能動的に会話し、プレゼンテーションをし、議論することです。ここで強調しておきたいのは、何が双方向で何が双方向でないかについて、しばしば混乱があるということです。明確にするために、以下に双方向授業でないものを示します。

- 学習者に質問があるかどうかを尋ねる

- 1つの質問をして、1人の学習者に答えてもらう

- 答える必要のない質問をする

- パワーポイントの表示、非表示を繰り返しながら授業をする

- 物語を話したり、ジョークで学習者を楽しませる

- 学習者にビデオを見てもらう

- 「今から○○を議論します」と言って、自分がすべて話し、学習者がすべて聞く

- 1時間以上の授業をした後に、短いグループ活動やゲームをする

この一覧に書かれていることをやっても何の問題もありません。ただ、本当の意味で双方向授業

にするためには、この後にお伝えするアクティビティも加えてください。

効果的な双方向授業にするためのアクティビティの共通点を以下に示します。

- **制限時間**：これから紹介するアクティビティは通常1〜3分で終わるので、研修の内容を削ることなく入れ込むことが可能です。約10〜20分ごとに1つのアクティビティを使用することで、1時間の研修中に少なくとも3回〜6回、学習者がさまざまな方法で積極的に授業に関わることができるようになります。

- **具体的な目標**：学習者が何を期待されているかわかるように、アクティビティの目的を明確に伝えます。

- **協働的相互作用**：学習者は、目標を達成するために、ペアや小グループで共同作業を行います。協力しなければ課題を達成できないようになっています。

- **個々の責任**：学習者はこれらの手法を実践する際に自分達にどのような責任があるのかを理解する必要があります。一つ一つのアクティビティは短いので、責任が明確になれば集中することは難しくないでしょう。

双方向授業にするのはなぜ?

双方向授業では、以下のことが可能になります。

- 授業中、学習者が眠ってしまうのを**防ぐ**

- 学習者が研修テーマに興味を持つことに**つながる**

- 学習しているテーマの理解度を**高める**

- 重要な情報を長く**記憶する**

- 授業中、学習者のエネルギーレベルを**高める**

実施のポイント

- **教材**：ほとんどのアクティビティで特別な教材を使うことはありません。特別な教材が必要な場合は、各アクティビティに記載されています。

- **準備**：特別な準備は必要ありません。

- **人数**：どのような規模のグループでも問題ありません。

- **時間**：ほとんどの双方向授業の手法は、1〜3分で終わるので、簡単に授業の中に含めることができます。

双方向授業にするための
5つのアクティビティ

1. 学んだことをその場で繰り返す
次のことを行います。

- 授業を一時的に止めて、学習者に今取り上げ

た内容について考えるように指示します。

■ 最も重要だと思われることをいくつか挙げてもらいましょう。例えば、次のように指示します。「今、授業で学んだ範囲で最も重要な点を5つ、グループみんなで考えてみましょう。」

■ 学習者が共有するのを待ち、間違っていない限り、すべて受け入れましょう。

■ 学習者が述べていないこと、あなたが重要だと思うことがあれば追加しましょう。

■ 誤った認識があれば、この時点で修正します。

次のようなバリエーションもあります。

■ 「これまでに学んだことを考えてみましょう。もし、学んだ内容についてテストを作るとしたら、どのような問題を作りますか?」考えた問題をインデックスカードに書いてもらいましょう。(後で、双方向授業の別の手法として、学習者にカードを交換し合い、問題に答えてもらいます)。

■ 「ペアになってパートナーと一緒に、テーマについて今知っているすべてのことを2分間で簡単に書き出し、後で他の人と共有できるようにしてください。」

■ 「今取り上げた情報を一文でまとめてください。あなたの要約を近くの席の人と比べてみてください。あなたの要約と似ていますか?

それとも違いますか?」

■ 「もし、あなたがこの情報が重要だと考える理由を同僚に説明しなければならないとしたら、何と言いますか? 1文か2文にまとめてインデックスカードに書いてください。」

■ 「今、私が話をやめてみなさんに質問するとしたら、どのような質問を投げかけますか? 少し考えてみてください。各グループで質問を5つ考えてみてください。」

学習者が同じことをして飽きてしまわないように、使用する手法を変えるようにしてください。また、この手法を他の双方向授業の活動と組み合わせることもできます。

2. カードを渡す

次のように行います。

■ 講義前にインデックスカードをテーブルの中央に重ねて置いておきます。学習者の1人につき6枚くらいあれば十分です。講義の冒頭で「それぞれカードを1枚取って、この講義で取り上げられると思われることを3つ書いてください。制限時間は1分間です。書けたら、このカードに『1』と番号を書き、脇に置いておいてください」と伝えます。

■ 10〜20分の講義が終わったらこう言います。「新しいインデックスカードを1枚取って下さい。今、私が説明したことについて問題を作っ

て下さい。それが書けたら、『2』と番号を書いてから、裏返しにしてあなたの右隣の人に渡してください。受け取ったカードはまだ見ないこと!」

■ また次の講義が終わったら、こう言います。「さっき受け取った2番のカードを裏返して読んで、問題の答えを書いてみてください。終わったら、新しいカードを取って、今聞いた講義の中から問題を作って書いてください。新しいカードに『3』と番号を書き、今答えを書いた2番のカードと一緒に右隣の人に渡してください。新しく手元に来たカードはまだ読まないでください。」

■ さらに講義を続け、次の区切り目で言います。「2番のカードを開いて、そこに書かれた問題と答えを読んでください。内容が妥当なら『○＝同意』、違うと思ったら『×＝異議あり』と書いた上で、あなたが考える正しい答えを書いてください。続いて、3番のカードの問題を読んで自分の答えを書き、2番と3番のカードを(裏返しにして)両方、右隣の人に渡してください。」

■ もう一度少しだけ講義をします。ここは短時間で止めます。「では3番のカードの問題と答えを読んで。『○』もしくは『×』を書いて、意義があれば自分の答えを書き加えてください。新しいカードを1枚取り、『4』と書いて。この講義のテーマについて学んだことを考えてみて、新しく学んだことを1文か2文にまとめて下さい。書けたら、2番〜4番のカー

ドを右隣の人に渡して下さい。」

■ カードの移動が終わったところで、こう言います。「渡されたすべてのカードに目を通してください。2番と3番のカードには自分の答えを、4番のカードには講義の自分なりの要約文を書き加えてください。そして、要約をグループ全体で共有できるようにしておいてください。」

■ さらに新たな講義をした後で、4番のカードの要約をグループ内で声に出して読んでくれる参加者を1名ずつ募ります。

■ 何回カードを回すかは、講義の内容や長さ、グループのサイズに応じて変更するのがいいでしょう。

■ 全体の講義が終わったら、学習者に1番のカード（3つの概念が書かれたカード）を見てもらいます。学習者に、学習した内容と自分が最初に書いた内容を比較して、似ている概念に丸をつけてもらいます。時間が許せば、参加者数名に声に出して読んでもらい、学習者が書いた概念のうち、講義で説明しなかったものがないか確認をしてみましょう。

「カードを渡す」のアクティビティについては、他にも次のような方法があります。

■ 「カードに『○か×』という表題をつけ、テーマに関する○×問題を書きます。カードを受け取った人は、書かれている問題に答えてく

ださい。」

■ 「授業で得た情報について、短い自分の意見を書きます。あなたはその情報に賛成ですか、それとも反対ですか、その理由は？」

■ 「研修に参加する前にそのテーマについて知っていたことと、授業で得た情報を比較し、比較した内容をカードに記入してください。」

■ 「授業で得た情報を自分の仕事にどう生かすことができますか？この質問に対するあなたの答えをカードに書いてください。」

3. 立ってストレッチして話そう

「2章 脳にやさしい研修」でも指摘したように、効果的な学習には身体の動きが欠かせません。学習者が立って動作をすると、たとえ1分間でも、学習に集中する能力が高まります。

このアクティビティは自分の研修参加者に適しているかどうかを判断する必要があります。多くの講師がこのアクティビティを利用し、大きな成果を上げています。また、研修参加者が体を動かすことに抵抗があると考え、使用しないことを選択する講師もいます。もちろん、使うかどうかはあなた次第です。

学習者に次のような指示を与えます。

■ 「脳に酸素を供給するために、テーマに沿った1分間のストレッチ休憩を行います。」

■ 「立ち上がって、1人の人が出ないようにペア

か3人組になってもらいます。」

■ 「ストレッチ役と鏡役を決めてもらいます。」

■ 「ストレッチ役の方はどのようにストレッチをするのか他の人に見せてください。」
腕、脚、胴体、背中、首、手、足など、体の一部を伸ばすデモンストレーションをしてもらいます。鏡役の人は動作を真似します（ストレッチ役の人がやったことをそのまま実施します）。

■ 「2人でストレッチをしている間に、ストレッチ役の人はこれまでに学んだことをまとめて伝えます。役割を交代して、もう1回同じことを繰り返します。」

■ 「2人の動作が終わったら、パートナーにお礼を言い、席に着きます。」

「立ってストレッチして話そう」の別バージョンです。

■ 3人組の場合も上で紹介したのと同じ進め方になります。

■ テーブルグループで実施する場合は各テーブルグループの1人にストレッチ役になってもらい、残りの人達はその動作をまねします。

■ テーブルグループのメンバーが交代で座りながらストレッチ役をやってもらうこともできます。

■ 研修参加者の1人にストレッチ役になっても

らい、全員がそれをまねします。

- あなたがストレッチの動作を１つ紹介し、次に他の参加者に異なるストレッチを紹介してもらいます。

4. 時計に負けるな

これは短い時間で、グループ全体で時間を競うアクティビティです。次のようにしてください。

- 講義を中断してこう言います。「今から60秒以内に、このテーマについて学んだ最も重要な10の事実を素早く書き出してください。では、始めてください！」

- 60秒が過ぎたら、学習者に書くのをやめさせ、１分間で10個以上の事実を書けた人がいるかどうかを尋ねます。

- 書けた人がいたら、その人が書いた10の事実をグループに読んでもらい、拍手をします。

- 複数の人が達成した場合は、それぞれの人に自分が書いたリストから２つまたは３つの事実を読んでもらい、全員から拍手喝采を受けます。

- 書き出す事実の数が少ないテーマの場合は、制限時間を１分より短くするなど調整をしてください。

- 参加者は、ペアやテーブルグループでこの活動を行うこともでき、状況に合わせて時間を調整してください。

5. 曲げて呼吸して書こう

「立ってストレッチして話そう」と同様に、このアクティビティも脳に酸素を供給するために行います。ユーモアを交えて指導をすれば、学習者は楽しみながら参加することができます。もし、講師自身や学習者がこのアクティビティを苦手だと感じる場合は、学習者に身体的な動きやストレッチを促す別のアクティビティを選ぶか、ご自身でアクティビティを考えてみてください。

このアクティビティでユーモアを交えた説明の例をいくつか紹介します。

- 「エンドルフィンを放出したいですか？　その方法をご紹介します。」

- 「何かみなさんが驚くようなことをして、元気を出していきましょう。」

- 「今までの学習内容を真剣に復習する時間です。」

- 「脳に酸素を送るために少しストレッチをします。側転をしろとは言わないから安心してください。」

学習者への指示

- 「座ったまま、ペンや鉛筆などの小さなものを椅子のそばの床に落としてください。」

- 「落としたものを拾おうと腰をかがめたら、「フーッ」と音を立てて肺の中の空気をすべて吐き出してください。」

- 「再び姿勢を正し、深呼吸をして、これまでに学んだことを最もよく表している言葉を考えてみてください。」

- 「その言葉を紙に書いてください。そして、自分が書いたものと隣の人が書いたものを比較してください。」

指示のバリエーション

- 「深呼吸をしながら背筋を伸ばし、肩をすくめたり首を回したりします。次に、これまでに学んだことを１～２文でまとめて書きとめておいてください。後でテーブルグループごとに要約を読めるようにしておきましょう。」

- 「大きく息を吸った後、部屋の天井に触れようとしているかのように、腕を空中に伸ばします。天井に向かって、学んだことを１語または１文でまとめたものを書くふりをします（天井に書く動作をパントマイムのように実際にやってみます）、書いたふりをした内容を隣の人に伝えます。」

- 「姿勢を正して深呼吸をしながら、携帯電話を手に持ち、友人から今回の研修について聞かれたと仮定します。あなたはその友人に何と答えますか？　実際に電話があったかのように演じた後に隣の人にも同じ内容を伝えてください。」

あなたの番

あなた自身の授業で使うアクティビティを考えて、以下のスペースに書き込んでください。

11章
ジグソーパズル・アクティビティ

ジグソーパズル・アクティビティとは?

ジグソーパズル・アクティビティ（以下、ジグソーパズル）では、学習者がアドバイスをもらいながら講師と学習者の両方の役割を担ってもらいます。この「ジグソーパズル」という名前は、何十年にもわたる協同学習の研究から名付けられており、アクティビティがどのように構成されているかを示す比喩でもあります。基本的には、各人が授業の一部（例えて言えば「ジグソーパズルのピース」）を所有し、学習者は自分達の知っていることを組み合わせてコンテンツ（パズル）を組み立てます。

具体的には、研修参加者は、配布資料やインターネットなどを情報源として渡して、新しい概念を学んでもらいます。その後、学んだことを他の参加者や自分のテーブルグループ、あるいは別のテーブルグループに教えるのです。

ジグソーパズルは、授業に対して参加者の興味を引くための強力な手法です。ジグソーパズルには簡単な方法と、事前に準備が必要な複雑な方法があります。すべてのジグソーパズルのアクティビティに共通する3つの要素に基づいています。

- **学習者としての学習者**：研修参加者はまず、自分が教える内容を学びます。各参加者や小グループは、コンテンツの一部を担当し、その部分の専門家となります。学ぶべき内容は、プリント、ワークシート、暗記カード、書籍、

フリップチャート、スライドなどで提供します。また、学習者は、インターネット検索、会社のマニュアル、他の従業員などから情報を見つけることもできます。学習者は小グループで協力して教材から学び、議論し、質問し、同意し、主要な概念を列挙し、他の人にどのように教えるかをリハーサルし、プレゼンテーションを計画します。

- **講師としての学習者**：学習者は新しいグループを作ります（グループの作り方は、122ページからを参照）。それぞれの学習者は、自分のコンテンツの専門家となります。学習者は交互に自分が知っている内容を新しいグループに教えます。

- **オブザーバーとしての講師**：学習者がお互いに教え合っている間、講師は周囲を歩き回り、その過程を観察し、提案や指導を行い、必要に応じて質問に答えます。また、講師は、個人やグループに、それぞれのコンテンツの主要な概念を尋ね理解度をチェックします。講師の存在は、参加者がタスクに集中し、必要であれば助けを求め、ジグソーパズルの課題を完了する必要があることを意識させます。

ジグソーパズルにするのはなぜ?

ジグソーパズルの活動に参加することで、学習者は以下のことが可能です。

- 講師からコンテンツを一方的に受け取るので

はなく、自分自身や他の参加者にお互いに**教え合う**

- 教える内容の理解と習得を**深める**

- コンテンツ学習や学習プロセス自体に全員が**貢献をする**

- コンテンツの特定部分の**専門家になる**

- 学ぶべきこと、教えるべきことに対して、個人的に**責任を持つ**

- 授業に学習者が関与する事で集中力を**維持する**

実施のポイント

- **教材**：学習者は、アクティビティに応じて、標準的な教材の他にジグソーパズルに必要な教材（配布資料、ワークシート、書籍、マニュアル、インターネットへのアクセス、スライドなど）を用意します。

- **準備**：小さなグループが他に邪魔されず作業ができるように、研修会場に十分な広さがある場合は部屋をいくつかのエリアに分割する、または研修会場の外に、小グループが邪魔されずに作業できるような別スペースを用意します。このような環境を準備できない場合は、研修会場にテーブルと、学習者の動きに対応できるようにテーブルの周りに十分なスペースを確保してください。

- **人数**：グループが形成されたり再形成された

りするのに十分なスペースがあれば、どのような大きさのグループでも構いません。それぞれの小グループには、4〜6人の学習者がいる状態が適切です。

■ **時間**：参加者が学ぶ必要のある教材の量に応じて、時間は大きく変わります。最初から最後まで、30分の場合もあれば2〜3時間は必要なこともあります。準備時間を短縮したい場合は、調べ物や読み物の一部または全部を宿題とする方法もあります。宿題をやった学習者は、宿題から学んだことをまずは1つ目のグループと共有し合ってもらいます。

5つのジグゾーパズル・アクティビティ

1. ひとりひとりが専門家

このアクティビティでは、学習者にすべての教材、筆記用具、フリップチャート、マーカーを提供します。以下のように行います。

■ テーブルグループの各人に、短い文、スライド、ワークシートなどを渡し、新しく学習する情報をすべてのテーブルグループに共有し、テーブル単位で分担し学習をします。学習者には、自分の受け持った部分にある主要な概念に下線を引き、要約文を書くように提案します。学習者には10分程度の時間を与えて、コンテンツを読み、下線を引き、要約をしてもらいます。

■ 時間が許せば、学習者はキーワードを列挙したり、主要な概念を表に描いたりして、自分がプレゼンする情報を視覚化するとより良いです。

■ 各人が自分のテーブルグループで要約を発表します。自分の能力を最大限に発揮して、コンテンツに関するグループ内の質問に答えます。もし答えがわからない場合は、講師に相談してもらいます。

■ 各テーブルグループでは、1人の発表が終わるたびに、プレゼンをしてくれた専門家に拍手を送ります。

2. テーブル単位の専門家

このアクティビティでは、学習者にすべての教材、筆記用具、フリップチャート、マーカーを提供し、次のことを行います。

■ 各テーブルグループに新しい情報の一部を割り当て、各グループは他のグループとは異なる情報を学ぶことになります。各グループに教材を提供し、グループとして学びます。つまり、各テーブルグループが、新しいコンテンツの一部についての専門家になるわけです。

■ グループのメンバーに、新しい教材を協力して学ぶように指示します。メンバー間で資料を分担したり、一緒に音読したり、ペアで作業したり、自分たちが一番良いと思う方法をとってもらいます。最終的には、全体に発表するコンセプトについて話し合い、合意します。このステップには、教材の量に応じて、15〜30分程度の時間が必要となります。

■ 専門家グループのメンバーは、交代で発表を担当する、発表の役割を割り当てる、グループから1人または2人を選んで発表させるなど、研修でどのように学んだ情報を発表するかを決めます。このステップには15分程度の時間が必要となります。

■ 時間に余裕があれば、専門家グループは、主要な概念をフリップチャートやスライドに視覚的に表現することができます。必要であれば、簡単なアクティビティを盛り込むこともできます。

■ 各専門家グループは、それぞれの内容をクラスに発表し、クラスからの質問に答えます。また、答えがわからない場合は、講師に質問してもかまいません。この時点で、講師が重要だと思う情報が不足していたら、追加することもできます。

■ 専門家グループの発表が終わったら、拍手をして感謝を表現してください。

■ 発表が終わったら、資料（各テーブルグループに配ったもの）をコピーして、研修参加者全員に渡してください。

「テーブル単位の専門家」のバリエーションは下記の通りです。

■ 各テーブルグループは「ホームグループ」と呼ばれ、ホームグループの各人には1、2、3、4、5と番号を割り当てます。ホームグループごとに異なる情報を渡して学習してもらい、担当した部分を教えられるように準備してもらうまでは、「テーブル単位の専門家」と同じです。しかしテーブルで学習した後、テーブルメンバーは「ひとりひとりが専門家」にならなければなりません。バラバラに分かれて他のテーブルメンバーに教えなければならないからです。例えば、1は他のテーブルの1同士へ、2は2同士へ、など。

■ 各ホームグループは、主要な概念を読み、議論し、合意します。グループは、各メンバーが学んだことを他のグループにどのようにプレゼンするのかを決めます。ホームグループが図解をしたり視覚効果の高いプレゼンをすると決めた場合、メンバーそれぞれが図を作成しなければなりません。このステップには、学習範囲に応じて、15分から30分程度の時間が必要になります。

■ ホームグループは分かれて、同じ数字の人達とグループを作ります。1番は1のグループ、2番は2のグループ、3番は3のグループ……というように。

■ 各専門家は自分の情報を新しいグループに発表します。専門家は、他のグループメンバーからの質問に答えたり、必要に応じて講師に質問します。

■ 発表が終わると、学習者全員が元の場所に戻り、ジグソーパズルの活動について「何がうまくいって、何がうまくいかなかったのか？ 他に何を知る必要があるのか？ どんな質問が出たか？ あなたは何を学んだか？」などの観点について話し合います。

■ 繰り返しになりますが、発表が終わった時点で、すべての教材（各テーブルグループに配った情報）のコピーを、研修参加者全員に配布します。

3. カード単位の専門家

　このアクティビティでは、学習者にインデックスカードとペンを用意し、次のように行います。

■ 始める前に、テーブルグループごとに1セットのカードを作成しておきます。それぞれのカードには、教材に出てくるさまざまなテーマや概念を印刷しておきます。

■ 各テーブルグループのメンバーは、カードを1枚選び、他のテーブルグループで同じカードを選んだ人を探して移動します。

■ 同じカードを持っている参加者同士、そのカードに書かれている詳細について、一緒にブレインストーミングを行います。すでに自分達が知っていることを列挙してもいいですし、あなたがカードに合った学習資料を配ってもいいです。参加者は、カードの裏や白紙のインデックスカードに要点や詳細を書き込みます。または、テーマについての簡単な要

約を書いてもいいです。このステップには10〜15分程度の時間が必要となります。

■ 参加者が挙げた重要な点に、あなたが重要だと考える事柄が含まれていることを確認するために、周囲を歩き回り、カードグループの会話に耳を傾けてください。

■ 制限時間になったら参加者は元のテーブルグループに戻り、カードグループで学んだ概念、コンセプト、事実、詳細や要約を順番に読み上げ、発表を聞いている他のグループのメンバーはメモを取るようにします。

■ 最後に、このアクティビティで得られた主な学習点について、グループ全体で話し合います。重要な事柄が抜けていた場合は、話し合いの中で追加していきます。

4. コンセプトクリニック

　正式名称「コンセプトクリニック・ジグソーアクティビティ」は、組織コンサルタントでありトレーナーでもあるミミ・バンタ（www.netspeedleadership.com）が出典元となります。このアクティビティには、テーマに関する教材の他に、フリップチャートまたは大きな印刷用紙、筆記用具、マーカーを用意します。このアクティビティの手順は以下の通りです。

■ 各テーブルグループは、自分達のグループ名を決め、大きな用紙（フリップチャートまたは大きな印刷用紙）に書きます。

■ 各グループに教材の一部を割り当てます。各グループは、用意された情報を使いながら、自分たちが担当する教材についてブレインストーミングし、出てきた要素を用紙に書きます。

■ 各グループは、右隣のグループに説明をし、用紙を渡します（または、あなたが決めた順番で用紙を渡すようにします。ただ、毎回、新しい用紙が回ってくるように調整してください）。

■ グループは、渡された紙の情報を読み、議論し、自分達の考えをその用紙に書き加えます。

■ グループが新しい紙を受け取るたびに、このプロセスを繰り返します。読んで、話し合って、書いて、また渡して……という作業を、自分達の作った用紙が手元に戻ってくるまで繰り返します。

■ 他のグループが書き加えてくれた情報を読み、数分かけて自分達の用紙に要約文を書きます。時間に余裕があれば、ポイントを箇条書きにしたり、引き立たせるための図を付け加えてもらうことも検討してみてください。

■ その後、各グループが要約文を発表し、グループが作った用紙を壁に貼り、全員貼り出された内容を確認してもらいます。

5. 学ぶ領域を選択しよう

学習者には、テーマの一覧と、そのテーマを学ぶための資料（配布資料、スライド、ワークシート、ウェブサイトなど）を渡します。または、テーブルに資料を置き、プレゼンテーションをするのに必要なフリップチャートや立体的に表現するためのクラフト用品を用意しておきます。もしかすると、柔らかくて投げられるようなものなども利用できるかもしれません。学習者には学習時間が終わったらテーマに関する専門家として全体に発表してもらうことを伝えておきます。学習者には次のような選択肢があります。

■ **2人組、3人組または小グループ**：学習者は自分達で一緒に学習したい参加者を選ぶことができますが、誰も取り残されないようにする必要があります。

■ **コンセプトと教材**：各小グループは、学習したいテーマと使用する教材を選ぶことができます。ただし、取り残されたテーマが無いようにします（つまり、各グループはテーマの一覧から自分達が専門家になるテーマを選び、すべてのテーマが網羅されるまで、他のグループがすでに選んだテーマと同じものを選ぶことはできません）。

■ **どこの場所で学習を進めるか**：あなたが設定した一定の範囲内で移動することを許可します。研修の部屋の中、他の部屋、廊下、天候が良ければ屋外など、学習をするのに使える場所を伝えましょう。

■ **プレゼンテーションの方法**：小グループは、自分たちのテーマをグループ全体に発表する方法を選ぶことができます。ビジュアルを使った授業、ゲーム形式、寸劇、ロールプレイ、テーマを表現した彫刻、ボール回し（163ページ）など。

学習時間と発表時間の長さを決めて指示してください。準備をしている間、講師は歩き回って学習者の理解度を確認し、進捗状況を監視し、グループが発表するテーマの主旨を理解していることを確認します。

あなたの番

学習者が専門家となって教えるさまざまな方法を考えてみましょう。下のスペースに、あなたのジグソーパズルのコンセプトマップを描いてください。

12章
コンセプトセンター・アクティビティ

コンセプトセンター・アクティビティとは？

　コンセプトセンターとは、研修会場のテーブルや壁を用い、参加者が特定のテーマに関連するコンセプトを学習・確認したり、テーマに関連するスキルを練習するために設置された場所です。

　研修会場には、1つまたは複数のコンセプトセンターを設置し、研修時間中にコンセプトセンターに学習者が参加するコンセプトセンター・アクティビティを実施しましょう。コンセプトセンターは、授業の一部としても、授業の内容確認としても、あるいはその両方を兼ねることもできます。コンセプトセンターが授業の一部に使われる場合は、「4つのC」の「Concepts ──つたえる──」のステップに含まれます。授業の内容確認やスキル練習の一部として使われるなら、「Concrete Practice ──つかう──」に含まれます。これはわかりにくいかもしれませんが、コンセプトセンターの多様性を示しています。特に研修が1日以上続く場合は、「Concepts ──つたえる──」と「Concrete Practice ──つかう──」を同時に行うことが容易にできます。

　コンセプトセンターでは、この本のほとんどのアクティビティと同様に、学習者がお互いに教え合い、学び合い、必要に応じてあなたは指導にあたります。

　コンセプトセンターの重要な要素は以下の通りです。

■ **コンテンツに関連している**：コンセプトセンターは、学習内容に関連している必要があります。コンセプトセンターは、楽しいけれど必要のないゲームのような埋め合わせのアクティビティではなく、学習に不可欠なものなのです。

■ **目的を明確にする**：各コンセプトセンターの目的は、学習者がなぜそのセンターに参加することが重要なのかを知ることができるように、はっきり目に見えるようにする必要があります。目的はシンプルなものでも構いません。例えば、「当社の歴史と成長を振り返る」など。あるいは、「データベースを扱える能力があることを証明する」というように、具体的な振る舞いを指示することもできます。または、新しい概念を学ぶことを目的にすることもできます。例えば、「当社のオンライン・セキュリティに関する5つの重要な事柄を説明できるようになる」とか、「当社の請求プロセスのステップを列挙できるようになる」などとすることも可能です。

■ **学習者の興味**：研修では、好奇心をかきたて、興味を持続させるものはすべて有益です。そのため、コンセプトセンターは視覚的に面白いものでなければなりません。例えば、鮮やかな色を使ったり、ゲームの駒やパーツ、画像を多用する、好奇心をかきたてるアクティビティのタイトル、学習者の注意を引き書き込んで利用するワークシートなどが挙げられます。

■ **明確な指示**：壁の大きな用紙、配布物、カードゲーム、ワークシートのどれに指示が書かれているとしても、学習者が理解しやすく、容易に従うことができるような明確な指示でなければ学習者が迷っている間に、貴重な研修時間を無駄にしてしまいます。新しいコンセプトセンターを導入する前に、同僚に指示を読んでもらい、読み取れた内容を説明してもらうことで説明が十分に明確か確認できます。

■ **時間制限**：学習者は、各センターでのアクティビティにどれくらいの時間が割り当てられているのかを知る必要があります。センターをローテーションさせるタイミングを伝えるために、聴覚的な信号（アップビートの音楽、ベル、チャイム、ホーン）を使ってみましょう。

コンセプトセンターを作るのはなぜ？

　授業の一環としてコンセプトセンターを使用すると、以下のことが可能になります。

■ 能動的に学べる面白い方法で新しい情報を**紹介する**

■ そのテーマについて学習者がすでに知っていることを**追加する**

■ 学習者が自分で探求できるような情報を**提供する**

- 参加者の関心とモチベーションを高く**保つ**

- 今回、または前回の研修ですでに教えたことを**復習する**

- 学習者にとってユニークで魅力的な、**記憶に残る研修にする**

コンセプトセンターに参加することで、学習者は以下のことができます。

- 新しいコンセプトを実際に**体験**しながら学ぶ

- 講義を受けている間も、興味と関心を**持ち続ける**

- 興味深い復習形式で情報を**確認する**

- 理解と熟練度を**深める**

- 学習への興味、熱意、モチベーションを**高める**

実施のポイント

- **教材**：典型的なコンセプトセンターでは、標準的な研修教材に加えて、アクティビティに必要な教材を用意します。

- **準備**：コンセプトセンターの配置に気をつかってください。コンセプトセンター用の専用エリアを設けたり、部屋全体のあちこちにテーブルが設置されるのが理想的です。十分なスペースがない場合は、参加者が座っている

テーブルを利用するとよいでしょう。また、各センターの材料と説明書を箱やクリアファイルに入れて、予定された時間にテーブルグループに配るという方法もあります。

- **人数**：コンセプトセンターのグループは、4〜6人で構成されます。それより大きいグループは扱いにくく、意見を言いにくい環境になってしまいます。参加人数が決まったゲームを行うのでなければ、少人数でも問題ありません。

- **時間**：複数のコンセプトセンターを同時に運営する場合は、各アクティビティに10〜20分程度の時間を確保してください。研修部屋にセンターが1つしかない場合、参加者は交代でセンターを訪れる必要があるので、アクティビティの時間は5分程度でいいでしょう。また、学習者は休憩時間や食事の際に、より長い時間をかけてセンターに参加することもできます。

5つのコンセプトセンター・アクティビティ

1. テーブル・コンセプトセンター

テーブル・コンセプトセンター（以下、テーブルセンター）を作成するには、それぞれに適した材料が必要です。また、各センターに説明書も必要です。次のことを行ってください。

- 研修でコンセプトセンターを使いこなせるようになるまでは、シンプルなものを使うよう

にします。あなたが事前に作成した復習用のゲームを1〜2個置いておきます。研修部屋の壁にテーブルをつけて、ゲームエリアを設置します。ここがコンセプトセンターとなり、学習者は研修中のさまざまなタイミングで訪れることができます。どのようなゲームが使えるかは、「16章 学習者が作成するゲーム・アクティビティ」（158ページ）を参照してください（ここで紹介しているゲームは、インデックスカードと紙を使った簡単なものです）。

- テーブルの近くの壁に「ゲームセンターで運試ししよう！」など参加者の好奇心や興味をそそる文章で訴求します。

- 学習者に、休憩時間や食事中にコンセプトセンターを訪れるように伝えます。学習者はゲームを1つ選び、約5分間、研修の同僚や自分のテーブルグループと一緒にプレイします。終了後は、他のグループが遊べるようにゲームをコンセプトセンターに戻してもらいます。

- コンセプトセンターに十分な数の復習用ゲームがあれば、研修中に5分または10分と時間を指定して、すべてのテーブルグループが同時に好きなゲームをプレイすることもできます。

テーブルセンターのバリエーションは以下の通りです。

■ **ゲームテーブルのローテーション**：前述の復習ゲームと同じように部屋中のさまざまな場所にゲームを設置します。指定された時間に小グループが各センターに集まってゲームをした後、別のテーブルに回って異なるゲームをプレイします。

■ **新しいコンテンツのセンター**：コンセプトセンターを使っての復習に慣れてきたら、新しい内容、つまりテーマに関する知っておいて損はないことを扱うコンセプトセンターを作ってみましょう。これは、あなたが教えていることに付加価値を与えるコンテンツですが、授業では扱いません。読み物、答え付きの短いクイズ、自分で添削可能な穴埋め式のワークシートなど、印刷された資料と一緒に提供します。研修中にコンセプトセンターを訪れることを学習者に勧めてください。

■ 1〜2時間程度、テーブルセンターに費やす時間がある場合、**テーブルセンターのローテーション**で、学習者にコンセプトセンターを順番に回ってもらう方法もあります。学習者がすでに座っているテーブルをセンターとして使用し、各センターでどのような活動を行うかを決め、必要な資料を各テーブルに用意しておき、学習者に進め方を説明します。

　　■ 自分のセンターグループのリーダーを決めます。

　　■ センターにある指示を読み、活動に参加します。

■ センターに滞在できる時間を決め、時間が来たら時計回りにセンターを移動する合図をしてください。

■ 次のグループが使えるようにセンターを片付けてから、次のセンターに移動してもらいます。

すべてのローテーションを順番に行うようにしてもよいでしょう。あるいは、午前中にいくつかのローテーションを行い、昼休みをとって、午後にローテーションの残りを終わらせるという方法もあります。ローテーションが一巡したら、各センターについてグループ全体で話し合いますが、その際に次のような投げかけをしてみましょう。

■「研修テーマについて、コンセプトセンターから学んだ最も重要な事は何でしたか？」

■「どのアクティビティが最も有益でしたか？その理由は？」

■「テーマに関連して、まだ疑問に思っていることはありますか？」

■「研修テーマに関連して、他に探究したい分野はありますか？」

■「コンセプトセンターについて、気づいた事、意見やコメントはありますか？」

コンセプトセンターの異なる使い方の具体的な利用例をこの章の最後（133ページ）に2つ紹介

していますので、確認してみてください。

2. ウォール・コンセプトセンター

　壁に情報を貼り出すウォール・コンセプトセンター（以下、ウォールセンター）は、以下のように行います。

■ 壁面をコンセプトセンターとして設置場所にし、研修が始まる前にセンターを配置・作成しておきます。

■ ウォールセンターでは、テーマに関連したコンセプト、事実、質問などをフリップチャートに書いて壁に貼っておきます。提示された情報をより興味深い物にするために、各ウォールセンターに次のような興味深いタイトルをつけるとよいでしょう。例えば、「知らなかったけど知りたかったこと」、「信じる？信じない？」、「知られざる真実」などです。

■ 壁に貼られた情報を使って学習者にアクティビティをしてもらいたい場合は、そのアクティビティの手順も書いておきます。
　研修での利用例：害虫駆除会社の害虫駆除クラスでは、ウォールセンターにさまざまな家庭の害虫（写真、説明、生息地、侵入の兆候など）などが貼り出されています。また、議論をするための質問も書かれており、学習者が質問について話し合った後、まとめの文章を書くために何も書かれてないフリップチャートも用意しておきます。以下のような質問が書かれています。

- 「この壁の情報を読んだ後、防虫について今まで知らなかったことはなんですか？」

- 「この情報を使って何をしますか？」

- 「この情報に加えて、他に知っていると役に立つことはありますか？」

- 「他に参照できる資料はありますか？」

- センターの目的を説明し、研修中にいつかの異なるセンターを訪れるよう学習者に呼びかけます。あるいは、センター訪問を研修の必須項目とすることもできます。

ウォールセンターのバリエーション

- **学習者が作成するもの**：研修が1日以上続く場合は、学習者に1つまたは複数のウォールセンターを作成してもらいます。ウォールセンターには、シンプルに研修で学んだ内容を書いてもらうのでも良いし、ウォーミングアップのアクティビティなどを含めることもできます（78ページからを参照）。

- **加える**：テーマの表題、画像と多少の情報がある状態からウォールセンターをスタートさせ、研修中に学習者が自分のセンターに情報を追加するように促します。

- **コンセプトコラージュ**：学習者には、写真、新聞やウェブの記事、ウェブサイトのURL、テーマに関連した物、書名など、テーマに関連した情報や物を研修に持ってきてもらいます。参加者を募り、これらの素材を使って壁に貼り出すフリップチャートを作成します。学習者は、研修中に新たな要素を追加することができます。

3. ディスカッション・コンセプトセンター

議論を通じてコンセプトを学ぶディスカッション・コンセプトセンター（以下、ディスカッションセンター）は、ワールドカフェの構造に似ています（ワールドカフェは、216ページを参照）。ディスカッションセンターは、学習者の小グループの間で、特定のテーマに関連した議論を行うための研修部屋の一角です。以下のように実施します。

- 部屋の中に1つ以上のディスカッションセンターの場所を決めます。

- 各センターに、回答すべき質問、話すべき概念、解決すべき問題、学んだ情報の応用、その他関連するテーマや概念に関連するものを用意しておきます。

- 各グループの1人の学習者は、議論中にメモを取り、そのメモをディスカッションセンターの指示が書かれた紙にテープで貼り付けます。または、議論をまとめた短い文章を作成し、フリップチャートに書き出して壁に貼ります。

4. コンピュータ・コンセプトセンター

コンピュータを用いるコンピュータ・コンセプトセンター（以下、コンピュータセンター）は、次のように実施します。

- コンピュータ室をコンセプトセンターに変えるには、いくつかのコンピュータをコンピュータセンターとして指定します。

- センターの指示は、コンピュータの画面に表示しておくか、コンピュータの横に紙を貼っておきます。

- 学習者は2人1組か3人1組になり、コンピュータからコンピュータへと回っていきます。各コンピュータセンターでは、書かれた指示に従い、学んだことを話し合い、次に回ってくるグループのためにコンピュータを自分達が来た時と同じ状態に戻しておきます。

コンピュータセンターの2つの例

- 新しいデータベースの研修では、各コンピュータセンターに、学習者がプログラムの一部分を使って練習するための指示が書かれています。参加者は2人1組になり、お互いに教え合いながら、練習をしていきます。

- 保険会社のトレーニングでは、各コンピュータセンターに異なる契約内容の情報が用意されています。学習者は2人1組でコンピュータの画面に表示された情報を読み、その情報に沿ってコンピュータを使った短いクイズを話し合いながら解いていきます。

コンピュータセンターのバリエーション

- **インターネット検索**：コンピュータ室でインターネットが利用できる場合、各センターで

テーマに関連した異なるインターネット検索アクティビティを行います。例えば、あるセンターでは、学習者はテーマに関連する記事を検索し、2つ目のセンターでは書名を検索し、3つ目のセンターではテーマに関連するブログを検索し、4つ目のセンターではウィキペディアの情報を検索します。学習者はセンターを回ったら、自分の発見をまとめてクラス全体に共有します。

- **ブログ**：ブログとは自分でオンラインの記事を書き、読んだ人にコメントをもらえるものです。あなたが、テーマに関連するブログを書き、コンピュータセンターで学習者に記事を読んでもらってからコメントを書いてもらいます。学習者のコメントは、質問に対する答えや、あなたの意見に対するコメントになります。ブログの設定方法については、インターネットで検索してみてください。

- **クイズ**：学習者がウェブ上で答えを見つけなければならないようなクイズ問題を出します。答えを見つけるために特定のウェブサイトにログインしてもらいたい場合は、その情報も伝えてください。

- **学習者が作成するクイズ**：テーマに関連した質問をコンピュータの画面上に出しておきます。最初のグループは、その質問に対する答えを議論し、自分達の答えを印刷します。そして、自分達で2つ目の質問を考えて画面に見られるようにしておきます。ローテーションをして2つ目のグループは1つ目の質問の

答えを読み、必要に応じて補足し、2つ目の質問にも答えます。そして、3つ目の質問を考え、書き足します。すべてのグループが質問と回答を投稿するまで、続けます。

- **Wiki**：Wikiとは、オンライン百科事典（を作るソフトウェア）のことです。ブログとの違いは、誰もがWikiに書くことができるのに対し、ブログでは1人だけが書き、他の人はコメントを投稿するというのが異なる点となります。Wikiについての詳細は、www.wikipedia.comまたは www.wikidot.com をご覧ください。Wikiセンターでは、学習者が自分のテーマに関連する情報を追加していきます。

5. 学習者が作成するコンセプトセンター

このテーブルセンターは、学習者がテーブルセンターを作り、テーブルからテーブルへと回っていくという、一味違ったテーブルセンターです。

実施方法
- 各テーブルグループは、テーマ一覧から研修するテーマを選びます。

- 配布資料、スライド、ウェブアクセス（必要な場合）、ワークシートなど、必要なコンテンツが各テーブルに用意されていることを確認します。また、各テーブルには、マーカーやインデックスカードなどの標準的な教材の他に、テープ、フリップチャート、画用紙やカード、必要に応じてコンピュータセンターに必要な物を用意しておきます。

- テーブルグループのメンバーは、それぞれのコンテンツについて学びます。グループがセンターを作り始める前に、それぞれのコンテンツの主要な概念をグループが認識しているかを確認しておきます。

- 各グループは、他のグループにコンテンツを教えるためのセンターを設計・作成します。各グループは、テーブルゲーム、フラッシュカード、議論のテーマ、読むためのプリント、クイズの質問と回答、図解などさまざまな伝え方から選択します。すべてのグループが違うアクティビティを選べるように、センターで利用可能なアクティビティの一覧を作成しておき、各テーブルグループで選んだものを消してもらうようにしてもよいでしょう（158ページの「16章 学習者が作成するゲーム・アクティビティ」を参照）。

- すべてのテーブルグループの準備ができたら、グループにセンターを巡回し始めてもらいます。他のテーブルグループが作ったさまざまなセンターで学習をしていきます。時間に余裕があれば、すべてのセンターを訪問してもらいますが、時間がない場合は、1つか2つしか実施できない場合もあります。

- ローテーションの時間が終わったら、学んだこと、まだ疑問に思っていること、さらに知りたい内容について全体で話し合います（小グループでもいいです）。

あなたの番

コンセプトセンターのアイデアをまとめた「コンセプトマップ」を作ります。あなたのアイデアをここに書き込んだり、図解に描いたりしてください。

テーブルセンターの実施例

例1

　以下の6つのコンセプトセンターは、私がファシリテーターを務めた1日がかりの研修の一部です。これらのセンターは、「4つのC」のうち2つのステップ「Concepts ──つたえる──」と「Concrete Practice ──つかう──」を組み合わせたものです。5〜6人のグループが、午後の2時間で6つのセンターを回りました。1つのセンターは約20分で、数分で片付けをしてローテーションを行いました。各センターの内容は以下の通りです。

■ **第1センター　体と声を使う**：ゲストスピーカーが、研修での効果的なボディランゲージの使い方について、興味深い一連のエクササイズを指導してくれました。これは学習者にとって新しい情報でした。

■ **第2センター　あなたはどれだけ知っていますか?**：学習者は、午前中に学んだ重要なコンセプトを復習するために、ワークシートを共同で穴埋めし、答え合わせをしました。これは、すでに学んだ教材の復習センターです。

■ **第3センター　つかんで話すゲーム**：学習者は、学習スタイルの概念を積極的に復習するために、この競争をするゲームをプレイしました（「16章 学習者が作成するゲーム・アクティビティ」158ページを参照）。

■ **第4センター　○×ゲーム**：学習者は個別に新しい教育設計のコンセプトについての記事を読んで学習をしていましたので、その知識の復習として「○×ゲーム」をグループと一緒にプレイしました（「16章 学習者が作成するゲーム・アクティビティ」158ページを参照）。

■ **第5センター　あなたのベストプラクティス**：学習者は、研修のベストプラクティスについて少人数のグループで議論し、自分の研修で学んだ内容をどのように活用できるかを共有してもらいました。

■ **第6センター　強みと伸び代**：このセンターでは、学習者の個人的な強みと伸び代を自己評価し、伸び代を強みに変えるためのアクションプランを作ってもらいました。参加者は1人で自己評価のワークシートを読み、自己採点をしてもらいました。

例2

　このコンセプトセンターの出典は、ホールマーク・カード社のセールス・トレーナーであるエイミー・ペリーさんです。このコンセプトセンターは、新たに採用された販売員に製品を紹介する研修の一貫として使われました。販売員は、自分達が販売する商品の外観、価格、製造工程、商品開発の背景など、あらゆる面で商品に精通する必要がありました。これまでは、1日かけて、製品ごとに授業形式での研修が行われていました。

　会議室に9つのテーブルセンターが設置され、1つのテーブルに1つの製品を紹介する大きな3つ折りの段ボールが置かれていました。製品は、カード、ステーショナリー、ギフトラップ、本、映画、音楽、ギフト、アルバムなどでした。商品の展示には、写真や重要な要素、統計情報などが書かれています。また、各センターには商品サンプルが置かれ、カタログや商品に関する資料が添えられていました。

　新入社員は、3人1組のグループで部屋を回りました（グループではなく個人単位でも実施可能）。それぞれの製品センターを回り、自分のペースでワークシートを記入していきます。実際に商品を触ったり、最新のカタログを見たりして、自分たちが販売する商品について理解しました。また、販売活動をサポートするための詳細な情報も得ることができました。この事例では、コンセプトセンターを回るだけで、ほぼ1日（の研修時間のすべて）かけました。新入社員は同僚や講師と多くの交流を持つことができました。講師は、質問に答えたり、製品についての情報を明らかにしたりするために、いつでも話しかけられるようにしていました。

　研修終了前には、講師が新入社員を集めてグループで議論を行い、製品について学んだことをまとめました。講師は最後に残った質問に答え、従業員は学んだことを評価し、講師は彼らの努力に感謝して研修を終えました。

Concrete Practice

第 3 部

つかう

13章

「Concrete Practice
—つかう—」
について知っておくべきこと

> "具体的な体験が無ければ、どんなに説明しても
> 情報は大した意味を持てない。"
>
> デビッド・スーザ
> 『Brain Matters』（未邦訳），2001年, p.137

この章のタイムライン・コンセプトマップ

この章を読み進めながら、学んだことを空欄に追記していってください。

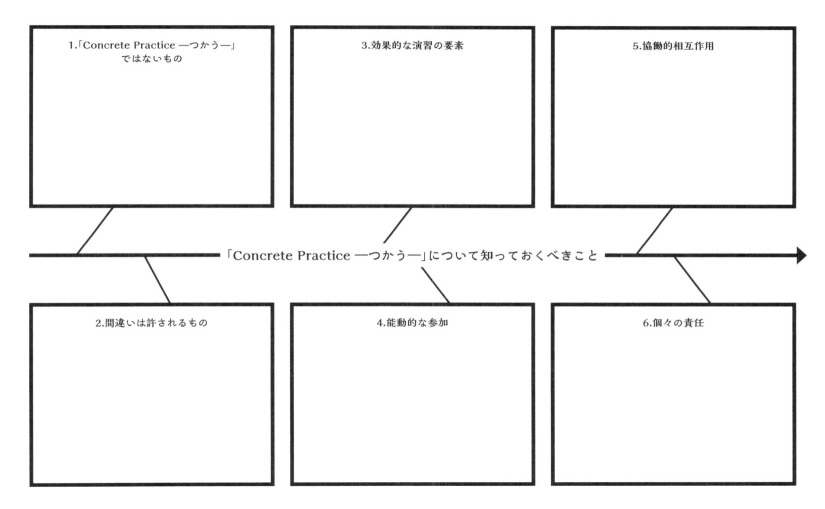

Connections — つなげる

「練習」には色々な「型」があります。下記の「型」で良いものは○、悪いものには×を下線部に書き入れてください。

1. _____ 参加者は座ってデータベースの入力手順の実演ビデオを見る。

2. _____ 安全講習の場で実物のハシゴを使って、各学習者が他の学習者に安全なハシゴの立て方、持ち方、登り方、片付け方を教える。

3. _____ コンピュータの前でペアになり、順番に新しいスプレッドシートを作成したりお互いに教えたりアドバイスをする。

4. _____ ２つのチームで代表者を１名ずつ選出してクイズ番組のようにポイントを競い合う（他のメンバーは、その競争を見ている）。

5. _____ 害虫駆除クラスで、学習者はシロアリが駆除できたことの確認方法の筆記テストを受ける。

6. _____ レジの使い方の研修中、参加者はレジの使い方のデモを見る。

7. _____ 学習者はパートナーと一緒にお客さんのクレーム対応のロールプレイをする。

8. _____ コールセンターでの働き方について従業員用マニュアルを読んで学習する。

9. _____ 講師が学習者に質問があるかどうかを聞く。

下記を見て答えを確認しましょう。

1. ✕ 参加者がただビデオを見るのではなく、実際のコンピュータを触りながらハンズオンで練習をすることが必要です。

2. ○ 安全講習の場で実際に学習者が教え合い、ハシゴをかけたり、登ったり、片付けたりといったスキルを実践しながら学習しています。

3. ○ 参加者がコンピュータを実際に使って、順番にスプレッドシートを作り、ペアのもう１名がコーチやアドバイスをするというのは、実践しながら練習する一例となります。

4. ✕ ２つのチームの代表者２名だけが、能動的に参加している状態になっています。

5. ✕ シロアリ駆除についての筆記試験は知識の理解度のみをチェックするものであるため、学習者には実技を体験することも必要です。

6. ✕ レジの使い方の研修中にレジの使い方の実演を見ているだけになっています。学習者は実際にレジでの接客とレジ打ちを試してみる必要があります。

7. ○ パートナーと一緒に学習者はお客様のクレーム対応をします。これは実践的で体験的なものです。

8. ✕ コールセンターでの働き方について、従業員用マニュアルを読んでいます。読むだけでは実践的ではありません。

9. ✕ 講師が学習者に質問があるかどうかを聞いているだけだと、質疑応答とは言えません。

このパートでは、「Concrete Practice ─つかう─」とは何なのか、そして効果的な演習の要素を探求しています。そして、学習者のスキルや知識を強化する15個のコンクリートプラクティスを紹介しています。

想像してみてください…

研修が終わり、参加者が部屋を出ていきました。あなたは学習者がこの研修で何を達成していたかを思い起こしています。3時間の研修を振り返り、最も有効だったのは学習者が学んだことを実践している時だったと気づいたのです。

あなたは、参加者に試してもらう手法を一覧にして壁に貼り出しておき、各テーブルグループで興味のある手法を選んでもらいました。一覧の表題には、「テーブル・ティーチバック」（150ページ）、「何ラウンドも繰り返す」（156ページ）、「つかんで話す」（161ページ）、「ボール回し」（163ページ）、「グループでのデモ」（156ページ）、「輪になってティーチバック」（150ページ）、「協力型クイズ」（162ページ）、「グループでの宝探しゲーム」（163ページ）などが書かれていました。そして、選んだ手法のやり方が書かれた説明書を各グループに渡しました。手法によっては、自分たちのテーブルグループで練習したり、レビューをしてもらうためにクラス全体を巻き込んで手法を実践したグループもありました。この1時間は、能動的な練習と復習・会話・協働・笑い、そして学びに溢れていました。

参加者が会場を後にするとき、あなたは、どれだけ多くのことを学んだか、どれだけ楽しい時間を過ごしたかという感想を多く耳にしました。「とても効果的で満足のいく1時間の具体的な練習だった」とあなたは結論づけ、研修室を後にしました。

Concepts ─────── つたえる ───

「練習（Practice）」とは、定義上、「何かを繰り返しすること」です。「Concrete Practice ─つかう─」とは、学習者が、ある技術を上手にできるようになるまで繰り返し行うことを意味しています。習得すべきものがスキルでない場合は学んだ情報を積極的に復習することが「Concrete Practice ─つかう─」のステップになります。いずれにしても、一部の学習者だけでなく、すべての学習者が練習に積極的に参加することになります。

「Concrete Practice ─つかう─」
ではないもの

「Concrete Practice ─つかう─」は、講師にとって、研修の中でも最も効果的な実施の難易度が高いものなので、何が効果的な「Concrete

Practice ―つかう―」ではないのかを先に知っておくとよいでしょう。

効果的ではない「Concrete Practice ―つかう―」とは以下のようなものです。

- 講師がスキルを実演するのを学習者がただ見ているだけ
- そのスキルを実演している人のビデオを見たり、読んだりする
- 他の学習者が見ているなかで1～2名の代表者のみが練習に参加する
- チーム対抗ではあるが、チームリーダーのみが参加する競技
- テーマに関係のない復習やゲーム
- 紙と鉛筆を使ったテスト（ただし練習の一環として行う場合もある）
- 研修終了前の質疑応答
- 失敗したときの影響が大きい、リスクの高い状況でスキルを実演する

さらに、「Concrete Practice ―つかう―」と「Concepts ―つたえる―」の復習の境界線が曖昧な場合もあります。「Concrete Practice ―つかう―」はスキルの練習ですので、何かしらの動きが伴うスキルの向上を目的としています。もし、何の行動も伴わない場合、実際には「Concepts ―つたえる―」の復習となります。「Concepts ―つたえる―」の復習はスキルではなく、知識の

向上を目的にしています。もちろん、知識の向上が研修の目標になることもあります。

間違いは許されるもの

車の運転、楽器の演奏、料理、スポーツなどで、自分が持っている能力を発揮できるようになるまでに要した練習量を考えてみてください。うまくなるまで、たくさん失敗したはずです。学びの過程では励まされることが重要で、スキルに自信を持って実行できるまで、競争は最小限に抑えることが得策です。

「Concrete Practice ―つかう―」とは、熟達者の能力と自分の能力をいかに近づけるかを追求することであり、間違うこと（そしてそれを修正する方法を学ぶこと）も練習の一部です。つまり、「Concrete Practice ―つかう―」の目的は、完璧さではなく一定の能力レベルに向けたスキルの構築や知識の蓄積なのです。

また、知識構築には、学習者が知識を習得できるようになるまで、協力的でリスクの少ない学習環境での「Concrete Practice ―つかう―」が必要です。知識習得の例としては、コンピュータプログラムの使用方法、顧客への効果的な対応、コールセンターでの緊急対応業務、入力用紙への記入、データ解析、セールスの電話、従業員のスケジュール作成、スタッフの管理、同僚とのコミュニケーション、チーム構築、問題解決などが挙げられます。これらは、機器の操作、安全手順

の遵守、検査の実施、建物の建設などの物理的なスキルとは異なり、認知的なスキルや対人関係のスキルと呼ぶことができます。

新しいスキルの練習をするにしても、新しい知識を得るにしても、「Concrete Practice ―つかう―」には失敗がつきものであり、時には失敗が必須要素となることもあります。多くの講師は、学習者が情報を講義で聞いたりスキルの実演を見たりすれば、最初から正しく実行したり使うことができると思い込んでいます。間違いが許容されることは効果的な「Concrete Practice ―つかう―」において重要であり、学習者の能力向上がより加速することにつながります。

140

ためしてみよう

学習者が作成する演習

学習者に演習方法を指示するのではなく、学習者自身に演習方法を考えてもらいます。数分でいいので、小グループや全体でできる演習方法を１つ考えてみましょう。演習方法は、必ず全員が参加すること、スキルや知識を強化すること、設定した制限時間内に実施することが前提となります。

効果的な演習の要素

実践型の能力であっても知識系の能力であっても、それを高めるための「Concrete Practice ─つかう─」の重要な要素を３つ紹介します。

■ **すべての学習者の能動的な参加**：それぞれの学習者がスキルを発揮したり、積極的な復習に参加したりする機会を何度も持つ必要があります。

■ **協働的相互作用**：学習者同士が競争するのではなく、協力してスキルを学ぶことにより多くの学習が行われます。

■ **個々の責任**：学習者は、自分が何をすべきか、何を知っているべきかを知り、自分の能力レベルをどのように判断するかを自分自身で知る必要があります。

この３つの重要な要素を、それぞれ詳しく見ていきましょう。

すべての学習者の能動的な参加

先に述べたように、講師が「Concrete Practice ─つかう─」を作成する際に陥りがちな間違いの一つは、数人の学習者がスキルを披露し、他の全員がそれを見ていれば、全員が学んでいると思い込んでしまうことです。そうではなく、たとえ交代であっても、学習者全員が演習に参加する必要があります。

能動的な参加は、必ずしも全員が一斉に行う必要はありません。知識系の演習は、コンセプトの各部分に続く小さな単位に分けることができます。この方法では、学習者は分担して長い手順の一部分を演習します。例えば、喉を詰まらせた人を助けるためのハイムリック法についての講習では、学習者はペアを組み、講師の説明に従って手順ごとに協力して実技を行います。そして、すべての手順を流れるように正しく実行できるようになるまで演習を繰り返します。

知識系の研修であれば、学習者はゲームやプレゼンテーション、ティーチバック（学習者がお互いに教え合う手法）などを使って、学んだことを積極的に復習することができます。復習用のゲームは、体を動かすものであればあるほど良いです。例えば、カスタマーサービスの研修では、テーブルグループが実際に遭遇したカスタマーサービスの問題を使って寸劇を作り、その問題に対する適切な対処法を実演します。

協働的相互作用

現在の脳研究では、学習における学習者同士の協働が重要視されています。学習コミュニティがメンバーの学習を助けるために積極的に協力し、メンバー間でサポートして励まし合うと、学習効果が高まります。『Informal Learning』の著者ジェイ・クロスによれば、「私たち人間は社会的ネットワークの中に存在する、その一部です。私たちの頭の中には神経ネットワークがあります。学習とは、頭の中と外のネットワークをよりよく結合し、維持することです」(2007, p.7)。

これに対して競争は「学習者が自分の達成度を

高め、他の学習者が自分よりも高い達成度を得られないようにすることに焦点を当てる」(Barkely, Cross, & Major, 2005, p.17) ものです。これは、競争が悪いことだと言っているのではありません。この研究は、多くの人にとって、競争ではなく協調に重きを置くことで学習効果が高まるということを指摘しているのです。競争はすでに習得したスキルを磨く行為のように見えますが、それは競争がもたらすアドレナリンラッシュを好む性格の人に限られます。多くの学習者は、競争が始まると思考停止をしてしまいます。競争を避けるのではなく、競争を強調せず、協力的にする、あるいは練習時間全体のほんの一部として競争を取り入れるのがコツです。

個々の責任

学習者は、自分が何をすべきか、何を知るべきかを明確にし、自分の能力のレベルをどのように判断するかを知る必要があります。研修の最初に目指すべき学習成果を理解し、自分の学習目標を話し合ったり書いたりする機会があれば、個人の学習に対する責任を果たしやすくなります。学習成果と個人の目標があれば、学習者は自分が何に対して集中すべきか理解できます。『The Accelerated Learning Handbook』の著者デイブ・マイヤーは、「学んだことが応用されなければ、学習ではない」(2000, p.101) と指摘しています。ですから、「Concrete Practice ―つかう―」は、研修の学習成果と結びついている必要があります。学習成果に関係のない演習やゲームは、貴重な学習時間を無駄にしてしまいます。

1分間
コンセプトレビュー

リストをつくろう

前のページを見返さずに答えてください。効果的な「Concrete Practice ―つかう―」の3つの要素を挙げてください。書き出してから、答えを確認してくださいね。

1.

2.

3.

Concrete Practice ——— つかう ———

この本の内容を具体的に実践するために、次回の研修では、148〜164ページにかけて紹介する15のアクティビティの中から1つまたは複数を使ってみてください。いくつかのアクティビティは、各「Concepts —つたえる—」の直後に挿入できる短い演習です。また、すべての情報やスキルを組み合わせた、より長い演習もあります。あなたと学習者に合ったアクティビティを探してご利用ください。

以下に、14〜16章で紹介するアクティビティの名前と簡単な概要を示します。

■ **ティーチバック・アクティビティ**（148ページ）は、「ペア・ティーチバック」、「テーブル・ティーチバック」、「片足立ちティーチバック」、「インプロ（即興演劇）ティーチバック」、「輪になってティーチバック」の5つです。これらのコラボレーション方法では、学習者はお互いに教えたり、コーチしたり、励ましたり、肯定的なフィードバックや提案をしたりします。

■ **スキルを磨く・アクティビティ**（154ページ）は、「教室でのメンタリング（OJT）」、「知らないふりして教え合う」、「何ラウンドも繰り返す」、「グループでのデモ」、「スキルのクイ

ズ番組」の5つです。スキルを学び、実践するには、OJT（学習者が経験豊富なプロに弟子入りすること）が一番ですが、この分類のアクティビティでは、教室内でメンタリングを取り入れる方法を紹介しています。

■ **学習者が作成するゲーム・アクティビティ**（158ページ）は、「カードゲーム」、「つかんで話す」、「協力型クイズ」、「ボール回し」、「グループでの宝探しゲーム」の5つです。通常、ゲームの主な要素は競争ですが、この章のゲームは、競争の要素を少なくし、協力を促します。

1分間 コンクリートプラクティス

変えていこう

効果的な演習の要素を知った今、あなたならどのようにして以下の最悪の演習を最高の演習に変えますか？ それぞれの文章の後に、どのように変えるかを説明してください。そして、答えと比較してください。

1. **参加者は、データベースへの入力手順を教えてくれるビデオや演習を見ます。**
   あなたならどうしますか？

   _____

2. **2つのチームからそれぞれ代表者1人が、協力型ゲームでポイントを競います。他のチームメンバーはゲームを見ています。**
   あなたならどうしますか？

   _____

3. 害虫駆除クラスではシロアリの発生状況を確認するための筆記試験が行われます。
あなたならどうしますか？

_____

4. 店舗での研修では、レジ操作の実演を見てもらいます。
あなたならどうしますか？

_____

5. すべての学習者は、従業員ガイドを読み、コールセンターでの作業手順を学びます。
あなたならどうしますか？

_____

6. 講師は、学習者に質問がないかを尋ねます。
あなたならどうしますか？

_____

以下の答えは、あなたの答えとは異なるかもしれませんが、この章で説明した効果的な「Concrete Practice ―つかう―」の３つの要素のうち、１つ以上の要素を含んでいるかを確認してください。

1. ビデオを見た後、参加者はコンピュータの前でペアになり、お互いに指導し合いながら、データベース入力の練習をします。

2. 各チームのメンバーが協力して、チームの答えを考えます。チームリーダーは交代制で、各人が自分のチームを代表して発言する機会を持ちます。

3. 筆記試験終了後、学習者は順番にシロアリの侵入をチェックする方法を説明します。また、害虫駆除器具の使用方法を実演します。

4. デモを見た後、学習者が交代でレジを操作し、お互いに指導し合います。

5. 学習者同士がコールセンターの手順を教え合い、お互いに伴走しながら手順を実践します。

6. 各テーブルグループは、インデックスカードにテスト問題を作成します。グループは問題の書かれたカードを交換し、受け取ったカードの質問に対する答えを書いたり、口頭で確認をしたりします。

Conclusions ──── まとめる────

　すべての学習者にとって「Concrete Practice ─つかう─」が効果的であるためには、能動的な参加、協働的相互作用、個々の責任を含む方法を用いなければなりません。「Concrete Practice ─つかう─」とは、言うなれば「論より証拠」です。学習者がスキルや知識を得ているのかを観察可能な方法で確認できます。

"教科書を読んだだけでは、水泳もピアノもできるようにはなりません。"

パトリシア・ウルフ
『Brain Matters』（未邦訳），2001年, p.101

1分間コンクルージョン

自分が使ったことのある、あるいは他の研修で使われているのを見たことのある「Concrete Practice —つかう—」の具体例を思いつく限りたくさん挙げてみてください。その中で、特に効果的だと感じたものをいくつか挙げてみてください。これらの方法には、本章で説明した効果的な「Concrete Practice —つかう—」の重要な3つの要素が含まれていましたか？ また、あなたが見たことのある効果的でない演習方法についても考えてみてください。それらの演習方法には、効果的な演習の3つの要素のうち、どの要素が欠けていましたか？

トレーナーの道具箱

この章で得られた有用なアイデアを書き留め、このページに付箋を貼って、すぐ参照できるようにしてください。

14章
ティーチバック・アクティビティ

ティーチバック・アクティビティとは？

ティーチバック・アクティビティ（以下、ティーチバック）とは、学習者が学んだことをお互いに教え合うアクティビティです。口頭での説明、デモンストレーション、即興演劇、スキルのコーチングなど、さまざまな方法で行うことができます。

ティーチバックは、学習者が新しい情報を学び、記憶するのに役立つだけでなく、講師が理解度を確認するのにも最適な方法です。学習者が学んだことを説明したり、実演したり、教えたりするまでは、講師から学習者がどれだけ理解しているか、覚えているのかを知ることはできません。ティーチバックを使えば、学習者の理解度を明確に把握することができ、特定の概念を再度教える必要があるかどうかを判断することができます。

ティーチバックは、ジグソーパズル（120ページ）とは異なります。ティーチバックはすでに学んだ内容を強化するものであり、ジグソーパズルは新しい内容を学ぶものであると言えます。ティーチバックもジグソーパズルも、講師は一歩引いて、学習者がお互いに教え合ったり学んだりできるようにしている点は同じです。

ターン＆トーク（84ページ）は、ティーチバックのミニ版で、1～2分の短時間で、会話による情報交換が行われます。

ティーチバックするのはなぜ？

ティーチバックで、以下のことが可能になります。

■ すでに学んだことの理解を**深める**

■ 重要な学習事項の長期記憶を**促す**

■ 学習者の誤解や曖昧さを**表面化させる**

■ 自分がどれだけ学んだか、何を知らなければならないかを**認識させる**

■ 自分が学んだことを他の人に教えるときの自信を**高める**

■ 他人に教えることにより、自身のスキルや学習の習得に**つなげる**

ティーチバックに参加している学習者を観察することで、講師は以下のことができます。

■ 学習者の理解度を確認し、何を知っていて何を知らないのかを明確にする

■ 学習者のどの部分について講義が追加で必要なのか、あるいは復習が必要なのかを評価する

■ 必要に応じて、個人やグループに建設的かつポジティブなフィードバックを与える

■ 各学習者の進捗状況を記録し、特定の学習ニーズに合わせて後から復習を行う

実施のポイント

■ **教材**：標準的な研修教材を提供します。特定のアクティビティで必要な教材については、それぞれのアクティビティの説明を参照してください。

■ **準備**：ティーチバックを行う際に学習者同士が邪魔にならないよう、十分なスペースを確保してください。可能であれば、教室の他に別部屋（参加者同士がペアやグループを作って集まれる場）を用意してください。

■ **人数**：どのような規模のグループでも構いません。

■ **時間**：情報の量や練習する技術の複雑さによって異なります。通常、ティーチバックの時間は5～20分程度です。

5つのティーチバック・アクティビティ

1. ペア・ティーチバック

学習者に席から立ってもらい、パートナーを見つけ（参加者が奇数の場合は3人組でも構いません）、以下のいずれかを行ってもらいます。

■ 研修で得た「知っておいてほしいこと」を交互に説明します。

■ 学んだスキルを交互に披露し、肯定的なフィードバックをしたり、励まし合います。

- 学んだ内容についてお互いに質問します。

- 一緒に1〜2分の短い寸劇を作り、「知っておいてほしいこと」やスキルを実演し、グループ全体に発表します。

2. テーブル・ティーチバック
次のことを行います。

- 各テーブルグループに、講義で教えるコンテンツの1つを割り当てます。

- 各グループは、そのコンテンツの内容について短いプレゼンテーションを準備します。1〜3分程度で発表できる要約でもいいですし、5〜10分程度の長めのプレゼンテーションでもいいです。テーブルグループは、視覚的な資料、スライド、図表、双方向の手法、デモンストレーションなど、さまざまなアプローチを使用します。

- テーブルグループがプレゼンテーションを行い、クラスから拍手を受けます。

3. 片足立ちティーチバック
学習者は、1グループ3〜5人のスタンディンググループを作ります。各学習者は学んだことをまとめますが、話す人は、片足で立って話す必要があります。これにより、要約が短くなり、ティーチバックに遊び心を加えることができます。

4. インプロ（即興演劇）ティーチバック
インプロ（即興演劇）とは、台本のない演劇のことです。学習者に「インプロをやりましょう」と言っても、「ロールプレイをやりましょう」と言ったときのようなため息は聞こえてこないと思います（※訳者注：日本ではどちらもため息が聞こえる（笑））。インプロ（即興演劇）ティーチバックの手順は以下の通りです。

- まず学習者に対して、インプロ（即興演劇）ティーチバックとは何かを説明し、1つのティーチバックは10〜15秒間で行う必要があり、2分間に8回のティーチバックを行う必要があることを学習者に説明します。

- 15秒経ったら合図する人を決めておきます。

- 参加者の一人が、これまでに学んだことを立ち上がって演じ始めてもらいます。ジェスチャーや声のトーンを使って情報を強調したり、ユーモアを加えたりして、思う存分ドラマチックに演じてください。

- 演技の途中でも時間がきたら（15秒経過したら）、その場で演技をやめて、別の学習者を指名して変わってもらいます。

- 次の学習者は立って、最初の参加者が演じたところから継続してインプロを再開します。2人目の方も10〜15秒話したら途中でも止めて別の参加者を指名します。

- 2〜3ラウンドして演劇が一通り終わった場合は、冒頭からもう一度始めてもらいます。そして、8回のインプロ（即興演劇）ティーチバックが終わるか、2分経過するまで続けます。

スキルの練習を兼ねたインプロ（即興演劇）ティーチバックの場合は、次のようにします。

- ここでも、制限時間内にグループ全体で達成しなければならないインプロ（即興演劇）ティーチバックの回数を決め、タイマーを使います。

- 1名の参加者がスキルの実演を始めます。

- 時間が来たら、途中で止めて次の人が前の人の演技を引き継ぎます。

- 学習者が2〜3ラウンドでスキルを実演できたら、スキルの実演を最初からやり直し、繰り返します。指定した数のインプロ（即興演劇）ティーチバックの実演が終わるか、タイマーが鳴るまで続けます。

- スキルの練習では、学習者はかなりドラマチックなデモンストレーションを行うことができ、ユーモアに溢れる楽しい体験にすることができます。

5. 輪になってティーチバック
以下のようにしてください。

- 代表者として手を挙げてくれた人の周りを学

習者が囲んで円状に立ちます。クラス全体の人数が多い場合（20人以上）は、10人程度の小さな円を複数作ります。

■ 円の中央にいる人は、やわらかくて投げられるもの（トゲトゲがついた柔らかいボールや軽いプラスチックのボールなど）を持って、学んだことを簡単に説明したり、実演したりした後、ボールを他の人に投げます。

■ ボールを受け取った人は、円の中央に移動して最初の人と同じことを繰り返します（最初の人は円に加わります）。

■ 円が小さければ、全員に順番が回って中央に立って「輪になってティーチバック」を行うことができますが、円が大きい場合や、アクティビティの時間が短い場合は、ティーチバックの回数を限定することもできます。

あなたの番

自分のティーチバックのアイデアをコンセプトマップにしてみましょう。ぜひ、次の用意させて頂いたコンセプトマップを使ってみてください。

ティーチバック・アクティビティのためのコンセプトマップ

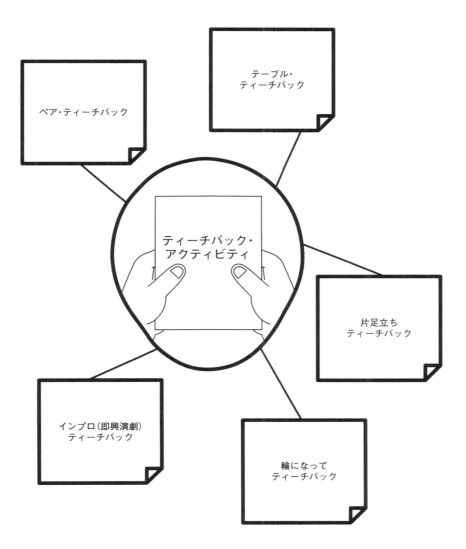

ペア・ティーチバック

テーブル・
ティーチバック

ティーチバック・
アクティビティ

片足立ち
ティーチバック

インプロ（即興演劇）
ティーチバック

輪になって
ティーチバック

15章

スキルを磨く・
アクティビティ

スキルを磨く・アクティビティとは?

スキルを磨く・アクティビティとは、研修の参加者が実際にそのスキルを使って練習をして学ぶことです。わかりやすい例として、教習所では、実際に車を運転して練習します。スキルを磨く・アクティビティは、時にはシミュレーションで練習する場合もあります。例えば、実際に車を運転するのではなく、コンピュータで作られた運転シミュレータで練習するのと一緒です。

実際にスキルを習得するのが目的なのであれば、スキル習得のための練習は必須となるでしょう。ただ、多くの研修では十分な練習時間が割かれていません。スキル習得には長い時間を要するという問題があるからです。さらにもう一つの問題は、講師としてスキルの学習をどのように準備して、練習をどうサポートすればいいのかわからないということです。しかし、参加者が研修終了後にスキルを十分に習得するには「Concrete Practice ─つかう─」が唯一の方法です。もちろん、「Concrete Practice ─つかう─」は学習者の知識やスキルの長期的な定着を大幅に向上させます。

この章で紹介するスキルを磨く・アクティビティは、準備や実施のサポートをすることが容易で、研修中に学習者に質の高い練習を提供することができます。

スキルを磨く・アクティビティをするのはなぜ?

学習者がスキルを磨く・アクティビティに参加する際は以下のことが可能になるように心がけましょう。

- 講師や他の学習者からの指導や励ましを受けながら一緒にスキルを**実践する**

- 結果が間違っていたとしても安全に**失敗できる**

- 参加者自身で**間違いを正す**ことができる

- 互いの練習中に**修正し合える**

- 参加者が学んだスキルを実演することによって**自信が得られる**

- スキルの練習を通じてしか到達できない**熟達した状態になれる**

実施のポイント

- **教材**:どんなスキルを磨く・アクティビティをするかによりますが、通常の研修資料の他にアクティビティのやり方説明に載せた教材が必要になります。

- **準備**:教室に学習者が動きまわるのに十分なスペースがある、もしくは、教室の外に十分なスペースが必要になります。実際の仕事場(オフィス、コールセンター、機材置き場など)

を使う場合は、事前に十分なスペースを準備しておく必要があります。

- **人数**:教室のスペースが十分にあれば、人数はあまり関係ありません。

- **時間**:どのスキルを磨く練習をするかに依存します。たいていのスキルを磨く練習は、15〜60分程度の時間がかかります。

5つのスキルを磨く・アクティビティ

1. 教室でのメンタリング(OJT)

最も強力なスキルの練習は、何千年も前から行われてきたもので、経験豊富なメンターとのOJT、つまり徒弟制度です。研修の時間に、このようなスキルの練習をすることは、時間と労力を費やす価値があります。次のようにします。

- 経験豊富な学習者(メンター)が経験の浅い学習者とペアを組みます(これをメンタリング・ペアと呼びます)。

- 経験の浅い学習者ばかりの場合は、「教室でのメンタリング(OJT)」の時間に、クラス外から経験者(従業員、上司、以前のクラス参加者、その分野の専門家)を呼べるかどうかを確認します。これらの人たちに参加してもらい研修参加者のメンターとなってもらいます。

- メンタリング・ペアでの練習は、経験の浅い学習者がスキルを披露し、メンターがコーチング、アドバイス、励まし、フィードバック

を行います。これにより実際の生活や仕事で起こることのシミュレーションになります。

■ 経験の浅い学習者にポジティブなフィードバックを与える方法を、メンターに思い出させるのも重要です。部屋の壁に以下のような文を貼り出し、メンターが使えるようにしておきましょう。
「うまくできましたね。／代わりにこの方法でやってみてください。／さらに、こうしてみるのもいいかもしれません。／もうちょっとでしたね。この手順に変えてみましょう。／もう一度見直してみましょう。」

2. 知らないふりして教え合う

これはペア・ティーチバックに似ていますが、この場合、1人の学習者がスキルについて何も知らないふりをし、ペアのもう1人がスキルのすべてを実演してもう1人の学習者に教えなければなりません。その後、役割を交代します。
「知らないふりして教え合う」は、学習者のスキルレベルが同じくらいの場合に有効です。また、コンピュータ室での技術研修にも有効です。それぞれの学習者が自分のコンピュータの前に座り、スキル練習のために学習者がペアで作業し、お互いに教え合い、学び合うことは多くの学びにつながります。

3. 何ラウンドも繰り返す

この活動は、手順通りに練習することが重要なスキルの練習に有効です。次のようにします。

■ 各テーブルグループで、スキルの実演手順をフリップチャートか印刷された用紙で貼り出します。

■ グループ内の各学習者は、順番に実演をし、他のメンバーにはメンターの役割を演じてもらいます。

■ 各メンバーが1回以上の実演を体験するまで、順番に手順を実演し続けます。

以下に、「何ラウンドも繰り返す」の別のアプローチを紹介します。

■ 研修の前に、スキルをインデックスカードに印刷しておきます（テーブルグループごとに1セット、カード1枚につき1つの実演手順を記載）。

■ テーブルグループの各学習者は、順番にカードを選び、その手順を実演します。

4. グループでのデモ

以下のようにします。

■ 各テーブルグループは、スキルの実演の準備をします。

■ 実演に「やってはいけないこと」や「正しいやり方」を含めることもできます。あるいは、スキルを手順ごとに分け、各グループのメンバーが1つの手順のみを実演するように分割することもできます。

■ 各グループは、全員の前で実演を発表し、仲間からのフィードバックと拍手を受けます。

5. スキルのクイズ番組

クイズ番組のフォーマットを使ったアクティビティは、新しい情報を復習したり記憶したりするのによく使われる方法です。「スキルのクイズ番組」では、学習者は質問に答えるのではなく、スキルの実演をします。会話よりもスキルの練習に重点が置かれます。

■ クイズ番組の形式を決めます。あなたが選んだ形式でも良いし、学習者が選んでも良いです。例として、テレビのクイズ番組、神経衰弱ゲーム、物々交換ゲームのような各種などがあります。

■ 番組の司会者、審判、時間管理など、必要な役割の参加者を募ります。

■ 参加者は、質問に口頭で答えるのではなく、スキルや手順を実演してもらいます。あるいは、質問、情報の共有、スキルの練習を組み合わせたアクティビティにすることもできます。

■ 審判は、スキルや手順を正しく実演した参加者やテーブルチームにポイントを付与します。

■ 全員にスキルのクイズ番組に参加する機会を
与えます。

■ 勝利した学習者やチームには小さな賞品を与
えます。

あなたの番

スキルを磨く・アクティビティに関するコンセプトマップを作ってみましょう。

16章

学習者が作成するゲーム・アクティビティ

学習者が作成する
ゲーム・アクティビティとは?

　学習者が作成するゲーム・アクティビティ（以下、学習者が作成するゲーム）とは、ゲーム形式で行われる復習のための「Concrete Practice ─つかう─」のアクティビティです。学習者はクリエーター、進行役、ホスト、プレーヤー、タイムキーパー、審判の役割を担います。この種類の「Concrete Practice ─つかう─」では、学習者が自分で学んだことの復習のためにゲームを作ります。自分達でゲームを進めることができるというと当たり前のことのように思えますが、ほとんどの研修では、講師がゲームを作り、進めることが多いのです。

　多くの講師は、学習した内容を復習するのに参加型のゲームの有効性を知っていますが、ゲームの作り方や進行役を学習者に委ねることは難しいと思っています。なぜなら、学習者は講師がゲームに詳しいことを知っており、進行役をすることを期待するからです。

　本音を言えば、講師がゲームのリーダーになって進行を担うのは講師にとって楽しいし、自尊心も高まるでしょう。ただ、繰り返しになりますが、私たちに課せられた課題は、長年の習慣を断ち切り、講師は一歩引いて、学習者が自分でゲームを作り、進行を任せるということです。

　企業研修担当者で学習ゲームの第一人者であるシバサイラム（ティアギ）・ティアガラジャンは、著書『Design Your Own Games and Activities』（未邦訳, 2003年）の中で、学習者が作成するゲームを「フレームゲーム」と呼んでいます。彼はフレームゲームを「パフォーマンス向上のためのアクティビティを即座に作成するためのテンプレート」（p.8）と定義しています。このフレームゲームを使って、学習者は自分のゲームを作ることができるのです。ティアギの本にはフレームゲームがたくさん紹介されています。

　テレビのクイズ番組の多くもフレームゲームの一種です。日本では、以下のようなゲーム番組があります。クイズダービー、クイズ・ミリオネア、アタック25、ネプリーグ、クイズタイムショックなどです。これらのゲーム番組の構成は、どんなテーマでも対応できるように一般的な構造になっています。

　ただ、学習者が作成するゲームには他の参加者も含めてうまくゲームを機能させるための仕組みやガイドラインが必要となります。

　ここでは、いくつかの推奨されるガイドラインを紹介します。

- ■ **ゲームの目的**：ゲームの目的とゲームが学習成果にどのように結び付くのかを、学習者によく理解してもらいます。つまり、ゲームを研修に組み込む前に、そのゲームがすべての学習者にとって、どれだけ効果的かを考える必要があります。

- ■ **ゲームの枠組みを決める**：ゲームの一般的な構造を学習者に説明します（例：ゲーム番組、鉛筆と紙、カードゲーム、協働型か競争型、チームか個人）。枠組みには、参加者に期待していること、グループまたは個々の責任も含まれます。

- ■ **リーダーの交代**：ゲームの役割（リーダー、ホスト、審判、タイムキーパー、プレーヤー）を交代するよう学習者に指示し、全員が役割を体験するのと、ゲームをプレイする両方を体験してもらえるようにします。

- ■ **協働と競争**：「2章 脳にやさしい研修」で述べたように、競争よりも協働を優先した方が少なくとも学習の初期段階では、ほとんどの人がよりよく学ぶことができます（32ページ）。これは、「Concrete Practice ─つかう─」の中で競争を排除すべきだということではありません。むしろ、可能な限り、競争の一部として協働する要素を用いることが好ましいと言えます。例えば、参加者が個人としてではなくチームとして競争し、チームメンバーがゲーム番組の答えを協働で考えられるようにすると、全員が参加し、学ぶことができます。

- ■ **時間**：ゲームを始める前に、ゲームの実施時間は参加の仕方（全員が同時に参加するか、役割を交代しながら参加するかなど）によって変わります。また、何をもってゲームに「勝利」したことにするのかによっても変わってきます。ゲームの勝者は1人や1グループではなく、多くの人やグループになることもよ

くあります。

- **ゲームの後の議論**：ゲーム終了後に学習者が話し合うための質問の一覧をあらかじめ用意しておきます。ゲーム後の議論では、学習者はゲーム後に学んだことを振り返り、話し合います。

ゲーム後の議論に使える質問の例です。

- 「ゲームをプレイして学んだ最も重要なことは何ですか？」

- 「ゲーム中に驚いたことは何でしたか？」

- 「観察したパターンや興味深い要素は何でしたか？」

- 「ゲームの内容について、以前は知らなかったことは何でしたか？」

- 「ゲームから得られた情報のうち、研修終了後に利用できるものは何ですか？」

- 「このゲームをより良い学習体験にするために、どのような提案がありますか？」

- 「このゲームの異なるバリエーションとして、再度プレイすると役に立ちそうなものはありますか？」

- 「新しい情報やスキルを覚えるために、仕事の現場でここで作ったゲームを使うことはできますか？」

学習者がゲームを作成するのはなぜ?

学習者が自分でゲームを作り、リードし、プレイし、ホストし、審判をすると、次のようなことが可能になります。

- 学習内容の理解度を**高める**

- 知っていることを実践に**応用する**

- 知識やスキルを長期記憶に移動させるためのユニークな方法を**創り出す**

- 重要な情報やスキルをさまざまな方法で復習するのを**助ける**

- 誤解や間違いを自己修正したり、仲間と一緒に**修正する**

- ゲームとそのゲームの基礎となるコンテンツを学習者に**オーナーシップを持ってもらう**ことにより、講師が一方的に「これは重要だ！」と教えるだけではなく、学習者から自発的に学びたい、使いたいと思ってもらう

実施のポイント

- **教材**：標準的な研修教材と、テーブルグループが必要とするその他の材料を用意します。ほとんどのグループは、インデックスカード、筆記用具、マーカー、画用紙や色紙、インデックスカードの束、フリップチャートやゲーム用の材料を必要とします。

- **準備**：学習者が各ゲームの準備する内容を決めます。

- **人数**：学習者がゲームを行うグループの人数を決めます。

- **時間**：ゲームを作成してからプレイするまでに必要な時間は、グループによって異なります。講師があらかじめ時間を決めることもできますし、学習者に研修で許容できる時間枠のなかで決めてもらうこともできます。

5つの学習者が作成する
ゲーム・アクティビティ

1. カードゲーム

学習者やテーブルグループが独自のカードゲームを作る前に、ゲームの例を印刷した一覧（161ページ参照）を提供するか、口頭で説明します。その後、学習者は次のようにします。

- ペア、3人組、またはテーブルグループでカードゲームを作成します。

- ペア、3人組、またはテーブルグループのそれぞれが、インデックスカードをゲームの材料として使い、異なるカードゲームを作ります。

- 各グループは、ゲームの説明カードと答えのカードも作ります。グループがカードゲームを作り終わったら、他のグループ（またはペアや3人組）とゲームを交換します。

■ 時間が許せば、グループはお互いのゲームを
プレイし、再びゲームを交換します。

■ ゲームが終わったら、各グループでゲーム後
の話し合いをします。あるいは、グループ全
体でゲームについて話し合ってもらうことも
できます。

　以下は、学習者が読んで学べるカードゲームの
例です。

■ **12の質問**：約12枚のゲーム用カードを用意し
ます。各カードには、テーマに関連した質問
と答え、そのカードのポイント数が記載され
ています。説明カードには次のように書かれ
ています。「ゲームリーダーを決め、リーダー
は質問を読み上げ、最初に手を挙げた人が答
えます。答えが正しければ、その人にポイン
トを付与します。ゲーム終了時に、グループ
内で最も多くのポイントを獲得した人が勝ち
です。リーダー役は質問単位に交代して、全
員がプレイに参加できるようにしてくださ
い。」

■ **○か×か**：20枚ほどのゲーム用カードを用意
します。カードには、学習内容に関連する文
章を記載しておきます。文章は嘘の場合もあ
れば真実の場合もあります。テーブルの上に、
○と×のエリアを作り、答え合わせ用の回答
用紙を別に作るか、カードの裏に「×」や「○」
などを記載しておきます。テーブルに置かれ
た説明カードにはこう書かれています。「グ

ループで話し合って、カードを「×」か「○」
のどちらかのエリアに分けて置いてください。
カードの分類後、解答用紙を使うかカードを
裏返して、分類が正しかったかどうかを確認
します。正解のカード1枚につき1点をグ
ループに与えます。ゲーム終了時には、クラ
ス全体に各グループの得点を知らせます。」

■ **順番に並べる**：それぞれのカードには、学習
した内容に関連した一手順を説明する文章が
記載されています。答え合わせ用のカードも
作りましょう。説明カードにはこう書かれて
います。「グループで話し合って、各カードに
書かれている手順を見て、発生する手順の順
番に並べてください。そして、自分のグルー
プの手順を、答え合わせ用のカードで確認し
ます。カードが正しい順番に並べることがで
きたら、グループでハイタッチをしてお祝い
しましょう。」

■ **空白を埋めよう**：学習した内容となる文章が
記載され、そのうち重要な単語が1つか2つ
空白になっているカードをかなりの枚数用意
します。このカードには配点と、裏面には答
えの単語が記載されて、テーブルの中央に重
ねて置いてあります。ゲームの説明用紙には
次のように書かれています。「これは各グルー
プ内でのゲームです。文面を上にしてカード
をテーブルの上に置き、グループ内の各人が
順番にカードを1枚ずつ取ります。カードを
取った人は、表面の文を読み上げます。空欄
に入ると思われる言葉を補って文章を完成さ
せた後にカードを裏返して、記載された答え

と自分の答えを照合します。正解した人には
ポイントが加算されます。そして、同じよう
に次の人もカードを取っては読み上げ問題を
解いていきます。順番を回していき、最も多
くのポイントを獲得した人が勝ちです。」

2. つかんで話す

　これは、『The Ten-Minute Trainer』（235ペー
ジ）という本に収録されている「Grab That
Spoon」というゲームのバリエーションの1つで
す。このゲームでは、各テーブルグループが、十
数個の出題問題を記載した一覧を作成します。一
覧に書かれている例としては下記のようなものが
あります。

■ **テーマに関する質問とその答え**、および正解
した際のポイント

■ **学習した概念に関する○×クイズ**、および正
解した際のポイント

■ **テーマに関連した概念**、および各概念のポイ
ント

　ゲームのやり方は以下の通りです。

■ 各テーブルの中央にそのテーブルのゲームプ
レーヤー全員が手に届く範囲にアイテムを置
きます。このアイテムは、ゲームの重要な要
素であると同時に、グループ内で最も多くの
ポイントを獲得した人への景品にもなります。

アイテムは、学習した内容に関連したものでも、比喩的なものでも構いません。例えば、会社の野球帽やTシャツ、コンピュータの研修で使うマウスパッド、カスタマーサービスの研修で使うキャンディーの入った小さな袋（お客様に「甘く」することを暗示）、おもちゃ、ぬいぐるみ、ゴム製のボールなどのボールが使われます。

■ グループ内の1人がゲームリーダーになります（グループメンバーで交代してもよい）。リーダーは、質問、文章やコンセプトを読み上げます。

■ リーダーが読み上げた後、最初にアイテムを手にしたプレーヤーは、以下のいずれかを行わなければなりません。

　■ **質問の場合**は、質問に答える。

　■ **○×文章の場合**は、その文章の正誤を決める。誤っている場合は、その理由を述べるか、その文が正解になるように言い換える。

　■ **概念の場合**は、その概念を口頭で定義、説明、または例を示す。

■ アイテムをつかんだ人が話し終わった後、リーダー（またはグループ）は、答え、正誤判定、または定義・説明が正しいかどうかを判断します。正しければ、リーダーはその人にポイントを与えます。

■ プレーヤーがアイテムをテーブルの中央に戻したら、次のラウンドが始まります。時間が来るまでゲームを続け、ゲームが終わったタイミングで最も多くのポイントを獲得した参加者が、賞品としてテーブル中央のアイテムを獲得します。

3. 協力型クイズ

　従来のテレビでよくあるクイズ番組の問題点は、各チームから1人しかゲームに参加できないことです。また、従来クイズ番組は、知識よりもスピードを競うもので、ブザーを早く鳴らした人が答えを言うようになっています。また、立ち上がっているグループの代表者のみが答えるようになっています。

　協力型クイズでは、チーム全員が参加できますし、どのチームにも解答のチャンスがあります。さらに、2つ以上のチームが勝つことも可能です。

　以下の指示を出します。

■ 学習者全員がゲーム用のクイズと回答カードを作成し、質問の難易度に応じてカードに点数をつけます。

■ 3人の学習者が司会、タイムキーパー、審判を担当し、審判はテーブルグループを回り、各グループの回答をチェックします。

■ 司会者は、カードを1枚持って、質問を読み上げてゲームを始めます。

■ すべてのテーブルグループは、15秒（難しい質問の場合は20秒か30秒）で質問について話し合い、答えに同意して、その答えをカードに書きます。

■ 各グループが書き終わったら、各テーブルで1人が立ち上がります（この人はラウンドごとに違う人でなければならず、カードに答えを書き終わるまで立ち上がってはいけません）。

■ タイムキーパーが「ストップ」と言ったら、カードを持って立っている人だけが自分のカードを声に出して読みます。

■ 審判は、カードに答えが書かれていることを確認します。立っているプレーヤーは、順番にカードを読み上げます。司会者は、それぞれの答えが正しいかどうかを伝え、正解したテーブルグループにポイントを与えます。

■ 正解か不正解かで意見が分かれた場合は、審判が最終判断をします。各ラウンドでは、複数のテーブルグループが正解することがあり、正解した全てのグループに同じポイントが付与されます。

■ 答えが部分的に正解だった場合、審判の裁量でそのグループに部分点を与えることもできます。

■ 各テーブルグループに1人は、自分のグループの配点記録を担当します。ゲーム終了時に最も多くのポイントを獲得したグループが勝利します。

■ 景品があれば、司会者が景品を渡します。または景品の代わりに、優勝したグループは他

のテーブルグループからスタンディングオベーションや拍手を受けるようにする場合もあります。

4. ボール回し

学習者は、小さくて柔らかくて投げられるもの（スポンジボール、ビーチボール、ぬいぐるみ、バススポンジ、小さな枕、風船）を使って、いろいろな復習ゲームを作ることができます。ボール回しは、長時間座っていた参加者に席を立って動いてもらう際にぴったりな方法です。ここでは、ボール回しの3つの異なる方法をご紹介します。

■ **質問する、答える、投げる**：学習者はグループで作業します。各グループは、学習内容に関連した質問を3～4つ作成し、それぞれにポイントを設定します。あるグループが他のグループに学習内容に関する質問をします。質問されたグループはグループ内で相談をして答えます。正解の場合は、グループのメンバーがボールを何かの入れ物（ゴミ箱、ボウル、バケツ、バッグ、小さな輪っか）に投げ入れて、入ったらポイント獲得になります。不正解の場合は、他のグループに回答権が移ります。グループ同士で順番に質問をしていき、全員が参加できるように、毎回、各グループの異なるメンバーがボールを投げるように促します。最も多くのポイントを獲得したグループがゲームに勝利します。

■ **質問する、投げる、答える**：この方法は上記のものと似ていますが、入れ物は使いません。代わりに、1つのグループが質問をして、2つ目のグループにボールを投げます。2番目のグループ内の任意の人が質問に正しく答えれば、そのグループにポイントが与えられます。次に、2番目のグループは、3番目のグループに質問をします。このように、ラウンドは、各グループの質問が尽きるまで続きます。

■ **答える、投げる、質問する**：各グループは、一定のポイントを持たせた3～4つの学習内容に関連する答えだけをまず作成します。「質問する、投げる、答える」のバリエーションと同様にボール回しは行われますが、違いは、グループは「答えに付随する質問を述べなければならない」ことです。

5. グループでの宝探しゲーム

学習者は、このアクティビティを研修中に行うこともできますし、研修が1日以上続く場合は、日をまたいで行うこともできます。また、このアクティビティは、ウォーミングアップとしても利用できます（「5章 ウォーミングアップ・アクティビティ」78ページを参照）。手順は以下の通りです。

■ 各テーブルグループは、学習内容に関連した宝探しゲームで探す物の一覧を10個前後（時間によって個数を調整してください）作成します。

■ テーブルグループで一覧を交換し、ゲームを始めます。グループは協力や手分けをして、制限時間内にすべてのアイテムを見つけるように動きます。

■ 制限時間前にすべてのアイテムを見つけたグループが勝者となります。

グループでの宝探しゲームの例を次ページに示します。

〈宝探しゲーム〉

■ この教室の外（または別のテーブルグループ）で、今回の学習テーマについて重要な事実を5つ知っている人を探してください。その人の述べた事実と名前をここに書いてください。

■ この部屋（またはオフィス、役員室、スタッフルーム）の中で、学習内容に関連する物を探してください。
　見つけたら、どのような関連があるのか説明と見つけた人の名前をここに書いてください。

■ 学習内容に関連する重要な概念を1つインターネットで検索し、その情報が見つかった URL をここに書いてください。

■ 自分のグループ以外の人に、今学んだばかりの学習内容に関連したスキルをデモンストレーションしてもらいます。デモが終わったら、その人に自分の名前をここに書いてもらいます。

■ 他のテーブルグループの人に協力してもらい、テーマに関連する重要な事柄を覚えるのに役立つ短い詩、ジングル（同音の繰り返し）、ラップ、スローガンなどを作ってください（※訳者注：日本では川柳なども良いですね）。文をここに書いてください。

■ 部屋にある、あらゆる材料を使って、テーマに関連する重要な概念を立体的に表現したり、比喩したものを作り、クラス全体に説明できるようにしておきましょう。作った作品にタイトルをつけて、ここに書いてください。

あなたの番

あなたの考えた学習者が作成するゲーム・アクティビティのコンセプトマップを作ってみてください。

Conclusions

第4部

まとめる

17章

「Conclusions —まとめる—」
について知っておくべきこと

"講師が何を考え、何を言い、何をするかよりも、
学習者が何を考え、何を言い、何をするかが重要です。"

デイブ・マイヤー
『Accelerated Learning Handbook』（未邦訳）, 2000年, p.91

ハンバーガーコンセプト

この章を読みながら、学んだことの要点をハンバーガーの中に書き込んでください。

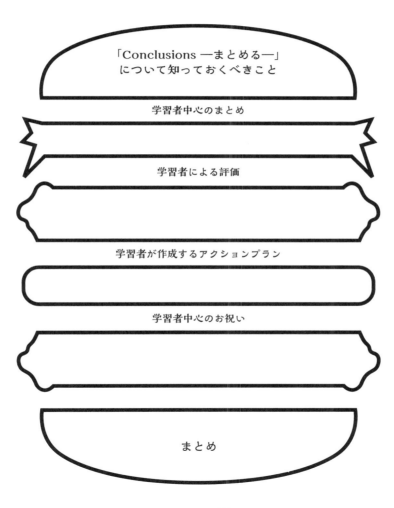

「Conclusions ―まとめる―」
について知っておくべきこと

学習者中心のまとめ

学習者による評価

学習者が作成するアクションプラン

学習者中心のお祝い

まとめ

Connections ── つなげる

あなたが行った研修がちょうど終わるところです。残り時間は5分です。研修の最後の5分間に行ったら学習者にとって好ましいと思うことに○をしてください。

学習者にしてもらうこと

a. 研修の評価をアンケートに記入する

b. テーブルを片付け、本や資料を集めてもらう

c. 講師が今日学んだ内容をおさらいしたり、参加への感謝を述べているのを聞く

d. 学んだことと、それをどう活かすかを自分たちで要約する

e. 一緒に研修を受けたテーブルグループのメンバーにお礼を言い合う

f. 研修を前向きでエネルギーに満ちた状態で終わらせるためのお祝いの儀式に参加する

これはちょっとしたひっかけ問題です。上記は、研修終了前に達成する必要があります。その中でも、項目d、e、fは、研修の最後の5分間に学習者が行えるものです。項目a、b、cはそれより前に行われますが、なぜそうする方が好ましいのかは、この章で説明しています。また、次章からは、効果的で記憶に残る「Conclusions ─まとめる─」を作るのに役立つ15のアクティビティも紹介します。

想像してみてください…

スキー場の新入社員10名は、会社の安全研修を終え、危険物、緊急時の対応、応急処置、事故報告、雪や氷の問題などについて学びました。

研修終了の15分前には、学習者は会社から用意された評価用のアンケートと無事に研修を終了したことを報告書に書き終えてもらっています。記入を終えた社員は、立ったまま円陣を組みました。講師のメルは、社員の一人に「スノーボール」と呼ぶ白いボールを投げました。「ボールを持った人は、他の社員に投げる前に、職場の安全について学んだ最も重要な事を伝えてください」とメルは参加者に伝えました。このようなボール投げを6回ほど行った後、メルは全員に立ったままペアか3人組になるように指示をしました。陽気な音楽が流れる中、メルは最後のアクティビティである「歩きながら話す」について説明しました。

「歩きながら話す」はグループで部屋の中を歩き回り、仕事に戻ってから学んだことをどのように応用するかを話し合います。全員が「歩きながら話す」を終えたところで、メルは研修参加に感謝し、研修を終了しました。学習者は、学んだことをしっかりと覚えて、活用することを約束して帰っていきました。

Concepts ──── つたえる────

「Conclusions ―まとめる―」とは、学習者に焦点を当てた短い締めくくりのアクティビティです。主に以下のことを行います。

■ 学習者中心のまとめ

■ 学習者による評価

■ 学習者が作成するアクションプラン

■ 学習者中心のお祝い

　研修室に入った瞬間から学習者を惹きつける「Connections ―つなげる―」と同様に、「Conclusions ―まとめる―」もまた、学習者が帰る瞬間まで惹きつけることができます。研修に「Conclusions ―まとめる―」を含めることで学習者は研修に対してポジティブな印象を持って帰ることができます。さらに、学習者は研修から何を学んだのか、その知識やスキルを実生活でどのように使うことができるのかについて、考えてもらうことができます。

　上記に挙げた、効果的な「Conclusions ―まとめる―」のための4つの重要な要素について、それぞれ詳しく見ていきましょう。

学習者中心のまとめ

　従来の研修プログラムでは、講師が研修の要点をまとめていました。学習者が理解を深め、学んだことを長期的に定着させるためには、学習者自身がまとめを行う必要があることはもうおわかりでしょう。

　学習者中心のまとめは、講師中心のまとめよりも、はるかに効果的です。そして、学習者は講師が学んだと言っていることよりも、自分自身が学んだと思っていることに興味があるのです。『Acceralated Learning Handbook』（未邦訳, 2000年）の著者であるデイブ・マイヤーは、講師の役割は「学習者に考えさせ、言わせ、やらせることを通じて学習者がすでに知っている知識やスキルに新たな情報を統合すること」だと説明しています（2000, p.91）。

　学習者中心のまとめの例としては、すでに163ページで紹介した「ボール回し」があります。

　別の例を紹介します。データベース研修の参加者は、データベースに関する事実を1つ紙に書きます。全員が紙を交換し、それぞれが受け取った紙に別の事実を書き足します。もう一度、全員が紙を交換し、追加で1つの事実を書き足していきます。最後に、それぞれの紙に書かれた3つの事実をクラス全体に読み上げます。

学習者による評価

　当然ながら、学習者は自分の学習成果を評価する必要があります。さらに、会社や学校、研修部門でも評価を行う必要があるかもしれません。これは「どちらか一方」ではなく、「両方」とも必要となります。しかし、ほとんどの研修では、学習者は研修を評価しますが、必ずしも自分自身の学習成果を評価するわけではありません。また、あるとすれば、たいてい筆記テストの形をとっています。筆記テストが悪いわけではありませんし、学習者が研修を評価することも悪いわけではありませんが、学習者自身が自分の学びを確認することも忘れてはいけません。

学習者に焦点を当てた評価の例としては、研修参加者が、研修前に知っていたことと比較して、何を学んだかを議論することが挙げられます。より具体的な例としては、次のようなものがあります。

コールサービス研修の参加者が、新しいコールサービス手順を、「もっと練習が必要」から「簡単に使える」まで、自信の度合いを自分でランク付けします。時間があれば、自分のランクを上げるために取るべき次のステップについて話し合います。

Try it!

ためしてみよう

４段階評価法

ほとんどの講師は、ドナルド・カークパトリックの学習評価モデルについて、ある程度の知識を持っていると思いますが、これは、次の４つの段階を評価するものです。

1. 学んだことに対する学習者の気持ち
2. 学んだ知識
3. パフォーマンス向上
4. 研修への投資に対するリターン

カークパトリックの評価モデルに馴染みのない方は、彼の研究をググってみてください。学習評価の考え方の全体像が見えてくると思います。カークパトリックの書籍を購入してみるのも良いと思います。この評価法の応用については189ページを見てください。「４つの四角を使った学習レベル」として、カークパトリックの概念を取り入れた簡単なツールを紹介しています。

学習者が作成するアクションプラン

学習者が学びを活用することを周囲に宣言すると、その約束を守る可能性が高くなります。ここでのアクションプランとは、研修で学んだことを使用することを、口頭または書面で学習者が公に約束することです。

研修参加者は、単に直近のアクションプランを作るだけでなく、研修の2週間後や1ヶ月後など、一定期間を置いてパフォーマンス向上を評価するようなプランを立てることもできます。研修に参加した同僚や上司に報告したり、研修担当者に新しい知識やスキルをどのように活用したかをメールで報告したりすることもできます。

アクションプランは、通常、「4つのC」の「Conclusions ―まとめる―」のアクティビティに含まれます。180ページから紹介する15のアクティビティの多くにはアクションプランが含まれています。

学習者中心のお祝い

「Conclusions ―まとめる―」の最後の要素であり、おそらく最も重要なのが「お祝い」です。時間の制約から、多くの講師がこの要素を時間の都合で実施しませんが、これは非常に残念なことです。なぜなら、最も学習者の記憶に残るからです。クロージングでのお祝い・アクティビティは、オープニングでの「Connections ―つなげる―」

と同じように感情が重要です。学習体験全体を締めくくるポジティブなエネルギーを学習者に感じてもらいたいわけです。「Connections ―つなげる―」は、研修中の学習コミュニティを作る要素がありましたが、「Conclusions ―まとめる―」では、研修中、学習コミュニティが歩んできた道のりと、学習者間で共有された感情的なつながりを確認し、感謝するものです。

さらに、研修の最後に「お祝い」を行うことで、第1部の68ページで説明した「初頭効果と終末効果の原則」を適用したことにもなり、学習内容をより長く参加者の心に留めることができます。学習者が主体となって行う「お祝い」では、脳内の快楽物質であるエンドルフィンが分泌されるため、研修参加者は学習体験に満足し、また同じような研修に参加したいと思うようになるのです。

「お祝い」のアクティビティは、学習者にとって意味のある、関連性のあるものでなければなりません。学習者一人一人の注目とエネルギーは、講師ではなくグループ全体に向けられます。言い換えれば、講師は一歩引いて、学習者に「お祝い」アクティビティを進めてもらいます。あなたは学習者の一人としてアクティビティに参加することもできます。

学習者主導のお祝いの例としては、テーブルグループがそれぞれ、学んだことや学んだことについて感じたことを音と動きで表現するアクティビティが挙げられます。各グループは音と動きをグループ全体に発表し、拍手喝采を受けます。もう一つ、具体的な例を挙げるなら、講師の認定プログラムの最後に、参加者が順番に他の参加者に認定証を手渡し、グループ全体で拍手をして研修を終了するのもいいでしょう。

173

選択問題

以下の各文中で、（　）内から正しいフレーズを選び、文を完成させてください。

a. 「Conclusions —まとめる—」の重要な要素は（学習者中心のまとめ、講師中心のまとめ）である

b. 「Conclusions —まとめる—」は学習者が（講師と研修を評価する、自分の学んだことを評価する）のに役立つ

c. 「Conclusions —まとめる—」では（学習者がこれまでの学習の旅路を祝う、最終テストで合格点を取ったことを祝う）

d. 「Conclusions —まとめる—」とは学習者が（評価用紙に記入して帰宅すること、学習内容を要約し評価し祝うこと）

回答は以下の通りです。

a. 「Conclusions —まとめる—」の重要な要素は学習者中心のまとめである

b. 「Conclusions —まとめる—」は学習者が自分の学んだことを評価するのに役立つ

c. 「Conclusions —まとめる—」では学習者がこれまでの学習の旅を祝う

d. 「Conclusions —まとめる—」とは学習者が学習内容を要約し評価し祝うこと

Concrete Practice ——つかう——

　この本の内容を具体的に実践するために、次回の研修では、180〜198ページにかけて紹介する15のアクティビティの中から1つまたは複数を使ってみてください。慣れるまでは、さまざまなアクティビティを試してみてください。テーマや参加者のグループに合わせて、どのアクティビティが最適かを探ってみてください。そして、使い慣れてきたら、ご自身の研修の一部として定着させてください。

　以下に、18〜20章で紹介するアクティビティの名前と簡単な概要を示します。

- **学習者中心のまとめ・アクティビティ**（180ページ）は、「学習ログ」、「立って答えよう」、「テーブル単位で議論しよう」、「カード交換」、「質問回し」の5つです。これらのアクティビティは、学習者が学んだことについて自分自身の理解を深めるのに役立ちます。なかには、学習者が作成するアクションプランが含まれており、学習者は学んだことを実際の現場で活用することを約束します。

- **理解の確認・アクティビティ**（186ページ）は、「あなたの立ち位置は？」、「4つの四角を使ったフィードバック」、「4つの四角を使った学習レベル」、「引用させてください」、「メールアドレス共有」の5つです。これらは、従来の「（強く同意する／全く同意しない）を5段階で表現してください」というような評価方法以外に、学習者が自分の学習を評価するための代替手段となります。また、学習者が作成するアクションプランも評価方法の一部となります。

- **お祝い・アクティビティ**（192ページ）は、「作って持ち帰ろう」、「認定の花道」、「輪になって祝福」、「隣人の好きなところ」、「歩きながら話す」の5つです。楽しいだけでなく、内容も充実しているこれらのアクティビティは、学習者がお祝いの中心となり、研修をポジティブなエネルギーで締めくくれます。

Conclusions ── まとめる ──

「Conclusions ―まとめる―」をすることで、学習者は一度立ち止まり、振り返り、まとめることができます。また、学習者は自分たちの学習成果を評価し、研修終了後に新しい知識やスキルを適用するためのアクションプランを立てます。そして何よりも大切なのは、共に歩んできた学びの旅を「祝う」ことです。研修の「Connections ―つなげる―」と「Conclusions ―まとめる―」は、互いに関連しており、研修体験全体を一つにまとめて記憶させる箱の入口と出口のような関係です。

"クロージングは通常、学習者が新しい学習に
意味を持たせる最後の機会となります。"

デビット・スーザ
『How the Brain Learns』（未邦訳），2006年，p.276

1分間コンクルージョン

この章のテーマである「Conclusions —まとめる—」は、一般的な研修の終わり方と比べてどう違うでしょうか？「Conclusions —まとめる—」について覚えておくべき最も重要なテーマは何だと思いますか？ この章から得られた他の「気付き」は何ですか？

１分間コンクルージョン：アクションプラン

以下の余白に、あなた自身のアクションプラン、
つまり、この章で紹介された考え方の何を自分の研修で使ってみるかを決めて書いてください。
あなたのアクションプランに自身で署名し、日付を記入してください。
また、いつまでに実行するかの日付も記入してください。
そして、あなたの同僚にあなたの計画とそれをいつ実行するかを話して、アクションプランを公開しましょう。

私のアクションプラン

名前：

今日の日付：

これを見直す予定の日：

トレーナーの道具箱

この章から得られた有益なアイデアを書き留めてください。このページに付箋を貼るのを忘れずに。

18章

学習者中心のまとめ・アクティビティ

学習者中心のまとめ・アクティビティとは?

　学習者中心のまとめ・アクティビティ（以下、学習者中心のまとめ）とは、研修参加者が中心となって、学習した内容をまとめるための議論や文章を作成するアクティビティのことです。覚えておいてほしいのは、講師がまとめをするのではなく、あくまでも学習者がまとめをするということです。

　学習者中心のまとめは、学習者が内容を確認し、自分たちの学習を評価するための効果的な方法であるだけでなく、講師であるあなたが、学習者の理解を評価する機会にもなります。例えば、学習者の要約文の中で、誤った情報を目にしていた場合、研修終了後または別の機会にその学習者と会い、誤解を解くこともできます。講師が学習者のために「まとめ」をした場合、学習者の認識に齟齬があったことにさえ気づかないでしょう。

学習者中心のまとめをするのはなぜ?

　研修参加者にとって学習者中心のまとめは以下の機会を与えます。

- 学んだことと、それが自分の仕事に与える影響について改めて**考える**
- 学んだ最も重要な情報は何か、そして自分にとって最も意味のあることは何だったのかを**考える**

- 学んだことを、**口頭または書面で述べる**
- 学んだことをどのように活用するかを**計画する**
- 研修に参加した他の人と学習内容について**話し合う**
- 自分の仕事と学習内容やテーマとの関連性を**探求する**

実施のポイント

- **教材**：標準的な研修教材以外に必要な教材は、下記の「5つの学習者中心のまとめ」の各アクティビティを参照してください。
- **準備**：特別な準備は必要ありません。
- **人数**：どのような規模のグループでも構いません。
- **時間**：グループの人数に応じて変わります。ほとんどのアクティビティの所要時間は10～30分程度です。

5つの学習者中心のまとめ

1. 学習ログ

　学習ログとは、学習者が作成する短い学習の要約（日記に近い）のようなものです。学習ログは、学習者が自分自身の学習過程を記録するのに役立ちます。新たに学んだこと、重要なテーマだと感じたこと、そして、学んだテーマを自身の活動でどのように使っていくのかなどをまとめる活動です。これらのまとめには、学習者が学んだことを活用するためのアクションプランを含めることもできます。通常、学習ログは文章で書かれますが、学習者は絵を描いたり、落書きをしたり、フローチャートを作成したり、コンセプトマップを作成することも可能です。次のように行ってください。

- 研修の前に、学習ログの説明をワークシート、インデックスカード、フリップチャート、スライドなどに印刷しておきます。以下の学習ログの作成指示のいずれかを使用するか、自分でオリジナルのものを作成してみてください。

  - 「研修前にこのテーマについて持っていた知識や仮説と現在知っていることとを比較した内容を文章にまとめてください。」

  - 「あなたにとって、今回の研修で学んだ最も重要なコンセプトや気付きは何ですか? 学んだことをどのように活用しようと考えていますか?」

  - 「学んだ情報により、あなたの認識はどのように変わりましたか? また、学んだ情報をどのように使うと思いますか?」

  - 「もしあなたが新聞記者で、記事のために今回の研修を要約するように言われたら、何と答えますか? 短い記事をここに書いてみ

てください。」

- ■ 「今回の研修で学んだことを同僚に伝えるとしたら何を伝えますか？ また、学んだことはあなたの仕事（または生活）に役立つと思いますか？」

- ■ 「あなたやあなたの会社にとって、今回の研修から得られるメリットは何かを説明してください。」

- ■ 「今まで知らなかったことは何ですか？ 新しい知識をどのように利用しますか？」

- ■ 学習者に、数分かけて自分の回答を学習ログに書き込むように求めます。必要であれば、静かな BGM を流して、学習者が学習ログを書くための時間なんだとわかるようにしてみてください。

- ■ 学習ログは、学習を個人として振り返るのが目的なので、学習者は自分が書いたことを共有しなくてもいいですが、学習者が希望し、時間が許せば、学習者同士で学習ログを読み合うこともできますし、数名募り、クラス全体に対して学習ログを読んでもらうこともできます。

- ■ 研修参加者は、学んだことを随時思い出すために、通常、学習ログを持ち帰ってもらいます。

学習ログのバリエーション

- ■ **グループブログ**：各テーブルグループが共同で学習ログを作成し、それをクラスで読み上げ

ます。研修終了後、これらのログを集めてウェブサイト、社内情報共有サイトやブログなどに掲載します。

- ■ **コンセプトログ**：研修の最後に書く学習ログに加えて、学習者は各テーマの区切りごとに短いログを書くこともできます。つまり、学習者は学習経験全体で継続的に学習ログを作成していることになります。

2. 立って答えよう

「立って答えよう」は、学習者のアクションプランだけでなく、運動感覚も刺激するまとめ方です。次のように行います。

- ■ 以下の質問を 1 つ以上、全員が見られる場所に掲げておきます。

  - ■ 「研修から学んだ最も重要な要素は何ですか？」

  - ■ 「学んだ情報をどのように使用しますか？」

  - ■ 「研修で学んだことをきっかけに、どのようにご自身の振る舞いを変えますか？」

  - ■ 「学んだテーマについてもっと学ぶために、他にどのようなことができますか？」

  - ■ 「学んだことを誰かと共有できますか？ また、その人に何を伝えますか？」

  - ■ 「このテーマについて、まだ疑問に思っていることがありますか？ その答えはどうやって見つけますか？」

- ■ 学習者が自分で選んだ 1 つまたは 2 つの質問に対する答えを書いてもらいます。

- ■ 学習者に、立ち上がって、他のテーブルグループの人達と 3～5 名のグループを作るように指示します。

- ■ グループの中で書いた答えを立って、声に出して読むように指示します。

- ■ 時間が許せば、数人に自分の答えをクラス全体に対して読んでもらいます。

- ■ 終わったら、学習者は自分のグループにお礼を言い、自分の席に戻ります。

3. テーブル単位で議論しよう

「テーブル単位で議論しよう」は「立って答えよう」のバリエーションとも言えます。やることは一緒ですが、参加者はテーブルグループに留まり、質問に対する回答について話します。参加者は座ったままでも、立ち上がっても構いません。

4. カード交換

学習者は次のようにします。

- ■ インデックスカードに、学んだことをどのように活用するかを記入します。

- ■ 自分の名前とメールアドレス（連絡先）をカードに記入します。

- ■ 他の参加者とカードを交換し、「カード交換

パートナー」のペアを作ります。

■ 研修終了後1ヶ月間は、ペアで毎週メールで連絡を取り合うことを約束してもらいます。そのメールの中で、参加者はカード交換パートナーに次のような情報を伝えます。

　■「学んだことをどのように使っているか？」

　■「直面した課題は？」

　■「研修の内容について、まだ疑問に思っていることは？」

　■「学んだことに関して、新たな目標は？」

■ メールでは、カード交換パートナーを励ます言葉を添えたり、パートナーが書いた具体的な課題や質問に関連したフィードバックを伝えたりしてもらいましょう。

5. 質問回し

「立って答えよう」の質問を見せたうえで、学習者に以下のことを指示します。

■ テーブルグループの学習者は、1人ずつ紙をもって「立って答えよう」の質問を1つ書きます。テーブル内で質問が被らないようにします。

■ 各学習者は、紙を右の人に渡します。渡された質問への回答を書きます。

■ 紙を再度右に渡し、紙を受け取った人はそれぞれの回答を書き足します。

■ テーブルのすべての学習者がすべての紙の質問に回答するまで繰り返します。

■ 学習者は、自分が書いた質問の紙を受け取ったら、すべての回答を読み、読んだ内容の要約を書きます。

■ 最後に、参加者の中から何人かを募り、要約をクラス全体に対して読み、コメントを付け加えてもらいます。

あなたの番

この空白は、あなた自身の学習者中心のまとめのコンセプトマップを作成するためのものです。

19章
理解の確認・アクティビティ

理解の確認・アクティビティとは?

理解の確認・アクティビティ（以下、理解の確認）とは、学習者が何を学んだか、ひいては学んだことをどのように使おうとしているかを知るための方法です。講師にとっては、学習者の理解レベルを評価し、企業にとっては、研修への投資効果を知るための手段でもあります。

ドナルド・カークパトリックの学習評価モデルには、4段階のレベル評価があることはよく知られています。ごく簡単に4段階のレベルと、それに対応する質問例を示します。

1. **レベル1ー感情（気持ち）**：「参加者は学んだことについてどう感じているか？」

2. **レベル2ー知識（情報）**：「参加者は学んだことについて何を覚えているのか？」

3. **レベル3ー行動（スキル）**：「参加者は学んだことを使えるか？」

4. **レベル4ー投資対効果（会社への利益）**：「参加者が学んだことで、会社はどのような利益を得るのか？」

これから紹介する理解の確認・アクティビティは、上記の最初の3つのレベルに該当します。言い換えれば、研修終了後に研修のROI（投資対効果）を評価するためのものではありません。その代わりに、研修中に学習者の理解を評価を行うためのさまざまな異なる手法を使うので、毎回同じ確認方法をしなくてよくなります。

さらに、これらの評価方法は、学習者が自分の学習を評価することに、より積極的に関わってもらうことにつながります。多くの研究で、学習者が学習内容の評価に積極的な役割を果たし、その情報を職場で活用することを約束した場合、知識やスキルの職場への伝達は、研修の評価をアンケートに記入して帰るだけの場合よりも大きくなるという結果が出ています。

もちろん、研修中に評価するさまざまな方法があります。紙と鉛筆を使った評価方法がおそらく最も広く使われている方法ですが、たとえこのような書面による評価であっても、従来の研修プログラムで使われているものよりも、学習者にとって興味深く、より関連性のあるものにすることができます。また、評価プロセスに学習者を参加させる方法もたくさんあります。

この章で紹介する評価方法は、学習者が何を学んだか、学んだことで何をしようとしているか、という学習者に焦点を当てていることに注目してください。講師のスキルやプレゼンテーションのテクニックを評価するものではありません。また、「講師は十分な準備をしていましたか？質問の時間はありましたか？」「教室の環境は適切でしたか？フレッシュな空気でしたか？」などの研修の環境の事を確認する訳でもありません。講師や環境に対する評価はアンケート等の最後のフリースペースに書いてもらうか、研修後にメールで送ってもらえばよく、評価の目的は学習を評価することです。この章で紹介するアクティビティは、あくまで学習者の学びや今後の計画を明確化する事を目的にしたものです。

理解の確認をするのはなぜ?

学習者が評価に参加することで、学習者は以下のことができます。

■ 研修で得た体験の全体像を**思い返す**

■ 自分の認知的学習効果（知識）を**評価する**

■ 自分の行動的学習効果（スキル）を**評価する**

■ 自分が学んだことを使うと公に**宣言する**

■ 学んだことを活用するためのアクションプランを**作成する**

■ 学習体験を肯定的に受け止め、新しい知識やスキルに自信を持って研修を**終える**

実施のポイント

■ **教材**：標準的な研修教材と、アクティビティに必要な教材を用意します。

■ **準備**：特別な準備は必要ありませんが、必要に応じて移動するためのスペースを確保してください。

■ **人数**：どのような規模のグループでも構いません。

■ **時間**：時間はさまざまですが、ほとんどのアクティビティは5〜15分程度です。

5つの理解の確認・アクティビティ

1. あなたの立ち位置は？

これは、ただ座って書くだけでは得られない高いレベルの議論と身体的エネルギーの両方を生み出すアクティブな評価のためのアクティビティです。次のようにします。

■ 部屋の3つのエリアが研修内容の理解度合いを3段階で表していることを説明します。

■ 「部屋の片側は『理解不足』を表します。」

■ 「部屋の中央は『理解中』を表します。」

■ 「部屋の反対側は『理解済み』を表します。」

■ 3つの段階を視覚的に表現したい場合は、次のようなスライドを見せたり、部屋の3つのエリアに紙を貼り出すこともあります。

「理解不足」―「理解中」―「理解済み」

■ 学習者に研修で学んだことについて考え、学んだことを使う準備ができているかどうかを評価してもらいます。

■ 学習者に、自分がどれくらい学びを実際の現場で適応する準備ができているかを移動して表現してもらいます。

■ 立つ場所を決めたら、学習者は立ったままペアや3人組になり、以下の質問に答えてもらいます。

■ 「『理解不足』の場所に立っているなら、『理解中』に移動できるようになるためには何が必要ですか？」

■ 「『理解中』の場所に立っているなら、『理解済み』に移動するためには何が必要ですか？」

■ 「『理解済み』の場所に立っているなら、そこに留まり続けるために、あるいは学び続けるためには何が必要でしょうか？」

■ ペアや3人組での話し合いには5分ほど時間を取り、その後、話し合った内容をクラス全体に要約して発表してもらいます。

2. 4つの四角を使ったフィードバック

次のようにします。

■ フリップチャートやスライドに、次ページの図のような「4つの四角を使ったフィードバック」の例を示します。

■ 学習者に、「4つの四角を使ったフィードバック」の図のような評価用紙を配り、それぞれに回答してもらいます。

■ 学習者は完成したら用紙を講師に渡します。

匿名でも構いません。

4つの四角を使ったフィードバックのバリエーション

■ **研修中のフィードバック**：研修が2日以上の場合、最初の日に、学習者に4つの四角を使ったフィードバック用紙に回答してもらい、回収します。次の研修までに講師は内容を読み、書かれている質問に答えられるようにし、用紙に書かれた質問やコメントに口頭で答えます。その後、学習者が帰るときに用紙を持ち帰れるように用紙を返します。

■ **データベースによるフィードバック**：コンピュータのデータベースを使って、4つの四角を使ったフィードバックの評価を集計します。そして、研修終了後、各学習者に回答をまとめたメールを送ります。これにより、学習者は学習内容やテーマについて改めて考えたり、他の学習者が学んだことを読んだり、知識やスキルの活用方法を検討したりすることができます。

4つの四角を使ったフィードバック

1.「Connections ―つなげる―」 　学んだことについてどのように感じているか（感情）	2.「Concepts ―つたえる―」 　学んだことで一番重要なこと（知識）
3.「Concrete Practice ―つかう―」 　学んだことを使う予定（行動）	4.「Conclusions ―まとめる―」 　補足、提案、まだ疑問に思っていること

3. 4つの四角を使った学習レベル

　4つの四角を使ったフィードバックのバリエーションの一つであるこの評価アクティビティは、カークパトリックのモデルを応用したものです。やり方は4つの四角を使ったフィードバックと同じですが、次ページのような4段階の図を使います。

　学習者には1から4の順番に埋めてもらうようにします。

4つの四角を使った学習レベル

1. 感情：学んだことについてどのように感じましたか？
2. 知識：仕事をよりうまくこなすために何を学びましたか？
3. 行動：学びの結果、仕事をする上であなたの行動はどのように変わりますか？
4. 投資対効果：私が学んだことで、会社にはどのような利益がありますか？

4. 引用させてください

次のようにしてください。

■ 研修の前に、次のような評価フォームを作成しておきます。
「あなたが学んだことをどのように活用しようとしているのかを知りたいと思います。以下のアンケートにご協力ください。アンケートの内容を公開してよければ、ご自身の連絡先を記入してください。ご参加いただきありがとうございました！」

以下の記述を評価フォームに記入しておきます。

　■「私がテーマについて得られた価値のある知見は？」

　■「この研修を説明する３つの形容詞またはキャッチフレーズは？」

　■「この研修の結果を踏まえて、私が次にやろうとしていることは？」

　■「私がメディアに掲載されるとしたら、この研修について言いたいことは？」

　■「その他のご意見やご提案は？」

　■「連絡先（名前、部署、メール）は？」

■ 参加者が回答を書き込める十分なスペースを設けるようにしてください。そして、可能であれば絵や漫画を使ってアンケートを見て面白いものにしてください。

■ 参加者が記入している間は、静かな楽器のBGMを流して、内省する雰囲気を演出するのも良い方法です。

■ 参加者が記入を終えたら、アンケートを回収します。

5. メールアドレス共有

この評価は、研修期間後に参加者の通常の仕事や生活にまで踏み込んだ、研修後の評価方法です。次のことを行います。

■ 参加者全員のメーリングリストを作成し、参加者の方々にリストをグループ全体で回覧する許可を得ます。

■ 研修の１週間後に、参加者全員にグループメールを送信し、今後１ケ月間に最低２回は他の参加者と連絡を取るようにしてもらうことを伝えます。メールには次のように書きます。
「皆さん、こんにちは。みなさんが学んだ情報をどのように活用しているか、また研修のテーマに関連して何か気付きや質問があれば、グループで共有するために、メーリングリストに投稿をしてください。来月中に２回、このメーリングリストにメールを送ることを忘れないようにカレンダーに記入しておいてください。メールを送る際には下記の点を含めることを検討してください。

　■ トピックに関連するベスト・プラクティス、提案、洞察を共有する

- 学んだことをどのように実践しているかをグループに伝える

- 学んだことを踏まえてご自身として何か変化があったのであれば、共有する

- 答えて欲しい質問や助けて欲しい課題を共有する」

■ 研修の２週間後に、参加者が上記のことを行う必要があることを伝えるリマインダーを送ります。

■ 研修の４週間後に、最後のメールとして、メールを送ってくれた人に感謝を伝えます。

メールアドレス共有のバリエーション

■ **テーブルグループでのメールアドレス共有**：学習者は、クラス全員ではなく、テーブルグループのメンバーとメールアドレス共有を行うこともできます。または、ペアや3人組を作ってメールアドレスを交換することもできます。

■ **ブログへの投稿**：学習者がアクセスしてコメントを書けるようにブログサイトを作成します。各参加者は今後１ケ月に最低１回はブログにアクセスしてコメントを書く必要があることを説明します。

あなたの番

他にも評価に使えるアクティビティのアイデアがありますか？ 考えてみてください。

20章

お祝い・
アクティビティ

お祝い・アクティビティとは？

お祝い・アクティビティ（以下、お祝いともする）は、研修を前向きに締めくくるアクティビティであり、身体的なエネルギーや熱意を上げることができます。お祝い・アクティビティは、結論を出すステップの最後、学習者が研修室のドアを出る直前に行うのが理想的です。なぜなら、学習者は研修に対して肯定的になり、共に学んだ仲間との結びつきが強くなり、新しい知識やスキルに自信を持ち、学んだことを活用することを約束して部屋を出ることができるからです。

お祝い・アクティビティでは、講師は後ろに下がり、学習者が自分達で学習経験を祝福しあってもらいます。講師がお祝いに参加することもできますが、中心人物ではありません。例えば、資格などの修了証を渡すのであれば、講師から参加者に渡すのではなく、お互いに渡しあってもらいます。学習体験の祝福も、学習者同士でお互いにお祝い言葉を伝えあってもらいます。研修が終わる前に学習者の注意を講師に戻すのではなく、学習者同士の事を意識してもらいます。お互いに拍手をし、祝福し合うのです。

最終的には、お祝い・アクティビティが、研修参加者、時間、教室の場所として適しているかどうかを判断する必要があります。もちろん、これから紹介するアイデアを参考にして、ご自身の研修テーマや参加者により適した別のお祝い・アクティビティを行うこともできます。

お祝いするのはなぜ？

お祝いは、学習者に以下の機会を与えます。

- 研修が終了する前に、前向きな方法で、もう一度、学習者同士が**つながり合う**

- 研修の旅と、一緒に旅をしたグループに**感謝をする**

- 個人、小グループ、クラス全体について感謝を**伝える**

- 研修終了後、学んだことを活用することを**約束する**

- 教室から前向きな気持ちで**帰ることができる**

実施のポイント

- **教材**：標準的な研修教材と、アクティビティに応じて必要な教材があります（例：「作って持ち帰ろう」では手芸用品が入った小袋、「認定の花道」では修了証、「輪になって祝福」では柔らかい投げられる物など）。

- **準備**：身体を動かすお祝い・アクティビティでは、教室に広いスペースが必要になります。別部屋、休憩所や廊下を利用したり、可能であれば外に出たりする必要があります。

- **人数**：どのような規模でも構いません。

- **時間**：これらのアクティビティのほとんどは

10分から30分で終わります。

5つのお祝い・アクティビティ

1. 作って持ち帰ろう

お祝い・アクティビティでは、学習者自身が研修のお土産を作り、持ち帰ります。お土産とは、研修のテーマを思い起こさせるような立体的な表現や象徴的な物のことです。次のように実施します。

- 各テーブルに手芸用品など（モール、色粘土、小さな木の棒、レゴブロックなどの立体的な物体）を入れた小さな袋を置いておきます。

- 手芸用品をテーブルグループで共有することを説明します。参加者は、以下のような立体作品を作ります。

  - **研修のテーマや概念を象徴するもの**

  - **学習者が学んだことをどのように応用するかの計画**

  - **研修の体験全体を表現する比喩的な作品**

いくつかの例を挙げます。

- 接客研修では、お客様を「育てる」ためのさまざまな方法を花びらに見立てて、モールで花を作りました。

- 効果的なコミュニケーションスキルの研修では、参加者が耳と口の形を色粘土を作り、「話

す前に聞くこと」を思い起こさせる作品を作りました。

- 安全点検のワークショップでは、従業員が画用紙でヘルメットの形を作り、そこに最も重要な3つの安全注意事項を記載していました。

- プログラミングの研修では、厚紙にコードを印刷して、しおりを作っていました。

- テーブルグループで立体作品を完成させたら、立体作品についてクラス全体に説明するように指示します。各グループの説明が終わるたびに拍手をしてください。

- 参加者は帰るときに立体作品を持って帰ります。

作って持ち帰ろうのバリエーション
- **学習者に1つ**：さまざまな手芸用品を用意する代わりに、各学習者は1つのアイテム（例えば、モール1つ、色粘土1つ）を受け取り、それを使って個別に小さな立体作品を作ります。作った立体作品を画用紙にテープや糊で貼り付け、画用紙に立体作品のタイトルや説明を書きます。例：安全研修の学習者が、モールで足跡の輪郭を作り「安全への足跡」とタイトルをつけ、足跡の周りに安全手順の説明資料を印刷して置きました。

- **テーブルに1つ**：各テーブルグループは、手芸用品が入った袋を受け取ります（あるテーブルではモール、別のテーブルではレゴ、他のテーブルでは色粘土など）。テーブルグループは共同で立体作品を作り、クラス全体に発表します。
例：保険の研修では、あるテーブルグループはモールと画用紙を使って申請プロセスの流れを時間軸で可視化し、モールで時間軸を表現し、画用紙には説明を書きました。別のグループでは、トラブルシューティングの解決策を色粘土で表現し、それぞれの色粘土が異なる解決策を表現していました。

2. 認定の花道

これは、修了証を配るときに特に効果的な活力溢れるお祝いです。多くの講師に人気がある手法ですが、今回の研修参加者には適切でないと思われる場合は、「ホーンを鳴らす」（195ページ）のバリエーションを検討するか、別のお祝い方法を検討してみてください。このアクティビティでは、以下のことを行います。

- 教室を片付けて、走れる距離を確保します（部屋の中央に広い道のようなスペースを設けるなど）。また、長い廊下や通路を利用することもできます。

- 参加者に2列に並んで向かい合うように指示します（各列に同じくらいの人数を配置）。人数が少ない（12人以下）場合は、1列にしても構いません。

- アクティビティを始めるにあたり、講師は修了証を持って、列の先頭に立ちます。1枚目の修了証に記載されている人の名前を呼びます。

- 名前が呼ばれた人は、いったん講師の反対側の端まで歩き、講師に向かって列の間を歩きます。列の間を歩いている間に他の参加者はその修了者にハイタッチ、握手、背中を叩く、拍手、歓声などして祝福します（修了証をもらうための「花道」を作っているイメージです）。

- 最初の参加者が講師の前に来たら、修了証を渡して祝福してください。また、残りの修了証の束をその参加者に渡し、次の修了証の名前を呼んでもらいます。この時点で講師は他の参加者と一緒に花道の列に加わります。

- 講師が修了証の束を渡した人は、修了証の山の一番上にある人の名前を呼びます。呼ばれた人は列の間を歩き、修了証を受け取ります。そして残った修了書の束をまた次の人に渡します。参加者は交代で残りの修了証を渡し終わるまで続けます。

- 最終的には、拍手の中、すべての学習者が「認定の花道」を通過し、他の学習者に修了証の束を手渡します（もちろん、最後に修了証を受け取った人は例外で、その人は他の人に渡す修了証はありません）。

- 全員が修了証を受け取ったら、全員で拍手をして、研修を終了します。

「認定の花道」のバリエーション

■ **2人ずつ**：研修参加者が多い場合（20人以上）や、アクティビティの時間が短い場合（20分以内）は、一度に2人の名前を呼びます。2人の参加者は、拍手の中、一緒に花道を歩きます。そして、修了書を受け取った2人はさらに2人の名前を呼び、全員が証明書を受け取るまでこの手順を続けます。

■ **ジャンプして叫ぶ**：研修が1日以上の場合や、社交的なグループの場合は、花道を歩くときにジェスチャーやダンス、叫び声などを加えてみてはいかがでしょうか。言わなくてもやる人は多いですが、意図的にやってみるのも楽しいものです。

■ **ホーンを鳴らす**：花道の代わりに、参加者は立って大きな円を作ります。各参加者に小さな音を出す小道具（笛、おもちゃのフルート、カスタネット、小さな鈴など）を渡します。誰かが修了証を渡されるたびに、小道具を使って音を出すようにします。

3. 輪になって祝福

このアクティビティは、本書の第3部「学習者が作成するゲーム」の「ボール回し」（163ページ）に似ています。「輪になって祝福」では、柔らかくて投げられるもの（プラスチックのボール、ビーチボール、ぬいぐるみ、お風呂のスポンジなど）を用意し、次のようにします。

■ 学習者に、部屋の広い場所で立って円を作る

ように指示します。講師もその輪に加わります。

■ ボールを持っている人が全員に伝えなければならないことを説明します。

　■「研修で楽しかったことは？」

　■「参加者に感謝していることは？」

　■「学んだことをどのように活用しますか？」

■ 参加者の1人にボールを投げることでアクティビティを開始します。

■ 参加者は、全員順番に発言するまで、ランダムにボールを投げます。人数が多い場合（20人以上）や時間がない場合は、ボール投げの回数を制限し、何人かの参加者が発言し、残りの参加者は見守って聞くようにします。

■ 全員で拍手をして「輪になって祝福」を終了します。

輪になって祝福のバリエーション

■ **座って円になる**：参加者の人数が多く、教室のスペースに余裕がある場合は、学習者に椅子を並べて大きな輪になってもらいます。立ったままではなく、座ったままでアクティビティに参加してもらいます。

■ **小さな円**：参加者数が多い場合（30人以上）はテーブルグループで「輪になって祝福」を行うことを提案してもよいです。テーブルの周りでも良いですし、部屋の中で円が作れる所にグループで移動してもらいます。また、

グループ単位で座るか立つかを選ぶこともできます。このアクティビティをするには各テーブルグループにボールを用意する必要があります。

4. 隣人の好きなところ

このアクティビティは、参加者に体を使ってもらう、活発なアクティビティになります。参加者が15〜30人程度で、2日以上一緒に過ごしたグループに最適です。アクティビティの時間の目安は、10〜20分程度です。このアクティビティは、若い人たち（20代、30代）や、外向的な人たち、体を動かすことが好きな人たちに適しています。このアクティビティが自分の研修に効果的か判断し、もし向いてない場合は他の「お祝い」のアクティビティを選んでください。

このアクティビティは、子供の椅子取りゲームを大人向けにアレンジしたものだと考えてください。次のことを行います。

■ アクティビティの前に、印刷した下記のような文章を用意し、参加者に渡しておきます。

文章のサンプル

■「今回の研修で得た具体的なアイデアを、明日から仕事で使おうと思っている参加者が大好きです。」

■「今回の研修で学んだことを、職場の他の人に教えられると感じている参加者が大好き

です。」

- 「今回学んだことの中で最も重要なことは、[テーマに関連した要素]だと思っている参加者が大好きです。」

- 「[テーマに関連した質問]をまだ知りたいと思っている参加者が大好きです。」

- 「近い将来、同じような研修にまた参加するつもりの参加者が大好きです。」

- 「仕事に戻ったら、すぐにこのスキル[スキル名]を使ってくれる参加者が大好きです。」

- 「[自分が研修で好きだったパート]が良かったと思っている参加者が大好きです。」

- 「[自分が研修で嫌いだったパート]がイマイチだったと思っている参加者が大好きです。」

- 「[人名]と一緒のテーブルグループだった参加者が大好きです。」

- 「この部屋の全員と一緒に活動した参加者が大好きです。」

- 「この研修でチャレンジをした参加者が大好きです。」

- 「研修中によく話しをしていた参加者が大好きです。」

- 「研修中に私と一緒に活動をしてくれた参加者が大好きです。」

- 「研修中にたくさんの文章を書いていた参加者が大好きです。」

- 「研修内容にとても感動していた参加者が大好きです。」

- 「この研修で人生が変わったと言っている参加者が大好きです。」

- 学習者に手伝ってもらい、部屋の広いスペース（他の家具から離れた空いている場所）に椅子を円形に置いてもらいます。円の中心にはグループ全員が動けるような十分なスペースが必要です。

- 学習者に印刷した文章のコピーを持ってきてもらい、円の周りに並べられた椅子に座ってもらいます。全員が着席したら、余分な椅子を取り除きます。椅子は、参加者1人につき1つだけにします。

- あなたも参加することになりますが、あなたのための椅子がないため、アクティビティの参加者よりも椅子の数が1つ少なくなります。つまり、アクティビティの間、常に1人が立ったままになります。

- アクティビティはあなたが紙に書かれた文章を読むことから始めます（読む順番は並び順である必要はありません）。「この文章が自分に当てはまる場合は、立ち上がり、立っている別の参加者と座る椅子を交換しなければなりません」と言います。

- アクティビティが非常に活発になる可能性が

あるので、参加者には、椅子から椅子への移動中に他の人につまずいたりぶつかったりしないように、慎重に動く必要があることを伝えてください。参加者は希望すれば、アクティビティを見守るだけで、参加しないことも可能です。

- 文章を声に出して読み、何人かが立ち上がったら、あなたはすぐに空いている椅子に座ります。他の参加者の移動が落ち着くと、立ったままの人が1人残ります。

- 立ったままの人が紙に書かれた文章を読みます（即興で文章を作っても構いません）。この場合も、文章が当てはまる参加者は立ち上がって他の人と席を交換しなければなりません。

- また1名が円の中央に立ったままになり、文章を読み、席を交換する、これを繰り返します。

- テンションが冷めやらないうちに、全員で拍手をしてもらい、研修を終了します。

5. 歩きながら話す

これも非常に活動的なアクティビティで、参加者が研修を終える前に、ポジティブなエネルギーを生み出します。私はこれまでに、企業や教育機関で何十もの研修でこのアクティビティを使用してきました。100人以上の大規模なグループから10人以下の小規模なグループまで、このアクティビティに積極的に参加してもらった経験がありま

すが、「歩きながら話す」があなたの研修に適しているかどうかはご判断ください。次のようにし実施します。

■ 参加者に立ってもらい、ペアまたは3人組になってもらいます。

■ 参加者に部屋の周囲（環境が許せば部屋の外に一度出て歩き回ってから部屋に戻ることも可能）を歩いて回ることを説明します。歩きながら、研修で楽しかったこと、有意義だったこと、学んだことをどのように活用するかを相互に話してもらいます。

■ 明るい音楽を流すと、「お祝い」の気持ちの雰囲気が作られ、活気が出てきます。

■ 学習者が元の場所に戻ったら、ハイタッチや拍手をしてもらって研修を終えます。

あなたの番

あなたのお祝い・アクティビティをここにリストアップするか、次のコンセプトマップに書き込んでください。

お祝い・アクティビティのコンセプトマップ

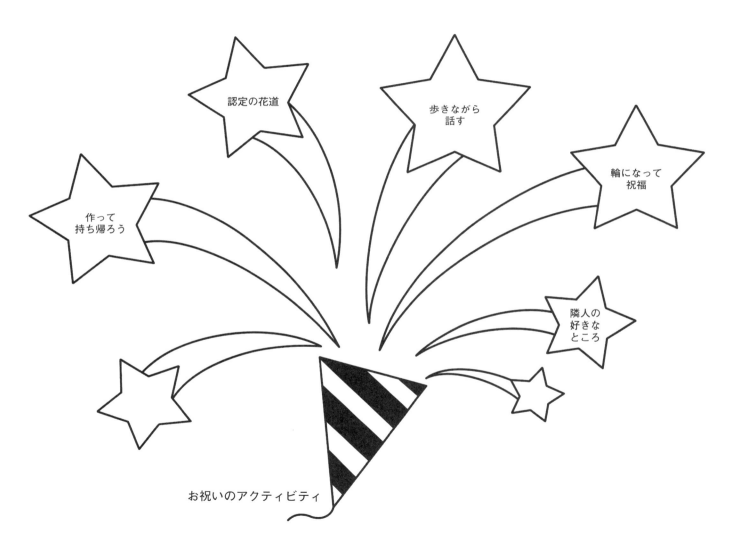

認定の花道

歩きながら
話す

輪になって
祝福

作って
持ち帰ろう

隣人の
好きな
ところ

お祝いのアクティビティ

参考

知っておいて
損はないこと

21章

知られざる大人の学び

年齢は関係ない！

"すべての学習は自主的である。"

ダン・トビン

大人がどのように学ぶかについて、あなたはすでに多くのことを知っています。あなた自身が大人の学習者として、個人的に経験してきていますし、講師として、大人に教えた時にどのように学ぶのかを観察したことがあるかもしれません。この本には、大人の学習に関する情報が満載です。あなたは大人の学習方法について、まだ知らないことはあるでしょうか？ その質問に答える前に、まずは下記の一覧を読んでみてください。そして、大人の学習に当てはまると思うものの□にチェックを入れてください。

□ 大人は、学びたい。学ぶ必要がある

□ 大人は、さまざまな方法で学ぶ

□ 大人は、形式ばらない環境で最もよく学ぶ

□ 大人は、自己責任がある

□ 大人は、手を動かし、実践的な練習をするときに、最もよく学ぶことができる

□ 大人は、自分の過去の経験を学習に活かすことができる

□ 大人は、新しい情報を自分がすでに知っていることに関連付けることができるとき、最もよく学ぶ

□ 大人は、自分のアイデアを持っていて、貢献できる

ほとんど、あるいはすべての項目にチェックが入っているのではないでしょうか。その通り、こ

れらはすべて大人の学習に当てはまります。

では、あなたが知っている子どもたち、育てた子どもたちのことを考えてみてください。子どもの学習方法について知っていることや、自分が子どものときにどのように学習したかを考えてみてください。その上で、以下の一覧を読み、子どもの学習に当てはまると思われる記述の□にチェックを入れてください。

□ 子どもは、学びたい。学ぶ必要がある

□ 子どもは、さまざまな方法で学ぶ

□ 子どもは、形式ばらない環境で最もよく学ぶ

□ 子どもは、自己責任がある

□ 子どもは、手を動かし、実践的な練習をするときに、最もよく学ぶことができる

□ 子どもは、自分の過去の経験を学習に活かすことができる

□ 子どもは、新しい情報を自分がすでに知っていることと関連付けることができるとき、最もよく学ぶ

□ 子どもは、自分のアイデアを持っていて、貢献できる

おそらく「あれ？ 同じ一覧じゃないか。」と思われるでしょう。その通りです。そして、この一覧のほとんど、あるいはすべての記述にチェックが入ったのではないでしょうか。大切な点は、学習理論に年齢は関係ないということです。この章では、その理由を説明します。加えて、大人の学習に対する異なる視点と、あなたの研修に活用するためのいくつかの提案を紹介します。

昔の話

1960年代から70年代にかけて、あるアメリカの大学教授は、多くの大人が受けている講義形式の授業がうまく機能していないことに気づきました。講義、課題図書、ドリル、小テスト、暗記、試験などの方法では、多くの大人は教えられた情報を記憶しているか、使えるか、という点で見るとほぼ機能していませんでした。教授は、自分が観察したことに強く危機感を感じ、大人の学習者について、何冊もの本を書きました。

この教授はボストン大学の成人教育学の准教授、マルコム・ノウルズ（M.ノウルズ）です。彼の著作は1950年代から1980年代までの40年間に渡っており、教育、研修、成人学習の世界で「ペダゴジー」と「アンドラゴジー」という2つの言葉を有名にしたのは、彼の功績です。

ペダゴジーとアンドラゴジーの比較

良くも悪くも、M.ノウルズは、アメリカの成人学習に関する考え方を変えました。「良くも悪くも」と書いたのは、M.ノウルズの生涯をかけた研究の功績が、良い結果と悪い結果の両方をもたらしたからです。

M.ノウルズは2つの異なる学習方法を定義しました。まず、子どもは「ペダゴジー」によって学ぶのが最も良いとしました。これは彼が定義した教師中心の指導であり、講義を中心とした学習になります。一方、大人は「アンドラゴジー」と呼ばれる、学習者を中心とした、体験的な学習を中心とした指導方法で学ぶのがよいとしました。このようにして、「ペダゴジー」という言葉は、教師が講義や本、テストなどで情報を提供し、学習者が受動的に座っている学習環境の代名詞となったのです。一方、「アンドラゴジー」という言葉は、学習者が積極的に学ぶ形式ばらない体験型学習環境の代名詞となりました。

大人と子どもの違い

アメリカでは、M.ノウルズは大人の学習に大きな貢献をしました。大人が効果的に学ぶためには何が必要かという教育者や講師の認識を大きく変えたのです。

M.ノウルズは、1970年代初頭に書かれた代表的な著書『The Adult Learner: A Neglected Species』の中で、成人向けのクラスや研修における「アンドラゴジー」な学習の必要性を強調していますが、これは当時の成人向け教育の伝統的な手法とは全く異なるものでした。

しかし、知らず知らずのうちに、M.ノウルズは子どもたちに多大な損害を与えてしまいました。彼は、大人以外の学習者に対する教師中心の指導という古いパラダイムを定着させてしまったのです。ノウルズは、1800年代初頭から子どもたちは講義形式で教えられてきたのだから、それが子どもたちが最もよく学ぶ方法に違いないと思い込んでいたのです。また、何十年にも渡って行われてきた方法なのだから、効果があるはずだと考えていました。

ただ、子どもの学習に関するM.ノウルズの間違いは理解できます。なぜなら当時は、脳がどのように情報を取り込み、記憶し、後から取り出すようにできているのか、あまり研究がされていませんでした。このような脳の研究が本格的に始まったのは1970年代後半で、有意義な研究成果の多くは1990年代から現在の間に発見されました。

M. ノウルズは、従来の教育方法が大人に通用しないことに気づいたとき、それは年齢の違いの問題であって、そもそも教育方法は問題ではないと仮定しました。彼は、現在われわれが知っている研究結果を知らなかったのです。年齢に関係なく、ほとんどの人は、座って講義を聞いているだけではうまく学習できないということです。

大人の学習から人間の学習へ

過去20年間の脳研究によると、人間が最もよく学ぶのは、学習プロセスに学習者が積極的に関与し、有意義で、やる気に溢れ、形式ばらない、自己指導型でさまざまな学習方法を自分で経験したときであるとされています。このような脳の特性を利用した学習方法は人間の学習を理解する上で重要です。学習において年齢や性別、文化、世代の違いはそれほど重要ではありません。確かに、これらの変数はすべて複雑に絡み合い、影響を及ぼす変数ではありますが、人間の学習に関する基礎的な研究ほど重要ではありません。

皮肉なことに、M. ノウルズの成人学習理論に関する研究から40年経った今でも、多くの成人教育は、講義中心、教師中心の「ペダゴジー」的な性質を持っています。ノウルズの理論について、色々なところで話されており、講師養成プログラムのほとんどがノウルズの研究を引用していますが、残念ながら、そういった講師育成プログラムの多くは引き続き講義ベースでの教育が依然とし

て主流であり、成人学習について教えるクラスでさえも「ペダゴジー」的なアプローチになってしまっています。古い習慣はなかなか消えないのです。

人間がどのように学習するかについては、皆さんはすでに多くのことをご存知でしょうから、2つの演習をしてみましょう。まず、M. ノウルズの著作から抜粋した以下の一覧を読んでください。それぞれの文の中で主語だけを変えていますが、対象が変わっても、違いがないことがわかると思います。

- ■ 人間は、学びたい、学ぶ必要がある
- ■ 人間は、さまざまな方法で学ぶ
- ■ 人間は、形式ばらない環境で最もよく学ぶ
- ■ 人間は、自己責任がある
- ■ 人間は、手を動かし、実践的な練習をするときに、最もよく学ぶことができる
- ■ 人間は、自分の過去の経験を学習に活かすことができる
- ■ 人間は、新しい情報を自分がすでに知っていることと関連付けることができるとき、最もよく学ぶ
- ■ 人間は、自分の考えを持っていて、貢献できる

次に、以下のリストを読み、それぞれの文章に「×」または「○」の印をつけてください。

1. 人間は、聞いたり、テストを受けたりすることで最もよく学ぶ（　）

2. ほとんどの学習者は、自主的に学習に参加したいと思っている（　）

3. 子どもにも大人にも、それぞれ好みの学習方法がある（　）

4. 子どもも大人も、学ぶことに喜びを感じているときは、よりよく学ぶことができる（　）

5. 人間は年齢によって学び方が違う（　）

6. 人間の学習プロセスには、過去の経験が重要である（　）

7. 年齢に関係なく、人間は自分の考えを持っている（　）

8. 形式ばらない学習環境は、学習体験を損なう（　）

9. 新しい情報をすでに知っていることと関連付けることは、学習者を混乱させる（　）

以下の答えと照らし合わせてみてください。

1. 人間は、聞いたり、テストを受けたりすることで最もよく学ぶ　×
——年齢に関係なく、受動的に聞いて、それからテストを受けることでうまく学習できる人はほとんどいません。

2. ほとんどの学習者は、自主的に学習に参加したいと思っている　○

3. 子どもにも大人にも、それぞれ好みの学習方法がある　〇

4. 子どもも大人も、学ぶことに喜びを感じているときは、よりよく学ぶことができる　〇

5. 人間は年齢によって学び方が違う　✕
　　——すでに**年齢は人間の学習に重要な要素ではない**ことをご理解頂けているでしょう。

6. 人間の学習プロセスには、過去の経験が重要である　〇
　　——**子どもは大人ほど多くの経験はないかもしれませんが、たとえそれが見たり聞いたりしただけであったとしても、テーマに関する何らかの知識を持っていることが多いです。**

7. 年齢に関係なく、人間は自分の考えを持っている　〇

8. 形式ばらない学習環境は、学習体験を損なう　✕
　　——**年齢に関係なく、ほとんどの学習者は形式ばらない学習環境の方がうまく学習できます。**

9. 新しい情報をすでに知っていることと関連付けることは、学習者を混乱させる　✕
　　——**新しい情報を古い情報と関連付けることは、すべての学習者にとって重要です。**

「ペダゴジー」と「アンドラゴジー」という古いパラダイムから解放されるのは気分がいいものです。年齢に関係なくほとんどの学習者にとって「ペダゴジー」はうまく機能しなかったからです。あなたの過去の体験からも「ペタゴジー」は機能しなかったのではないでしょうか？ 研修に参加している多くの学習者にとっても、「ペダゴジー」型研修はうまく機能していないでしょう。

自分のやっていることに近づけるために

　さあ、今度はこれらの考え方をあなたの講師としての仕事に適応していきましょう。人間の学習に関する考え方に基づいて、次の研修、授業、プレゼンテーションを設計・提供する際に、どのような選択をしますか？ 次の一覧を読み、あなたが次の研修で実施する項目に〇をつけてください。

A. 重要なコンセプトを明確かつ簡潔に提示し、学習者は静かに聞いて、すべてを学ぶようにする

B. 学習者が話したり、書いたり、学習テーマに関連したアクティビティをしたりするように、学習者を巻き込むさまざまな指導方法を取り入れる

C. 学習者に複数の議論のテーマを提供し、復習のアクティビティも選択肢を与える

D. 研修をゴール、学習成果、アジェンダ説明から始める

E. 研修を学習者がテーマについて、すでに知っていることについて話し合ってもらうことから始める

F. 学習の妨げにならないように、机やテーブル、椅子を整然と並べ、学習者全員が部屋の正面を向くように部屋の準備をする

G. 教室を従来の形式的な環境ではなく、学習者がテーマに関連した議論に参加し、互いに学ぶことができるように、丸いテーブルや椅子で小さなグループが議論できる空間を作る

　もちろん、すでに人間の学習に関して学習してきた皆さんはB、C、E、Gの項目を選ぶと思います。

　この本を前の章から順番に読んできた方は、もう以下の提案は読む必要はありません。私がすでに述べた重要な点の復習を兼ねて掲載しています。もしあなたが本の後半部分から読み始めたのであれば、以下の点は、「大人の学びから人間の学びへ」とシフトするための提案となります。

■ **学習者が何を知っているかを知るための時間を設ける**：研修の最初に、研修のテーマについて知っていることや聞いたことを話し合う時間を数分間設けます。研修中は、コメント、アイデア、気付き、意見などをグループ全体で共有するよう促します。本書の第1部を参考にしてください。

■ **学習者を巻き込むために、さまざまなアクティブラーニングの手法を用いる**：例えば、

ペアや小グループでの議論、すぐできる学習ゲーム（対戦型ではなく協力型）、学習者が学んだことを教え合うティーチバック、学習者が作るクイズ、学習者によるプレゼンテーション、クラス全体での議論、プロジェクト、シミュレーション、寸劇などが挙げられます。この本の第2部、第3部には、他にもさまざまなアクティビティが掲載されています。

■ **学習者に選択肢を与える**：復習課題の一覧から、学習者にどれを担当したいかを決めさせ、ペア、3人組、または小グループで課題に取り組んでもらいます。第2部、第3部が参考になると思います。

■ **魅力的で親しみやすく、形式ばらない学習環境を作る**：丸いテーブルや椅子を円状に配置し、学習者を小さなグループに分けます。テーブルの上には、マーカーや色紙、付箋紙、インデックスカードなどをたくさん置いておきましょう。壁には、テーマに関連する情報が書かれたカラフルなフリップチャートを貼り出します。可能であれば、軽食や飲み物を用意するか、学習者に持参してもらいましょう。本書「2章 脳にやさしい研修」には、さらに多くのアイデアが掲載されています。

要約すると、講師としての最大の課題は、講師主導の「ペダゴジー」という古い教育パラダイムを手放し、代わりに脳にやさしい「アンドラゴジー」な教育を取り入れることです。本書を読んでいるあなたは、すでにこのシフトを始めているでしょう。この本に書かれているアクティビティを活用すれば、人間の学習を助ける達人になれます。

“アンドラ（成人）のゴジー（学習）は万人向けの学習方法である”

ジェイ・クロス
『Informal Learning』（未邦訳），2007年，p.247

22章

終わりから始める

学習成果への新たなアプローチ

"学習者が学んでいないなら、教えたことにならない。"

ベナ・カリック

まず、簡単な「Connections ―つなげる―」の練習をしてみましょう。あなたはこの章を読み始めました。あなたがこの章で得たいことは何ですか？　より具体的には、この章を読んだ後、何を説明したり、何をできるようになりたいですか？

このことを少し考えてから、下のボックスに1～2行程度で回答となる文章を書いてください。

著者（この章の設計者と言ってもいいでしょう）としては、誰かに聞かれたときに、効果的な学習成果とは何かを説明できるようになってほし

いと思います。そして、効果的な学習成果を書くことができるようになり、学んだことを実践できるようになることを期待しています。さて、この目標を達成できるように一緒に学んでいきましょう。

作家のスティーブン・コヴィーは、「終わりを思い描くことから始める」という言葉を残していますが、彼は意図せずに教育者や講師に学習成果の定義を伝えていたのです。学習成果とは、学習目標や学習項目とも呼ばれ、研修を行う際に学習者に最終的に得てもらいたい成果です。研修終了後、学習者は何を実演できるようになり、表現でき、実施できるようになるべきでしょうか？ また、知識の習得が目標ならば、学習者が定義し、説明し、質問に答え、人に教えることができるようになっているべき内容は何でしょうか？

あなたが見ているものは、彼らが学んだものです

学習成果とは、研修が終了したときに学習者が示す行動、観察可能な動作のことです。学習者はそれを行い、講師（または他の人）はそれが行われているのを見ることができます。当てずっぽうではありません。学習者だけでなく、他の人が見ても明らかなことです。

例えば、ある従業員が会社の新しいデータベースに関する研修に参加し、その後、顧客情報を正しくデータベースに入力できた場合、彼女は学んだことを実証していることになります。逆に、連邦政府の申請規則に関する研修に参加した新米の申請担当者が、何十枚もの書類を不正確に提出していたら、その人は研修から何も学んでいないことを示していることになります。スキルを習得で

きたかは観察すれば一目瞭然です。

ソフトスキルとも呼ばれる人と人との関係性についても同じことが言えますが、観察が少し難しくなるかもしれません。例えば、あるマネージャーがリーダーシップについての授業を終えた後、従業員に何かを威圧的に命令している場合、彼女は新しいリーダーシップスキルを学んでいないことがわかります。そのマネージャーは研修のテーマについての話は聞いたかもしれませんが、自分の行動が変わらなかったので、実際には何も学んでいないのです。逆に、カスタマーサービスの担当者が問題解決のワークショップに参加した後、意見や解決策をお客様に提案する前に、苦情を言っている顧客の話を積極的に聞いている場合、その担当者はワークショップから学んだことを実践していることになります。

研修が情報の暗記を目的とし、スキルを教えたり練習したりしない場合、その研修における学習成果は、学習者が後でその情報を説明したり、定義したり、列挙したり、書いたり、繰り返したりする能力が成果となります。例えば、ホテルの受付係は、ホテルのアメニティを宿泊客に説明することで、その理解度を確認できます。また、別の例として、投資の基礎クラスに参加したファイナンシャルプランナーは、潜在的な顧客にさまざまな投資の選択肢を説明することで、自分が学んだことを証明できます。一方、マネージャーが小売税の最新情報のワークショップに参加した後、小売税の変更点を列挙することすらできなければ、

おそらく大したことは学べなかったと言えるでしょう。

ここで一度、３つの学習成果を見てみましょう。これらを読んで、学習成果を観察可能な行動で記述されているかどうか、また、あなたや他の誰かが成果を確認することができるかを考えてみてください。

1. このセキュリティ研修の後、警備員は建物の戸締りをする適切な方法を知っている

2. このシステム分析研修で学習者は、会社のコンピュータシステムを更新する際のプロセスを理解している

3. コールセンターの従業員は、電話をかけてきた人を適切な部署に転送する方法を学んでいる

知っている、理解している、学んでいる、という３つの動詞は、観察不可能なものです。

学習者が何をできるようになるかを説明していないにもかかわらず、多くの講師が学習成果を書くときにいまだにこれらの言葉を使っています。これらの言葉は観察可能な行動の記述にはなっていないのです。あなたは知っていること、理解していること、学んでいることを観察できないのです。観察できるのは、知っている、理解している、または学んでいることの結果としての行動の変化です。

では、３つの学習成果を観察可能なものに書き

換えてみましょう。

1. このセキュリティ研修の後、警備員は建物の適切な戸締まりの方法を実演する

2. このシステム分析研修の学習者は、会社のコンピュータシステムを更新プロセス通りに実行する

3. コールセンターの従業員は、電話をかけてきた人を適切な部署に転送する

　修正後の学習成果は、研修に参加した結果、学習者が起こす行動の変化を表しています。もし、学習者がこれらの変化を起こさなければ、彼らは学ぶべきことを学んでいないことになり、さらなる研修、再履修、1対1のコーチング、メンタリング、または違う仕事に就くことが必要になるかも知れません。

　ここでは、学習成果を記述する際に使用できるアクションワード（観察可能な行動）の一覧を紹介します。練習として、2つ以上の単語を選び、単語の横のスペースに、あなたの研修の成果をこれらの単語を使って書いてみてください。また、自分で考えたアクションワードをこの一覧に加えることもできます。

- ■ 実演する
- ■ 実行する
- ■ 見せる

- ■ 提示する
- ■ 使う
- ■ 適用する
- ■ 選択する
- ■ 実行する
- ■ 行動する
- ■ 設計する
- ■ 作る
- ■ 創る
- ■ 議論する
- ■ 識別する
- ■ （理由を）説明する
- ■ 伝える
- ■ 一覧化する
- ■ （見た目やイメージを描写して）説明する
- ■ 定義する
- ■ テストに合格する
- ■ 他の人に教える

学習者に知っておいてほしいこと

　講師としては、学習者が学んだことを実演するために、何を知っている必要があるのかを明確にする必要があります。実演するためには実演に必

要な知識を有している必要があるわけです。私たち講師にとっての課題は、「知るべき情報」と「知っておいて損はない情報」を分けて考えることと、学習成果とあまり関係のない内容を教えないようにすることです。学習成果に結びつかないコンテンツがある場合は、学習者が後で読めるように資料として渡したり、研修終了までに時間があれば提供するようにしたり、あるいは研修の学習成果から削除してください（これについては、本書の第2部を参照してください）。

　ここでは、前述の3つの学習成果を用いて、「知っておいてほしい情報」と「知っておいて損はない情報」の違いを示します（「知っておいて損はない情報」は、今カバーしている学習成果に対しては重要でないかもしれませんが、研修全体に対しては有意義かもしれないという点に留意してください）。

1. **セキュリティ研修の後、警備員は実際に建物の戸締りをするための適切な方法を実演します。** この成果を得るためには、警備員は、鍵やドアの位置、施錠順序、暗証番号、建物を適切に戸締りするために従うべき正確な手順を知っている必要があります。また、必須ではありませんが、警察、消防、ビルの保守管理者などのサポートサービスの電話番号なども知っていると損はないかもしれません。

2. **システム分析プログラムの学習者は実際に、会社のコンピュータシステムを更新するため**

のプロセスを実行します。アナリストは、会社のコンピュータのログイン名、対象のソースコード、頭字語、パスワードと実行手順を知っている必要がありますが、会社のシステムの歴史やシステムの過去の問題に関する情報は必須ではありません。

3. **コールセンターの従業員は実際に、電話をかけてきた人を適切な部署に転送します。** 従業員は、電話をかけてきた人に尋ねるべき適切な質問と、転送先の電話番号を知っておく必要があります。必須ではないのですが、電話が転送された後に部門が取るべき手順を知っているといいかもしれません。

「知っておいてほしい情報」と「知っておいて損はない情報」を分けるために、自問してみましょう。

■ 「学習成果を効果的に実行するために学習者が必要とする必須な情報とは何か？」

■ 「学習成果に関連しているが、学習者が学習成果を達成するために必須ではない情報は何か？」

■ 「もし研修時間が半分になったとしたら、どのテーマを残し、どのテーマを研修ではカバーせずに後で使えるように参考資料に入れておくべきか？」

■ 「学ばないと、従業員のパフォーマンスに悪影響を及ぼすテーマはどれか？」

■ 「学習者がテストに合格したり、認定を受けるためには、どのような概念を覚えておく必要があるか？」

公式を使おう！

「学習者が知るべき情報」が明確になれば、簡単な公式を使って学習成果（Learing Outcomes = LO）を書くことができます。従来の時間のかかる方法でなく、短く、簡単に新鮮な方法で記述する公式を私は「基本的な LO の公式」と呼んでいます。

> コンセプトまたはスキル＋行動＝学習成果（LO）

これ以上シンプルなものはないでしょう。もちろん、もっと複雑な公式にすることもできますが、すべての学習成果は、「コンセプトまたはスキル」と「行動」という2つの重要な要素に集約されます。この式を別の書き方にすると、以下になります。

> 情報やスキルにアクションワード
> （観察可能な行動）を加えたものが、学習成果（LO）
> 例えば、「（電話を掛けてきた人を）適切な部署に」＋「転送する」

以下に、「基本的な LO の公式」の具体例を8

つ挙げてみました。観察可能な行動と、コンセプトやスキルがわかりますか？練習のために、アクションワードを四角形で囲み、コンセプトやスキルを説明するフレーズには下線を引いてください。そして、あなたの答えと私の答えを比べてみてください。

1. 機械の操作をする担当者は、組立ラインの安全装置の使用方法を実演する

2. ホテルの予約担当者は、新規の電話予約を受ける際に従う必要のある5つのステップを説明する

3. 各従業員は、会社のデータベースに情報を入力する方法を他の従業員に教える

4. コールセンターの監督者は、対応の難しい顧客に対して使える課題解決戦略3つを一覧化する

5. 講師養成講座の参加者は、講義資料を約10分から20分の長さに分割する

6. 管理職は、新旧の「米国障害者法」の違いを説明する

7. レストランのウェイターは、従業員のマニュアルに記載されている方法でテーブルをセットし、お客様の注文を取る

8. コールセンターのオペレーターは、すべての顧客に対して新しい電話応対方法を用いる

以下が私の答えです。あなたの答えは少し違う

かもしれませんが、私が枠や下線をつけたものを含んでいるはずです。

1. 機械の操作をする担当者は、<u>組立ラインの安全装置の使用方法</u>を 実演する

2. ホテルの予約担当者は、<u>新規の電話予約を受ける際に従う必要のある5つのステップ</u>を 説明する

3. 各従業員は、<u>会社のデータベースに情報を入力する方法</u>を他の従業員に 教える

4. コールセンターの監督者は、<u>対応の難しい顧客に対して使える課題解決戦略を3つ</u> 一覧化 する

5. 講師養成講座の参加者は、<u>講義資料を約10分から20分の長さに</u> 分割する

6. 管理職は、<u>新旧の「米国障害者法」の違い</u>を 説明する

7. レストランのウェイターは、<u>従業員のマニュアルに記載されている方法でテーブルを</u> セット し、<u>お客様の注文</u>を 取る

8. コールセンターのオペレーターは、<u>すべての顧客に対して新しい電話応対方法</u>を 用いる

　それでは、学習者の観察可能な行動を記述していない学習成果を修正してみてください。右記の一覧を読み、それぞれの学習成果に必要な修正を加えてください。修正後に、私が提案したものとあなたの答えを比較してください。

A. 従業員は、更新されたデータベースのセキュリティコードを<u>知る</u>
　　修正案：

B. 講師養成講座の参加者は、研修を設計・提供する際のアクティブラーニングの重要性を<u>理解する</u>
　　修正案：

C. 技術の専門家は、ハードドライブの交換手順を<u>学ぶ</u>
　　修正案：

D. 銀行の窓口担当者は、入出金の記録管理システムを<u>理解する</u>
　　修正案：

E. 学習者はすべての概念を<u>理解する</u>
　　修正案：

F. 講師は、新入社員にセクハラ防止法に関する会社の規定を<u>教える</u>
　　修正案：

私の回答は以下です。あなたの回答とは違うかもしれませんが、観察可能な行動を記述してください。

A. 従業員は、更新されたデータベースのセキュリティコードを知る
   修正案：従業員は、更新されたデータベースのセキュリティコードを一覧化し、説明する

B. 講師養成講座の参加者は、研修を設計・提供する際のアクティブラーニングの重要性を理解する
   修正案：講師養成講座の参加者は、研修を設計・提供する際に、アクティブラーニングの戦略を実演する

C. 技術の専門家は、ハードドライブの交換手順を学ぶ
   修正案：技術の専門家は、ハードドライブの交換手順を実演する

D. 銀行の窓口担当者は、入出金の記録管理システムを理解する
   修正案：銀行の窓口担当者は、入出金の記録管理システムを使って入出金の手続きを実演する

E. 学習者はすべての概念を理解する
   修正案：学習者はすべての概念の例を述べる

F. 講師は、新入社員にセクハラ防止法に関する会社の規定を教える（注：これは学習成果ではありません。なぜなら、学習者ではなく講師が行うことを記述しているからです）
   修正案：新入社員は、セクハラ防止法に関する会社の規定を説明する

真の研修のための真の成果

せっかくの学習成果を、スライドや配布資料に書き入れたものの忘れてしまうのであれば、載せる意味がありません。また、学習者が学習成果を読み、考え、議論する時間を与えないのであれば、載せる理由はほとんどありません。マイケル・アレンが言うように、「多くの講師は、学習成果が学習を整理するのに役立つだけでなく、学習者がコンテンツを学びたいと思う動機になることを望んでいます」（『Michael Allen's Guide to e-Learning』未邦訳, 2003年, p.159）。これは、学習者が学習成果を積極的に確認し、成果が学習者に密接に関係するものである場合にのみ実現できます。

学習成果を真に意味のあるものにし、効果的な研修の一部とするために、研修全体の中で目立つ存在にしなければなりません。この本の第2部と第4部は、そのための手助けとなるでしょう。ここでは、まだ本編を読んでいない方のために、学習成果を学習体験の全体像に織り込むのに役立つ提案をいくつか紹介します。

■ **学習成果を貼り出す**：学習成果は、誰の目にもつく高い視認性が求められます。配布資料やスライドに掲載するだけでなく、濃い色のマーカーを使って大きく「学習成果」とフリップチャートに書き、教室の壁に貼っておきます。学習者がどこに座っていてもフリップチャートが読めるようにしておきます。

■ **学習成果のアクティビティから始める**：学習成果を貼り出したら学習者はフリップチャートをただ読むだけでなく、何かをしなければなりません。学習成果のアクティビティは、学習者が能動的で興味深い方法で学習成果を理解するのに十分な時間を確保する必要がありますが、最短だと1～2分程度で行うことができます。例えば、学習者は自分にとって最も重要な学習成果項目の横にチェックマークや付箋をつけてもらうだけの場合もありますが、投票結果について話し合ったり、グループとしての投票をしたり、上位2、3位までをランキング形式にしたりすることができます。あるいは、最も重要な学習成果の項目をインデックスカードに書き、後で参照してもらうこともできます。

■ **学習者に自分の学習成果を作成して貼り出してもらう**：これは、学習者と研修の関連性を高めるためにも、学習者のモチベーション向上や研修への参加意欲を得るためにも、とても重要なことです。学習者は、フリップチャートに書かれた学習成果に自分の学習成果を追加したり、付箋紙に自分の学習成果を書いて別のフリップチャートに貼ったりすることができます。学習者が作成した学習成果は、研修中および研修終了後に学習を確認する基準となります。アレン氏はこのことを次のよう

にまとめています。「学習目標をただ並べるのではなく、学習者に作成してもらうのです」（p.161）。

■ **研修中に成果を確認する**：研修の各主要テーマの終わりには、貼り出されている学習成果の一覧を学習者が確認し、学んだことを議論してもらいます。もちろん、学習者が学習成果を作成している場合は自分たちで作った一覧も確認をしてもらいます。研修が進むにつれて、研修の目標が変わったり、学習成果を変更したい場合も出てきます。もちろん、新たな項目を追加したり、削除したりし、変更を研修中に行うこともできます。学習成果は常に研修の道しるべとして機能するのです。

■ **研修の最後に学習成果のアクティビティを行う**：学習者に大きな円になってもらい、自分たちの学習を評価してもらいます。学習者自身で学習成果が達成されたのかを確認してもらいましょう。学習者は自分たちが新しく得た能力を研修中または現場で実演できるでしょうか？

始めに戻る

この章の冒頭に戻りましょう。あなたに、この章を読んで何を持ち帰りたいかを書いていただきました。また、私の希望としては、学習成果とは何かを説明でき、ご自身の研修の学習成果をこの章で学んだことを踏まえて作って頂ければと考えていました。どうでしょう？ ご自身で設定した

学習成果は達成できたでしょうか？ 学習成果とは何かを家族、友達や同僚に説明できますか？ 学習成果の項目を能力を確認できる方法で記載できますか？ 実際に今、書いてみましょう。以下の

行に、あなたが教える1つの研修プログラムについて、2つまたは3つの学習成果の項目を書き出してください。その際、「基本的な学習成果（LO）の公式」を必ず使用してください。

学習成果は、研修のすべてをこれらの観察可能
な結果に結びつけることで、軌道修正に役立ちま
す。学習成果は、講師にとっても、学習者にとっ
ても研修の道しるべとなります。学習成果は、単
なるパワーポイントの一覧で忘れてしまうような
のではなく、研修そのものに不可欠な要素としま
す。つまり、学習成果は、学習者にとっても、講
師にとっても非常に重要なものになるのです。さら
に、学習成果があると、研修の効果を観察したり
評価したりしやすくなります。研修のすべてのス
テップ（「Connections ―つなげる―」「Concepts
―つたえる―」「Concrete Practice ―つかう―」
「Conclusions ―まとめる―」）が学習成果に結び
ついていれば、長期的な研修の成功は確実なもの
になります。

"学習者が学習の意味、具体的な価値に共感している必要がある"

マイケル・アレン
『Michael Allen's Guide to e-Learning』（未邦訳），2003年，p.154

23章
ワールド・カフェ

"本物の会話は、私たち人間が共に考えるためのものです。"

ファニタ・ブラウン、デヴィッド・アイザックス
『ワールド・カフェ』2005年, p.204

ワールド・カフェへようこそ

あなたは大手小売企業の従業員で、店舗で多く発生した顧客サービスの問題を扱う2時間の研修に参加しようとしていると想像してみてください。

教室に入ると、そこは従来の教室とは全く違う雰囲気が広がっていました。講師であるロスは教室をカフェのようなカジュアルな空間に変えていました。白い紙のテーブルクロスが敷かれた円卓、各テーブルに置かれたグラスにはカラフルなマーカー、そして壁には自社製品のポスターが貼られています。各テーブルには4脚の椅子が置かれ、部屋の片側には軽食と飲み物が用意されており、教室全体に陽気な音楽が流れています。

コーヒーとベーグルを手にしたあなたは、他の40人の社員と同じようにテーブルに着きました。テーブルクロスには質問が書かれています。5つの異なる質問に対してテーブルが10卓あるので、同じ質問が置かれているテーブルが2つある状態になっています。すべての質問は会社が研修中に取り上げたいと考えているカスタマーサービスについての質問です。

1. 「あなたが経験したり、聞いたりしたことのあるカスタマーサービスの問題や悩みは何ですか？ すでに解決している場合、解決策は何でしたか？」

2. 「あなたやお客様にとって、うまくいってい

るカスタマーサービスの方針を1つ挙げるとしたら何ですか？」

3. 「あなたの意見を聞かせてください。変更する必要のあるカスタマーサービスの方針は何ですか？ また、どのように変更した方が良いですか？」

4. 「会社としてあなたのカスタマーサービスへの取り組みをサポートするためにできることはありますか？」

5. 「その他のカスタマーサービスに関する疑問や懸念はありますか？ または、改善するための提案はありますか？」

ロスが話し始めると、会場は静まり返りました。彼は、これから皆さんが参加するワールド・カフェについて説明をし、社員が重要だと考えるテーマについて有意義な会話をするための学習活動である旨を伝えました。彼は数分かけてカフェでの「エチケット」（221ページ）を共有し、これから何を行うか、以下のように説明しました。

1. 「立ち上がって、議論したい質問のテーブルを見つけ、20分ほどそのカフェテーブルで議論します。」

2. 「カフェテーブルに座った他の人たちと一緒に、質問を検討し、マーカーを使って、紙のテーブルクロスの上に、答えやコメント、ビジュアルイメージを含むアイデアを書きながら共有します。」

3. 「時間が来たら、自分のグループにお礼を言って、別のメンバーと異なる質問のカフェテーブルに着席します。ただし、あなたの居たテーブルから1名は次のラウンドのホスト役としてテーブルに残ります。ホストとは、新しいカフェのメンバーを歓迎し、そのテーブルでこれまでに話し合われた内容や重要な気付きを共有してもらいます。ホストは、新しいグループに、すでにテーブルクロスに書かれているものにつなげるアイデアをさらに構築するように促します。」

4. 「第2ラウンドも20分ほど続き、このプロセスを繰り返します。時間が来たら、テーブルのホストはそのテーブルに残って次のラウンドもホストになってもよいし、新しいメンバーの誰かがホストになり、新メンバーを歓迎し、情報を共有してもらうこともできます。ホスト以外のメンバーは、3回目のラウンドのために別のテーブルに移動します。」

5. 「3回目のラウンドでは、会話から出てきた重要なテーマや気付き、または問いに対するより深い疑問点などを議論していきます。」

ロスは最後に、5つの質問のうち3つについて話す時間しかないので、最も興味のあるテーブルに行くように説明します。そして、5つの質問はすべて後でメールで全員に共有され、最終的なコメントを書いてもらうことを伝えました。また、テーブルクロスの回答はすべて担当の部署の人がまとめ、全社員が読めるように社内のイントラ

ネットサイトに掲載されることを伝えました。会社は、「ワールド・カフェ」での社員の回答をもとに、今後、カスタマーサービス・ポリシーの改訂・更新を行っていきます。

カフェのラウンドがすべて終わると、ロスは各グループにテーブルクロスの回答を短い言葉でまとめてもらいます。各グループがまとめを発表した後、ロスがファシリテートをしながらカスタマーサービス全般に関する議論を全員で行いました。まとめの共有と議論の時間は、30〜40分ほどです。

最後の残り時間で、ロスは、ワールド・カフェでのアイデアや提案に基づいて、各自がカスタマーサービスのアクションプランを作成することを提案しました。自分のアクションプランをテーブルグループで共有した後、ロスはカフェに参加してくれたことへの感謝の意を表し、ワールド・カフェは終了となります。

ワールド・カフェ（TWC）って何？

ワールド・カフェ（The World Cafe：TWC）は、参加者がテーブルを回って議論などを行いながら共同作業を行うという点では、コンセプトセンター（126ページ）と似ているように見えますが、TWCの目的は大きく異なります。コンセプトセンターが、新しい情報を積極的に教えるための研修ツールであるのに対し、TWCは、職場のコミュニティを強化し、共通の価値観を発見し、組織の

共通の悩みを探り、新しいコンセプトや戦略を検討し、創造的な機会を作り出し、行動できるアイデアを生み出すためのアイデア構築プロセスなのです。著者のファニタ・ブラウンとデヴィッド・アイザックス が The World Cafe（2005, p.38）の中で「カフェでの対話は、アクションプラン作りをする前の地ならしとして有効です」と述べています。

研修や企業でワールド・カフェは特に効果的なのは次のような時です。

- あるテーマについて、新しいアイデアを**生み出す**
- 創造的な可能性を**探求する**
- コミュニケーションと仕事上の関係性を**深める**
- より強い学習コミュニティやチームを**作る**
- 創造的な問題解決に**取り組む**
- 問題に対するさまざまな創造的なソリューションを**探求する**
- 個人、グループ、研修、会社、世界を結びつけ、対話をし、変革するための方法を**探求する**

ワールド・カフェが向いてないケースもあります。それは、学習成果があらかじめ決められていて非常に具体的である場合、研修が講義中心である場合、研修の時間が90分未満と短い場合、ファシリテーションの専門家のサポートが必要となる

ような感情的に大きな影響を与える問題の場合、研修の目的が特定のスキルの習得である場合には、最適なツールとは言えないでしょう。また、参加者が十数名以下の場合も効果的ではありません。

ブラウンとアイザックスによると、「ワールド・カフェは、主に知識の共有、関係性の構築、新しい可能性の探求を目的に作られました」（2005, p. 38）。言い換えれば、ワールド・カフェは有意義で協力的な会話のプロセスであると同時に、会話を始めるために人々を招待する象徴となります。カフェほど気軽に話をすることができる空間を表現した比喩があるでしょうか？

ワールド・カフェの起源

TWCがどのようにして生まれたのか、また、何十万人もの世界中の人々に与えた影響について詳しくは、書籍『ワールド・カフェ〜カフェ的会話が未来を創る〜』（アニータ ブラウン，デヴィッド アイザックス，ワールド・カフェ・コミュニティ，2005年）とウェブサイト（https://theworldcafe.com/）をご覧ください。ワールド・カフェの起源についての最も重要な点は、ワールド・カフェが真にグローバルであることを前提にしたムーブメントであるという点です。「カフェでの会話が、ビジネス、コミュニティ、そして世界に影響を与える」という当初のコンセプトに世界中の人々が関わり、影響を与えてきました。数十カ国でカ

フェ・グループが誕生し、世界各地の大小さまざまなコミュニティ、ビジネス、教育グループで利用されています。このカフェのネットワークは、ウェブサイトや掲示板、ブログ、ウィキなどでつながっています。カフェのネットワークは日々拡大しており、その利用方法もさまざまです。特に重要な戦略的思考、プロジェクト開発、教育や医療の改革や自分たちのグループ、会社、組織、そして人生を左右する重要な問題に人々が取り組むとき、ワールド・カフェのプロセスが与える影響は甚大です。

カフェのデザイン原則

ワールド・カフェの創設者は、世界中の実践者のコミュニティとともに、ワールド・カフェを世界的に成功させるに至った7つの基本原則を発見しました。この7つのカフェのデザイン原則は、以下の通りです。

しかし、世界中でワールド・カフェを実践している人たちが得ている豊かさと多様性を理解するには、ブラウンとアイザックスの素晴らしい本を読むことを強くお勧めします。

1. **文脈を設定する**：ワールド・カフェの目的を明確にします。議題やテーマを決め、意味のある課題を設定し、起こりうる結果を想像します。そして、カフェに参加すべき人、参加してほしい人たちを招待します。カフェでの

『ワールド・カフェ〜カフェ的会話が未来を創る』より引用。

会話のために十分な時間を確保してください。これは、研修での例です：ある電機メーカーでは、営業、経理、マーケティング、製造、小売の従業員が5〜6人のチームを組んで、部門を超えた新しいチームを作ろうとしています。ワールド・カフェの目的は、部門間のトラブルを最小限に抑え、人々がうまく協力し合う効果的なチームを形成するための提案を、社員から集めることです。

2. **おもてなしの空間を創造する**：参加者が気楽に会話に参加できるように、カジュアルな雰囲気で、見た目にも美しく、快適な空間を作りましょう。例えば、紙製のテーブルクロス、カラフルなマーカー、軽食や飲み物、簡単なテーブル装飾、やさしいBGM、カラフルなポスターなど、カフェのような雰囲気を演出

するものをお勧めします。

3. **意味のある問いかけを探究する**：問いは参加者に関連したもので、創造的なエネルギーを引き出すような言葉である必要があります。ワールド・カフェでは、「何が悪いのか？　誰が悪いのか？」という問いではなく、「どうすればもっと良くなるのか？　何が可能なのか？」という言葉を使うことをお勧めします。TWCは参加者に、「人は問いを投げかけた方向に向かって成長する」と考えるのです。先ほどの電機メーカーでの研修例では、社員が注力する問いは以下の通りです。

- 「部署を超えてチームを組むことで、会社や社員、そしてお客様にどのようなメリットを提供できますか？」

- 「チームが一緒に仕事をするようになると、どのような課題に直面するでしょうか？」

- 「チームで発生する問題を解決するための重要なルールは何ですか？」

- 「チームが結成される前にやっておかなければならないことは何ですか？」

- 「チームが一緒に仕事を始めた後、会社はチームをサポートするために何ができますか？」

4. **全員の貢献を促す**：すべての参加者は集合知の重要な一部なのです。そのため、すべての参加者に発言の機会を設け、発言を奨励するようにする必要があります。電機メーカーの例では、カフェの参加者からテーブルホスト

を募り、テーブルホストは、自分のカフェテーブルに留まり、次のグループを歓迎し、前のグループの会話を要約して共有します。また、ホストは参加者の積極的な発言を促し、ポジティブな雰囲気を維持するのもホストの役割です。

5. **さまざまな視点をつなぎ合わせる**：会話が進むにつれ、さまざまな視点の中からパターンやテーマ、関連性が見えてきます。多くの場合、さまざまな意見の中に共通点を見つけられます。ブラウンとアイザックスは、これを「人とアイデアの創造的な相互交換」（2005, p.117）と呼んでいますが、これはしばしば他の方法では起こり得なかった驚くべき結果をもたらしてくれます。電機メーカーの研修の例で言えば、チームメンバーは、各部門が実際に何をしているのか、また各部門が他の部門にどのような影響を与えているのかについて、もっと学ぶ必要があることが明らかになりました。そこで彼らは、自分たちの関係の向上と各部門の役割について理解を深めるために、毎週ランチ勉強会をすることにしました。

6. **気付きに耳を傾ける**：TWC が成功するかどうかは、参加者が他のグループメンバーの話を、敬意を持って聞くことができるかどうかにかかっています。カフェでの提案を聞く際は、話している人がとても賢い（実際にそうかもしれない）という前提で話を聞き、話している人のアイデアは集合知の重要な部分であり、オーケストラにおいてあらゆる楽器が全体にとって重要であるのと同じだと思って聞くようにしてください。また、効果的な話の聞き方として、話し手が共有している内容に加えて、述べられていないことに意識を向けることも重要です。電機メーカーの例で言えば、議論の結果、各部門で製品の納品スケジュールが異なっているために部門単位での個別の作業となってしまい、複数部門で編成されたチームで仕事をすることを非常に困難にさせていることに気づきました。複数部門チームで仕事をするためには、納品スケジュールがバラバラになっている問題を解決する必要があることに気づいたのです。

7. **発見を共有する**：何回かのラウンドを終え、参加者はここで一度立ち止まり、自分たちの会話を振り返り、全体での共通点を探します。学んだこと、気づいたこと、解決策、次のステップ、より深い問いを探し出すことが、このプロセスの最も重要な部分です。TWC では、参加者全員で議論する際の出発点として、以下のような問いを提案しています。

■「議論の過程で何に気づきましたか？」

■「もし全参加者が一つの生命体だとしたら、どのようなことを言っていますか？」

■「会話の結果として、どのような疑問点が出てきましたか？」

■「何か共通点に気付きましたか？ その共通点は何を意味していますか？ 何を我々に教えてくれているのでしょうか？」

■「これまでの会話の結果、何が見え、何がわかりましたか？」

■「次のステップは何ですか？」

この一覧は The World Cafe Community Foundation（https://theworldcafe.com/）の許可を得て転載しています。

電機メーカーの研修の例に戻ります。電機メーカーの社員は、すべての問いに対する答えを要約し、その要約をもとに、部署をまたぐチームを結成して仕事に取りかかるためのアクションプランを作成します。また、各チームには次のステップに進むためのタスクの一部を担当してもらいます。そして、最後に、全体を通して気づいた点を共有し、参加者は自分たちで導き出したアクションプランに対して自分たちの能力を最大限に発揮してチームの活動に貢献することを正式に約束するのです。

どこから始めるか

あなたがこれまで研修にコンセプトセンターを取り入れたことがない場合や、ワールド・カフェのような共同学習活動に参加したことがない場合は、以下の提案を参考にしてみてください。すでにこれらのアプローチに慣れている場合は、ブラウンとアイザックスの本や本書の第2部で説明されているように、他のバリエーションを試してみ

カフェのエチケット

あなたが大切だと感じていることにフォーカスを当てましょう！

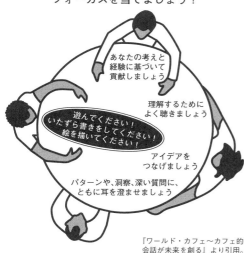

あなたの考えと経験に基づいて貢献しましょう

理解するためによく聴きましょう

遊んでください！
いたずら書きをしてください！
絵を描いてください！

アイデアをつなげましょう

パターンや、洞察、深い質問に、ともに耳を澄ませましょう

『ワールド・カフェ〜カフェ的会話が未来を創る』より引用。

てください。そして、自分の創造性とカフェの原則を組み合わせて、ご自身でプロセスを調整してみてください。

■ **シンプルなカフェから始める**：一般的な教室の中にカフェを設置します。テーブルへの問いも、研修のテーマに関連したシンプルなものにします。すべてのテーブルで同じ問いに対して議論してもらうことも可能です。問いを全体で1つにすることで、ラウンドが進むごとに、最初の質問から出てきた別のパターンや関連する異なる問いが生まれるなど、よ

り深いつながりやパターンの理解につながります。時間に余裕があれば、テーブルでの会話を3ラウンド行うようにします。すべてのカフェラウンドが終わったら、全員で集まり、重要な気付きや学びについて話し合います。

■ **参加者にプロセスを説明する**：何を期待しているのかとカフェの原則を伝えます。参加者の全員を受け入れ、尊重していると感じられる前向きな会話が重要であることを伝えます。そして、カフェ・ラウンドを始める前に質問の時間を設けるようにします。

■ **テーブルホストをしてくれる人を募る**：テーブルホストの仕事は、正式なファシリテーターではなく、「会話のお世話係」、つまり、会話への参加を促し、会話を促進するオープンエンドな問い（訳者注：オープンエンドな問いとは、「はい」「いいえ」だけでは答えられないような回答の選択肢が数多くある問いのことです。「はい」「いいえ」と回答の種類が限られている問いはクローズドエンドな問いと呼ばれます）を投げかけ、自身も議論に参加します。さらに重要な役割として、テーブルホストは、ローテーションの際も同じテーブルに留まり、新しいグループを歓迎し、新しいメンバーに前回までの会話の要約を伝えます。カフェでテーブルホストを務める人は参加者の中から手を挙げてもらうようにします。カフェが何回か回る場合は、2回目か3回目のラウンドではホスト役を交代し、次のラウンドでは新しいホストが今までの会話の要約をしていただくようにすることも可能

です。

■ **カフェ全体のホスト／ホステスになる**：カフェでの話し合が行われている間、テーブルグループを歩いて回り、質問に答えたり、会話に耳を傾けたり、必要に応じてコメントしたりします。あなたの存在が、心地よいレストランのホストのように、カフェの重要な要素となります。

■ **小グループでの会話に十分な時間を確保する**：参加者全員がすべてのカフェテーブルを回るには十分な時間がないかもしれませんが、時間が少なすぎることによって重要な会話が切られてしまわないように配慮する必要があります。1回のカフェラウンドに使われている平均時間は約20分です。30分の方が良い場合もありますが、15分では多くの場合、短すぎます。参加者がテーブルグループとリラックスして会話できるようになり、今までの会話の要約を聞き、自分たちの意見を述べ、テーブルクロスに回答を書き込むのには、それなりの時間が必要となります。

■ **参加者全体での議論に十分な時間を確保する**：これは、カフェのプロセス全体で最も重要な部分です。たまに、テーブルで作られたドキュメントが素晴らしかった場合は、別の機会に全体での議論を設けることもできますが、ほとんどの場合、テーブルでの会話の直後に、参加者全員でカフェの体験から得られた気付きを議論する機会があると効果的です。参加者全員で会話をする際に使える簡単な問いの

例となります。

- 「今まで知らなかったことで今回学んだことは何ですか？」
- 「このテーマについて、あなたの気付きは何ですか？」
- 「他に探究したい問いやコンセプトはありますか？」
- 「この情報をもとに、私たちは次に何をすべきでしょうか？」

- **要約とアクションプランのフォローアップ：**参加者が自分たちの会話が有意義であったと感じてもらうには、カフェの後にフォローアップを計画することが重要です。以下にフォローアップの３つの例を挙げます。

  - 参加者が一緒に仕事をしている場合、各テーブルグループは、テーブルクロスに書かれた内容を要約し、カフェの参加者全員にメールで送信するか、社内のウェブサイトやブログに掲載するようにします。
  - 参加者全体で、次のステップを決定した場合、参加者の誰かに進捗を確認し、状況を都度、参加者全員に報告するようにしてもらいます。
  - 参加者が一緒に仕事をしていない場合は、講師が各テーブルグループの要約を集め、参加者のメーリングリストに送るようにします。アクションプランと次のステップは、

参加者がそれぞれの現場で責任を持つことになります。

最後に忘れないように

ワールド・カフェを始める際には学習者がそのテーマについて、すでに多くのことを知っており、学習者にとって重要な問題や関心事に対して効果的な解決策を生み出すことができる、という考えを持つことが重要です。もちろん、この学習ツールを使うかどうかは、あなた次第です。ブラウンとアイザックスは、こう述べています。「ワールド・カフェは手法ではありません。自然に備わっている私たちの一部を活用する場への招待なのです。」(2005, p.218)。研修において、ワールド・カフェは、学習者が創造的で意味のある、変化に富んだ会話をするために必要な時間と空間を提供できる場となるのです。

もし、あなたがワールド・カフェを試してみようと思ったら、最後にいくつかの注意点があります。

- **プロセスは結果と同じくらい重要です：**TWCは必ずしも具体的な結果を出すことが目的ではありません。カフェのプロセスは、戦略、創造性とグループの集合知から生まれる相乗効果から広がる可能性を重視しています。皆さんがすることは、カフェの環境を作り、プロセスを信頼し任せる（あなたは脇で見守る）

ことで魔法にかかったような空間が生まれるのです。

- **完璧を求めるのではなく、一歩でも前に進むことが重要です：**カフェの参加者がお題になっている課題への完璧な答えを見つけることを期待しないでください。本当に重要なことはカフェのプロセスの中に存在し、最終的な答え自体ではありません。カフェのラウンドが進むにつれて、参加者が関係性を構築し、コミュニティを形成し、そして、目指すべきゴールに向かって進むための合意を得ることが重要なのです。

- **流れに身を任せましょう：**カフェでの会話は、問われた課題に対して予想外の解決策や、全く新しい視点を生み出すことがよくあります。その過程で、一時的に会話が予想外の方向に進むこともありますが、許容する余裕が大切です。また、参加者にも同じように探求する領域を限定しすぎないように促してください。新しいアイデアを即座に拒否することは、このプロセスの目的とは正反対のアプローチとなってしまいます。

- **どこまで影響が及ぶかはわかりません：**少人数のグループがリラックスした状態で集まり、自分たちにとって重要なテーマについて話し合うときのグループのエネルギーとビジョンは、話し合った時点では予測できないほどの広範囲な影響を与えます。献身的な人々の小さなグループの人たちがお互いに教え合い、学び合うことで、企業や国全体がより良い方

向へと変わっていったのです。

　ワールド・カフェを一言で表すと、「可能性」です。献身的な人たちが集まり、リラックスした空間で自分たちにとって重要なことを話し合えば、あらゆることが可能になります。研修も例外ではありません。なぜなら、研修も形式ばらない場であり、参加者にとって重要なことについて学ぶ熱心な人々の集まりだからです。「最適な学習とは、豊かな相互作用が絡み合ったシステムの中で起こる」（Brown & Isaacs, 2005, p. 112）と言われています。つまり、研修とワールド・カフェの組み合わせは、学習、変化、成長のための素晴らしい選択肢となります。

"私たち全員にとって真に意味のある会話を
世界中の人たちとできるようになるというのは、
想像力を膨らませすぎでしょうか？"

ファニタ・ブラウン、デヴィッド・アイザックス
『ワールド・カフェ』, 2005年, p.112

24章

目を覚ませ！
eラーニングを双方向にする10のヒント

"彼らが気に入れば、遊んでくれるでしょう。"

クラーク・クイン
『Engaging Learning』（未邦訳），2005年, p.17

多くの講師は「双方向のeラーニング」というのは矛盾した言葉だ、なぜなら、eラーニングは双方向であるはずがないからだ、と言います。その結果としてコンピュータや携帯電話（スマホ）を使った研修のほとんどは、講義や自習用のマニュアルで構成されており、時々パワーポイントのスライドを組み合わせたり、最後に質疑応答やテストが行われるだけの研修が多いです。最近では、ホワイトボード、チャットルーム、ブレイクアウトルーム、投票、リアクション機能など、双方向の機能を備えた研修に向いたソフトウェアが数多く登場していますが、eラーニングと呼ばれるもののほとんどは、まだ一方向の講義や自習が中心です。

eラーニング（本書ではオンライン学習とも言う）とは、人によってさまざまな意味を持っていますが、ここでは、eラーニングを以下のような方法で電子的に配信される情報と定義します。

- **電話会議型**：電話回線を利用した聴覚のみの情報伝達手段です。複数の参加者が共通の電話番号にダイヤルし、同時通話が可能となっています。通常、電話会議ではコンピュータは使用しません。
（訳者注：現在のようにオンラインリアルタイムツールが一般的になる前は、電話回線のみでの集団学習も、一部の研修（コーチング研修等）では行われていた。）
- **ウェビナー型**：コンピュータとインターネットを使用して、聴覚と視覚の両方で研修を提供するものです。実際の配信は、講師と参加者がインターネットを通じてリアルタイムで行います。ウェビナー用のソフトウェアには、双方向機能を備えたものと、そうでないものがあります。

- **放送型教育**：テレビ網または衛星放送のネットワークを通じて配信される生放送のテレビ番組で、聴覚と視覚の両方に対してアプローチできます。講師がいる都市で対面式の研修を行い、他の多数の拠点では、研修の放送をリアルタイムで視聴することになります。他の拠点と映像や音声が双方向につながっている場合、講師は参加者を見て聞き、参加者は講師を見て聞くことができます。この種のeラーニングは、テレビや衛星放送の代わりに、コンピュータのカメラ、ソフトウェアを使い、インターネットを通じて放送することも可能です。どのようなメディアを使用するにしても、研修はリアルタイムで行われ、講師と受講者は、「バーチャル」な教室に全員が集まることになります。

- **コンピュータを使っての自習型**：ウェブサイトや企業のイントラネットサイトなどで作成され、アップロードされた研修プログラムのことです。このような研修は通常、ワークシート、スライド、テストやその他補助教材を学習者は自分のコンピュータを使って好きな時間に読むことができます。場合によっては、事前に録音された音声や短い動画が使用されることもあります。講師や全員が集まる教室

は存在しません。この種のeラーニングは、「コンピュータを使った自習」とも呼ばれます。
（訳者注：ここで書かれている「ウェビナー型」はリアルタイム配信を想定しており、「コンピュータを使っての自習型」は、リアルタイムではなく、すでに配信された動画や資料を使って自身で学習を進めることを指す。）

この章で紹介するさまざまな考え方は、eラーニングの種類によって効果の度合いは異なりますが、上記で説明をしたすべての種類を「eラーニング」と呼び説明をしていきます。まず、eラーニングに関する2つの誤った認識から始めていきましょう。

- **eラーニングはつまらない**
  → **必ずしもそうではない。**

- **eラーニングは双方向ではない**
  → **双方向であるべきです。**

教室での授業と同様に、退屈で双方向でないeラーニングは、設計と提供方法の問題であって、コンテンツや学習者の問題ではありません。すごく複雑で技術的な教材であっても、面白く、かつ双方向にすることは可能です。また、消極的な学習者であっても、短時間の学習活動に参加してもらうことは可能です。

では、面白くて双方向のeラーニングを作るにはどうしたらいいのでしょうか？　ここでは、簡

単に始められる10のヒントをご紹介します。

1. 責任を持ってウォーミングアップを実施してもらう

ここでのウォーミングアップとは、eラーニングの授業が始まる前に講師から学習者にメール等で送るテーマに関連した簡単なアクティビティです。本書の第1部で紹介しているウォーミングアップ・アクティビティ（76ページ）は、eラーニングにも対面の研修にも適用することができます。

電話会議や遠隔学習では、参加者はウォーミングアップを研修参加者のグループに口頭で共有するようにしてもらいます。非同期の研修では、学習者はウォーミングアップの結果を上司や講師、または他の研修参加者も含めたメーリングリスト等に報告してもらうようにします。

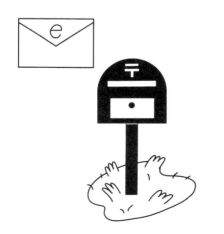

以下は、第1部のウォーミングアップの中から、特にeラーニングと相性の良いものをピックアップしたものです。

- **電話会議向け**：「専門家」（テーマについてあなたよりも詳しい人）にインタビューし、学んだことを電話会議のグループに伝えられるようにしておく（「専門家に聞こう」）
- **ウェビナー向け**：テーマに関連し、自分がすでに知っている事実をできるだけ多く書き出してもらい、ウェビナー中にこれらの事実のいくつかを共有できるように準備をしておいてもらう（「宝探しゲーム」）
  研修テーマについてインターネットで検索し、得た情報をチャットで共有してもらう（「インターネット検索」）
- **すべてのeラーニング向け**：同僚に研修テーマについて知っていることや意見を聞き、まとめた情報を他の研修参加者にメールで共有してもらう（「事前アンケート」）
- **すべてのeラーニング向け**：研修中に答えを見つけたい質問を集め、クイズを作ってもらい、eラーニングが始まる前に講師にメールで送ってもらう（ウォーミングアップ「事前クイズ」のバリエーション）

学習者に選択肢を与えましょう。参加者に上記の1つか2つをやっていただいてもいいですし、すべてをやってもらっても良いし、エクササイズを自分で作ってもらっても構いません。

2. 興味深い図解テンプレートを作る

研修が始まる前に、ノートテイキング用紙（図解テンプレートです。詳しくは104ページからを参照）を作成し、eラーニングの参加者にメールで送信します。メールの添付ファイルには多くの人が開くことができるPDF形式を使用するといいでしょう。

図解テンプレートは、視覚的に面白く、書き込みや落書きができるスペースが十分に確保されている必要があります。パワーポイントで作成されたスライドに画像や書き込み用の線があるようなものは、利用しないでください。代わりに、メモ用のワークシートには、テーマに関連した画像、図形、書き込みができるスペースが必要です。本書の第2部には、図解テンプレートの例として、5つの本書オリジナル「コンセプトマップ」が掲載されています。

授業の開始前に図解テンプレートを印刷し、授業開始時にはペンや鉛筆を用意するようにメールで伝えておきます。授業中は、重要な単語やフレーズ、概念などを図解テンプレートに書くように指示します。目の前にメモ用紙が用意されているからといって、学習者が自主的に書いているとは思わないでください。代わりに、「これは重要なところだから、図解テンプレートに書き込みんでね！」と言って、講師が話すのをやめて書く時間を与えてください。

コンピュータを使っての自主学習では、コン

ピュータ教材に図解テンプレートを含めておき、学習者がダウンロードして印刷をしてもらうようにしましょう。そして、授業を進めながら図解テンプレートを使うように促します。

3. ファストパスで始める

　eラーニングクラスの冒頭で参加者は、自己紹介、利用するツールの説明、アジェンダ、学習成果といった一般的な研修で行われているような説明を期待しています。ところが、研修の冒頭であなたが参加者に「ウォーミングアップから得られた学びを3つ書き出し、参加者全員に共有する準備をしてください。」と指示したらどうでしょうか？ 1分程度の作業時間を与えたら、参加者の共有から研修をスタートします。人数が多い場合は数名の方々のみに共有をしてもらうこともできます。

　本書の第1部では、5つのファストパス・アクティビティを紹介しています（82ページ）。これらのファストパスをeラーニングに適用すると、eラーニングにログオンした瞬間から学習者の興味を引くことができます。すぐにコンテンツに入るというのは予想外の体験のため、学習者は研修に注意を払うようになります。

　テレビ会議のファストパスでは、学習者にやってほしいことを口頭で伝えます。遠隔学習では、ファストパスをコンピュータ、カメラ、テレビの画面に映し、参加者に自分の周りの人やグループ

に報告するように指示します。非同期研修の場合は、ウォーミングアップで学んだことを簡単にまとめて書くように指示する印刷物を用意しておきます。

　以下は、eラーニングのファストパスの具体的な指示の例です。

- **電話会議向け**：名前を呼び、その人にこの研修で学びたいことを1つだけ言ってもらう
- **ウェビナー向け**：チャットでテーマに関連した質問を送りますので、解答してもらう
  ホワイトボードに、このテーマから連想される言葉を書いてもらう
- **放送型教育**：同じ場所にいる他の参加者と一緒に、このテーマについて知っていることをブレインストーミングし、その中からいくつかの事実を共有できるようにしてもらう
- **自習向け**：白紙の紙に研修テーマについて知っている、または聞いたことのあることを5つリストアップしてもらう。研修の終了後に一覧に戻り、書かれていたことが正しいかをチェックし、間違っているものがあれば訂正してもらう。

4. 10分ルールを適用する

　どのような種類のeラーニングクラスであっても、常に10分ルールを使用してください。つまり、スライド、講義、または印刷された教材を約

10分ごとに分割します。スライドや講義、教材を10分程度の長さに分割した上で、10分間の間に1分間の短い復習アクティビティを入れることで、学習者に提供された情報を復習する機会を提供します。「2章 脳にやさしい研修」（22ページ）と第2部では、10分ルールを使用する理由と、さまざまな短い復習方法を紹介しています。以下に、これらの手法をeラーニングに応用したものをいくつか紹介します。

- **考えて書く（すべてのeラーニング向け）**：メモを取るページに、今学んだことの要約を書いてもらう
- **ペアシェア（ウェビナー向け）**：ブレイクアウトルーム（または遠隔にある教室）で他の参加者とペアになり、講義で学んだ最も重要な2つの事実を共有してもらう
- **立って声を出す（電話会議向け）**：全員でテーマについて新たに知ったことを8つ述べてもらう
- **ホワイトボードに書く（ウェビナー向け）**：先ほど得た新しい情報に関連した単語や文章をホワイトボードに書き込んでもらう

　非同期の研修では、テーマが変わるタイミングに印刷した指示書を渡し、短い復習アクティビティを実施してもらいます。指示書の例を挙げます。

- 「この章の主要なアイデアを４つ書いてください。」

- 「このテーマについてあなたが知っている８つの事実を書いてください。この章を見返して、それらが正しいか確認をしてください。」

- 「テストに出題されるような復習問題を書き出してください。」

- 「この情報をあなたがどのように利用するかを考えて書いてみましょう。」

- 「あなたが今学んだことを考えてみてください。まだ疑問に思っていることを書いてください。そして、残りの教材を読んだらこの質問に戻ってきて、答えられるかどうかを再確認してください。」

5.　体操を組み込む

この本を読むのをやめて、次のような１分間の体操を行いましょう。**立って、伸びをして、２、３回深呼吸をします。自分の椅子の周りや、今いる部屋、または廊下を１往復します。体を動かしたら、この本の続きを読みましょう。**

上の段落では、立って動くことを指示しました。ｅラーニングの受講者にも同じように指示することができるでしょうか？ もちろん、できます！ 受講者がずっと座っていなければならないというルールはありません。ｅラーニングでも、研修生が立ってストレッチをすることで、心も体も目覚めるのです。

受講者は、体操をしてくれるでしょうか？ 確かめる方法はありませんが、おそらくやってくれるでしょう。何しろあなたは「先生」であり、生徒は先生に言われたことをするのが当たり前だと思っている人が多いです。それにしばらく座っていた後、立ってストレッチをしたら気分がいいでしょう。本書の「脳にやさしい研修」の章では、研修中に学習者が立ったり、伸びをしたり、動いたりすることで得られる身体的なメリットについて詳しく説明しています。

ここでは、ｅラーニングのためのいくつかの工夫をご紹介します。

- **立ってストレッチをして話す**：立って、体を伸ばしてから、テーマに関して新たに学んだことを述べる。

- **少し歩く**：立ち上がって、深呼吸をしながら椅子の周りを１周する。

- **部位別ストレッチ・全身ストレッチ**：部位別ストレッチとは、指やつま先などの小さなストレッチです。全身ストレッチとは、腕や脚などのストレッチのことです。立ってどの部分をストレッチするのか伝えながらデモンストレーションをしてくれるボランティアに協力してもらいましょう。

電話会議、ウェビナー、放送型教育の場合は、参加者全員に対して口頭でストレッチをリードしてもらいます。自習形式では、このセクションの冒頭で行ったように、体操の指示を教材に印刷しておきます。また、体操の指示をメモ用のページに書いておくこともできます。あるいは、体操の提案ページを用意し、10〜20分ごとに１つを選んで実施するように指示します。

6.　双方向の機能を使いこなす

先に述べたように、多くのウェビナーソフトには、さまざまな双方向の機能が搭載されていますので、利用可能な機能、研修中に調べなくて済むように事前に調査しておきましょう。双方向の機能としてよく使われるのは、ホワイトボード、チャット、挙手アイコン、投票、拍手等の視覚的な効果などとなります。また、参加者にペンツールで重要な概念を丸で囲んでもらったり、ホワイトボードに重要な概念を手書きで表現してもらったり、穴埋め問題をやってもらったりすることもできます。重要なのは、学習者にこれらの双方向の機能を使わせることであり、そのためには、あなた自身もこれらの機能を使いこなす必要があります。

双方向の機能を利用する具体的な例は以下の通りです。

- 「この文章に賛成の方は、挙手アイコンを使って手を挙げてください。」

- 「次のことに同意する人、同意しない人の数を

投票で確認してみましょう……。」

- 「ペンツールを使って、画面上にある箇条書きの項目の中で最も重要な項目を丸で囲んでください。」

- 「蛍光ペンを使って、あなたにとって最も重要な質問に着色してください。」

- 「学んだことの実用性を1行で表現し、チャットに送ってください。」

- 「ホワイトボードに学んだ重要な概念を表す絵を描いてください。」

- 「この質問に答える準備ができたら、ボタンのアイコンで合図してください。」

7. アクションプランのフォローアップで学習期間を延長する

アクションプランは、学習者が学んだことを活用することを書面または口頭で約束したものであり、学んだ情報を見直し、再評価し、仕事でどのように活用するかを決めるものです。アクションプランには、学習者が自分の計画の進捗を誰かに報告しなければならないという説明責任も含まれています。この本の第4部ではさまざまな「評価」と「学習者中心のまとめ」の方法を紹介しており、その中にアクションプランについての情報も含まれています。

ここでは、いくつかのeラーニング用のアレンジ方法を紹介します。

- **すべてのeラーニング向け**：「学んだ情報を職場でどのように活用するか、1〜2行の文を図解テンプレートに記入してください。また、あなたのアクションプランの進捗を共有し合う同僚1名（またはあなたの上司）の名前を書いてください。」

- **ウェビナー向け**：「チャットに、学んだことをどのように活用するか、あなたのアクションプランを書いてください。あなたの名前を計画の最後に書いてチャットに送信してください。授業が終了したら、アクションプランをチャットからコピーして、参加者全員にメールで送信します。」

- **すべてのeラーニング向け**：「インデックスカードに、学んだことですぐに実践できることを1つ書いてもらいます。このインデックスカードを職場のデスクや掲示板に貼り付けてもらいます。1週間後に講師にメールで、あなたのアクションプランがどうなっているかを知らせてください。」

8. ブログやウィキでフォローアップ

ブログでは、あなたが情報を投稿し、学習者は投稿された記事にコメントして応答することができます。ウィキとは、オンラインの百科事典のようなもので、あなたと学習者が共に投稿し、投稿された内容にコメントをすることができるソフトウェアです。ブログやウィキの構築方法を知って

いれば、これらは学習時間を長くする方法にもなります。これらのフォローアップツールの使い方がわからない場合は、インターネットで「ブログやウィキの構築」と検索し、構築方法を参照してください。またアマゾンには、どちらのツールについてもハウツーが書かれた多くの書籍がありますので、そちらをご覧ください。インターネットのブログやウィキのホスティングサイトの多くは無料です。無料のホスティングサイトもグーグルで検索してみてください。

eラーニングの受講者がブログやウィキへのアクセス方法を知っていることを確認し、研修後の気付き、質問、ベストプラクティス、回答、コメントなどを投稿できるようにしましょう。自習の場合は教材の最後にツールへのアクセス方法を記載しておきましょう。

9. 変化と選択肢を与える

前述の脳研究の章で述べたように、「慣れ」とは、人間の脳が、わかりきったこと、繰り返し、退屈なことを無視するようになることです。教室で行う研修でも、eラーニングでも、「慣れ」させないことが大切です。アクティビティ、視覚的な教材、音、動き、物語、ビデオ、印刷物の色や画像など、学習者の興味や好奇心を引きつけるような変化を入れていきましょう。さらに、研修中に参加者に選択肢を与えることで、学習意欲を高めることができます。例えば、「Concepts ──一つ

たえる─」のアクティビティを選んでもらう、グループへの報告方法を選択する、何を書くかを自分たちで決める、どの質問に答えるかの選択、一緒に組む人やパートナーを自分たちで選ぶ、または双方向の活動に参加するかどうかを選択する、などです。

10. 流れに身を任せる

すべてがうまくいくことはありません。完璧なeラーニングはないという事実を受け入れてください。教室で行う研修とは異なり、技術的、構成的、参加者的、コンテンツ的な課題は常に存在します。どんなに優れた計画や双方向の手法であっても、さまざまな理由で失敗することがあります。だからこそ、自分自身とeラーニング参加者に忍耐強く向き合い、一歩ずつ着実に進めていきましょう。そして、興味深く、参加しやすく、記憶に残るeラーニング体験を作り上げた自分を褒めてあげてください。

ヒントを活用する

この章を振り返って、次回自分が講師をするeラーニングプログラムに取り入れるヒントを1つか2つ丸で囲んでみてください。時間のあるときに、本章の3つ以上の双方向の手法を使って、eラーニング全体の再設計をしてみましょう。あるいは、本書の他の部分から3つ以上のアクティビ

ティを採用してみましょう。

また、双方向のeラーニングについて学んだことを、簡単にチェックしてみましょう。研修に関連した文章の一覧を以下に示します。それぞれの文の中の正しい文言に下線を引き、答えを確認してください。

1. eラーニングは、（**講義主体、アクティビティ主体**）で、（**短い、長い**）講義にすべきである。

2. eラーニングの受講者は、（**立ったり動いたりする、長時間座る**）ことで、よりよく学ぶことができる。

3. 説明責任とは、学習者が（**ただ授業に参加している、アクティビティや課題を行ったことを示す**）必要があることを意味する。

4. 効果的な図解テンプレートは（**面白く視覚的なノート、パワーポイントのスライドのコピー**）である。

5. 学習者は注意力を維持するために、eラーニングの授業中は（**立ったままあるいは座ったままで、座ったり立ったりして**）いなければならない。

6. 興味を持たせるために、授業の前に（**ウォーミングアップ、テスト**）を送る。

7. 学習者が最初から興味を持てるように、（**自己紹介・アジェンダ共有・会場案内、ファストパス**）から始める。

8. 講義資料を（**30分、10分**）ごとに分割する。

9. 参加者が作成した（**アクションプラン、研修評価**）で締めくくる。

正しいフレーズに下線を引いた場合、文章は次のようになります。

1. eラーニングは、<u>アクティビティ主体</u>で、短い講義にすべきである。

2. eラーニングの受講者は、<u>立ったり動いたりする</u>ことで、よりよく学ぶことができる。

3. 説明責任とは、学習者が<u>アクティビティや課題を行ったことを示す</u>必要があることを意味する。

4. 効果的な図解テンプレートは<u>面白く視覚的なノート</u>である。

5. 学習者は注意力を維持するために、eラーニングの授業中は<u>座ったり立ったりしていなけ</u>ればならない。

6. 興味を持たせるために、授業の前に<u>ウォーミングアップ</u>を送る。

7. 学習者が最初から興味を持てるように、<u>ファストパス</u>から始める。

8. 講義資料を<u>10分</u>ごとに分割する。

9. 参加者が作成した<u>アクションプラン</u>で締めくくる。

創造力を発揮しましょう！ これらのヒントを試してみたり、自分で新たな方法を作ってみた

り、発見したことを共有していきましょう。学習
者がログインした瞬間からログオフするまで、学
習者の興味と関心を引きつけて離さないような e
ラーニングの設計を始めましょう。

　そうすれば、学習者が興味を持ち、学び、関わ
り、もっと学びたいと思うようになるでしょう。

"相互作用の底知れぬパワーは「実践」を通して「考えること」を引き出し、
「考えること」によって「よりよく実践できる」ように仕向けることです。"

マイケル・アレン

『Michael Allen's Guide to e-Learning』（未邦訳），2003年，p.312

著者あとがき

オレンジジュースの効能

小学校に勤務するカウンセラーの私の友人から聞いた話です。以前、7歳の娘さんがいまだにおねしょをしてしまうことを心配した親御さんが、私の友人に相談をもちかけました。私の友人はその悩みを聞いた後、両親に寝る前の習慣を説明し

てもらいました。すると、父親は「午後6時頃に夕食を食べ、それから娘は宿題をします。その後、8時半頃まで遊んだり、テレビを見たりして、パジャマに着替え、オレンジジュースを飲み、歯を磨いて寝ます」と説明してくれました。それを聞いて私の友人はしばらく黙っていましたが「オレンジジュースを抜いてみたらどうかしら?」と優しく提案しました。すると、問題はすぐに解決し、娘さんのおねしょもなくなりました。

多くの場合、「治療」はとても簡単だったりします。これをやれば、こうなるという関係性が成り立つのです。何か異なることを試せば、異なる結果が得られるわけです。研修や授業に関して言えば、多くの指導者を悩ませている「授業が退屈病」に対する治療法の一つは、明白であるように思われます。講師が教え方を変えれば、学習者は学び方を変えることができるのです。

なりたい状態に変わっていきましょう

マハトマ・ガンジーは、20世紀におけるインドと世界の政治的・精神的リーダーの一人です。彼は、世界に変化を求めるには、まず自分が変化しなければ変わらないことを思い出させてくれました。彼にまつわるこんなお話があります。とある母親が自分の息子をガンジーのところに連れてきました。母親はガンジーに息子が甘いものを食べ過ぎていることを話し、どうか息子に甘いものを食べるのをやめるように言ってほしいと頼みました。ガンジーは母親に、2週間後にまた戻ってくるように言いました。2週間後再び母親と息子はガンジーの元へやってきました。ガンジーは、そのお子さんを見ながら「砂糖を摂るのをやめるように」と言いました。母親は「なぜ2週間前に息子に砂糖を摂るのをやめるように言ってもらえな

かったのか？」と尋ねました。すると、ガンジーは「なぜなら、2週間前は私も砂糖を摂っていたからです。自分が実践してないことを伝えることはできませんから」と答えました。

教師や講師は、この物語を自分の話として捉えなければなりません。生徒や研修参加者の学び方を変えるためには、まず私たち自身が変わり、効果的な教育や研修についての考え方を変えなければなりません。

「講師が話し、学習者が聞く」から「学習者が話し、教えることで、学習者が学ぶ」へとパラダイムシフトすると、まるで魔法のように無数のチャンスが現れてきます。新しい本やワークショップを見つけたり、すでに実践している友人や協力してくれる人を見つけたり、あなたの変化に対する称賛を受けることもあるでしょう。同僚から、私たちがやっていることのやり方を教えてほしいと頼まれたりもするでしょう。こういった変化は、結局は、講師たちが変わったことから生まれるのです。

教えることは学ぶこと、学ぶことは教えること

学習についての探求をする旅の過程で「人に教えることで、教えている内容を習得できる」のだということを理解しました。これは学習者にとっても同様です。彼らが互いに教え合い、学び合うことで、彼らもまた学習テーマを習得することができるのです。

別の言い方をすると、教えることで学び、学ぶことで教えることができるのです。学びは、人生のあらゆる瞬間に影響を与える人間の自然な営みなのです。なぜなら、人間の脳は学ばずにはいられないからです。私たちが行うすべてのことにおいて、私たちは学ぶ側であり、教える側でもあります。例外はありません。このことをよく理解し、意識しておけば、教師は1歩下がって、学習者が

お互いに教え合い学び合うことを促すことは容易です。

最後になりますが、『教えない教え方 (Training from the BACK of the Room!)』を使って、学習者が主役となって真に学ぶことができ、あなたと学習者に豊かな祝福がもたらされることを祈って筆を置きます。

"「学び」とは、自分がすでに知っていることを知ること。
「行動する」ことは、あなたが知っていることを実証することです。
「教える」とは、自分が知っているのと同じように
他の人も知っていることを思い出させることです。
私たちは皆、学習者であり、実践者であり、教師である。"

リチャード・バッハ

シャロン・ボウマン
タホ湖, グレンブルック（ネバダ州）
2008年8月

素晴らしい参考資料

著者のメモ

本書の基礎となっている研究は、いくつかの例外を除いて、21世紀のもの、つまり、本書の出版日（原著は2008年出版）までに10年も経過していないものです。研修や指導を生業としている私たちは、人間の学習に関する研究の最新情報に疎い可能性があります。これは残念なことです。というのもこの10年間で、「認知神経科学」と呼ばれる全く新しい科学分野（脳がどのように情報を取り込み、記憶し、取り出すのか）が爆発的に発展し、人の学習を支援する我々にとって実用的な情報が得られるようになったのです。これらの研究で得られた情報は目新しいものばかりではないかもしれませんが、学習の場に応用することは新たな試みとなります。

1990年代にも多くの優れた研究がありましたので、それらを含めて参考文献一覧で引用元を紹介しています。一方、1980年代より以前に遡ると、多くの研究は、人間の脳についての発見はあったものの、教師や講師にとっては実用性に欠けていました。言い換えれば、研究結果を学習者の効果的な学びにつなげることが困難な研究成果だったのです。

21世紀の脳研究は、教師、講師、そして学習者に新たな可能性をもたらしてくれました。もち

ろん、私たちが研究に精通し、研究成果の教える活動に適用すればの話ですが。私は、有用な研究のいくつかを実践に応用する手助けをする目的で本書を執筆しました。本書は決して完全なものではありません。もちろん、参考文献一覧も完全ではありません。この本も、それに基づいた研究も、まだ始まったばかりです。今から10年後には、本書は時代遅れになっているかもしれません。私たちは、今では想像もできないような全く新しい学習方法にどんどん移行しているからです。著者のジェイ・クロス氏は、「もし学校がない世界に住むとしたら、その代わりに何を作るだろうか」と問いかけています（2007, p. 55）。21世紀の研究は、私たちにその答えを指し示しています。

> "人が学ぶ自然な方法に戻ろう。
> お互いに会話をし、試し、話を聞こう。"
>
> ジェイ・クロス
> 『Informal Learning』（未邦訳），2007年，p.12

知っておいてほしい本
筆者の推薦図書ベスト5

「どの書籍がお薦めですか？」とよく聞かれます。私たちは皆忙しいので、1冊の本を最初から最後まで読むことはほとんどないと思いますが、情報の有用性と授業や研修での実用性を考慮して、いくつかのお気に入りの本を選びました。これらはすべて、アマゾンまたはインターネットで検索すると、本の詳細や販売しているウェブサイトを見ることができます。

1. ナンバー1を挙げるとすると、デイブ・マイヤーの『The Accelerated Learning Handbook』（2000年）でしょうか。実用的で役立つ加速学習の歴史やその背景にある脳の研究が十分に紹介されていて、バイブルになります。さらに、この本は、あなたを効果的な加速学習の実践者にするための、すぐに役立つアイデア、戦略、活動、提案を盛りだくさんに提供しています。また、4つのCを別の視点で説明してくれています。この本の良さをすべて伝えるのは非常に難しいですが、デイブは何十年にもわたって私のメンターであり友人でもあるという点を除いても、彼の本は加速学習の概念を文章化した素晴らしい本であり、教えることや研修を生

業とする人にとっては非常に実用的な情報を提供してくれています。

2. 本書で学んだことを気に入っていただけたなら、私の前著である『The Ten-Minute Trainer: 150 Ways to Teach It Quick and Make It Stick』（Bowman, 2005）も気に入っていただけると思います。そう、これは私が書いた本ですが、トップ5に入る本です。なぜかって？　それは、私が教えることを生業とし始めたときに、このような本があればよかったと思ったからです。この本には、どのようなテーマでも、どのようなグループの学習者でも使える、150の短くて簡単なアクティビティがまとめられています。また、研修の提供方法に大きな影響を与える重要な脳研究も紹介しています。また、「4つのC」（研修の設計と提供方法）の別の見方も紹介されています。

3. ジェイ・クロス著『Informal Learning』（2007）は、とても驚きのある本です。ジェイは、ハウツー本を書くのではなく、あなたがすでに知っている世界、正式な教育制度やカリキュラムに依存しない、より自発的で日常的な学習プロセスを意味するインフォーマルラーニングの世界に、読者を導いてくれます。彼の本は、教えることに対する全く異なる世界に到達するための素晴らしいアイデアの数々が含まれています。

4. ハロルド・ストロビッチの『Telling Ain't Training』（2002年）は、私のトップ5リストにも入っていますが、それ以上に、学習について学びながらも、あなたを夢中にさせる本になっています。ストロビッチが実際にプレゼンテーションやトレーニングで教えていることを実践しているかどうかはわかりませんが、この本での説明は素晴らしいです。また、短くて簡単な演習は、テーマを身近なものにしてくれますし、役に立ちます。

5. 私は認知神経科学ジャンルの熱心な読者なので、多くの優れた本の中から脳研究の本を1冊だけ選ぶのは困難でした。そこで、私はズルをして、同じくらい良いと思われる3つの本をお伝えすることにします。ただし、これらの本は学校や大学の教育者を対象としており、企業の研修担当者向けに書かれた本ではありませんが、「授業」と「研修」には（少なくとも、人間の脳がどのように学習するかという点では）違いはありません。脳が学習する原理は同じなのです。デービッド・スーザの『How the Brain Learns』（2006年）は、各章のテーマを実践に応用するための「実践者コーナー」が含まれています。パトリシア・ウォルフの『Brain Matters: Translating Research into Classroom Practice』（2001年）は、脳にあった手法が多く掲載されており、非常に参考になります。また、エリック・ジェンセンの『Brain-Based Learning』（2000年）は、脳の研究とその研究成果を実際の現場で利用する方法の両方が見事にまとめられています。

冒頭で3つの本をご紹介するとお伝えしたので、混乱をするかもしれませんが、このリストに4つ目を加えさせて頂きます。マリリー・スプレンジャーの『Learning and Memory: The Brain in Action』（1999年）は、小さな本ですが、神経科学に関する豊富な情報と、教えることについての彼女の体験談が盛り込まれています。

本書で引用されたリソース（ほとんどが2000年代のもの）

[未邦訳] Allen, Michael. (2003). *Michael Allen's guide to e-learning*. Hoboken, NJ: John Wiley & Sons.
　アレン氏は特にeラーニングについて素晴らしいことを書いています。コンピュータを使ったトレーニングやeラーニングを行う場合は必読です。

[未邦訳] Barkley, Elizabeth; Cross, Patricia; & Major, Howell. (2005) *Collaborative learning techniques*. San Francisco, CA: Jossey-Bass.
　協同的な学習手法について書かれた本で、企業研修にも応用できる教室での手法を集めたものです。

[未邦訳] Bowman, Sharon. (2005). *The ten-minute trainer*. San Francisco CA: Pfeiffer.

教えない教え方（TBR）に最適な本です！ 詳細な説明は、「筆者の推薦図書ベスト5」のナンバー2を参照してください。

アニータ・ブラウン、デイビッド・アイザックス、ワールド・カフェ・コミュニティ（著）、香取一昭、川口大輔（翻訳）（2007）『ワールド・カフェ〜カフェ的会話が未来を創る』ヒューマンバリュー

ワールド・カフェのプロセスを理解できます。このプロセスをさまざまな学習体験に応用するための詳細で示唆に富む1冊。

[未邦訳] Caine, Renate; Cain, Geoffrey; McClintic, Carol; & Klimek, Karl. (2005). *12 brain/mind learning principles in action.* Thousand Oaks, CA: Corwin Press.

この本は、脳研究に関する本で役に立つランキング第7位の本です。長めの読み物ですが、研究を活かすための良いアイデアが詰まっています。

[未邦訳] Cross, Jay. (2007). *Informal learning.* San Francisco, CA: Pfeiffer.

ジェイ・クロス著。間違いなくパラダイムシフトに関する最高の本であり、21世紀の教育、研修、学習の行く末を理解したいのであれば、必携の書。詳しくは「筆者の推薦図書ベスト5」のナンバー3をご覧ください。

[未邦訳] El-Shamy, Susan. (2004). *How to design*

and deliver training for the new and emerging generations. San Francisco, CA: Pfeiffer.

新しい世代に教えるための研究と実践の両方をカバーしています。若い学習者に対するアプローチ方法を豊富に収録しています。

[未邦訳] Finkel, Donald. (2000). *Teaching with your mouth shut.* Portsmouth. NH: Boynton/ Cook.

「教師／講師」から「ガイド」へ移行するための方法について、いくつかの概念を紹介してくれています。

チップ・ハース（著）、ダン・ハース（著）、飯岡美紀（翻訳）（2008）『アイデアのちから』日経BP

ニューヨーク ランダムハウス刊。どんなアイデアでも、何が真に記憶に残るのかを理解するための素晴らしいリソースです。トレーニングのためのハウツー本ではありませんが、その原則はあらゆる効果的な学習経験の一部であるべきです。

[未邦訳] Jensen, Eric. (2000). *Brain-based learning.* Thousand Oaks, CA: Corwin Press.

エリック・ジェンセン著。読みやすく、脳の研究に基づいた実践的な授業・研修方法が満載。「筆者の推薦図書ベスト5」のナンバー5をご覧ください。

[未邦訳] Margulies, Nancy. (2002). *Mapping inner space.* Chicago, IL: Zephyr Press.

コンセプトマップと図解テンプレートについて書か

れた本の中で、おそらく最も優れた本です。この強力な記憶ツールを授業や研修に取り入れたいのであれば、必読の1冊です。

[未邦訳] Margulies, Nancy; & Valenza, Christine. (2005). *Visual thinking.* Norwalk, CT: Crown House Publishing.

絵を描くのに慣れてない人や、情報を長期記憶に移すために言葉をイメージに変換するプロセスを始めたい人のためのガイドブックです。

[未邦訳] Meier, David. (2000). *The accelerated learning handbook.* New York: McGraw-Hill.

デイブ・マイヤーによる加速学習について書かれた、最も包括的な本です。説明は、「筆者の推薦図書ベスト5」のナンバー1をご覧ください。

[未邦訳] Meier, Thomas. (1999). *The accelerated learning coursebuilder.* Lake Geneva, WI: The Center for Accelerated Learning.

加速学習の全側面をカバーし、加速学習の数百の使用方法を含む6冊の本が入った箱入りセットです。購入希望の方は次のURLから連絡してみてください。
https://www.alcenter.com/contact/

ハリソン・オーエン（著）、ヒューマンバリュー（編集、読み手、翻訳）、榊原唯幸（イラスト）（2007）『オープン・スペース・テクノロジー 〜5人から1000人が輪になって考えるファシリテーション

〜』ヒューマンバリュー

協働的で革新的なプロセスのためのハウツー本です。詳しくは、ウェブサイト（https://www.openspaceworld.org）をご覧ください。

[未邦訳] Pierce, Howard. (2000). *The owner's manual for the human brain*. Marietta, GA: Bard Press.

本書は、人間の脳の働きに興味を持つ読者にとって、「脳について知りたかったけど、聞くのが怖かったこと」をすべて網羅した、脳の研究に関する情報満載の書籍です。

ロバート・パイク（著）、中村文子（監訳）、藤原るみ（訳）（2008）『クリエイティブ・トレーニング・テクニック・ハンドブック［第3版］』日本能率協会マネジメントセンター

トレーニングの設計と実施に関する実践的な情報を網羅した、トレーナーのハウツー本です。

[未邦訳] Quinn, Clark. (2005). *Engaging learning*. San Francisco, CA: Pfeiffer.

本書は、コンピュータを使った学習やeラーニングの講師向けですが、対面の授業や研修でも有効な学習者の動機付けに関する重要なテーマが含まれています。

[未邦訳] Sousa, David. (2006). *How the brain learns*. Thousand Oaks, CA: Corwin Press.

デビッド・スーザ著。過去10年間の重要な認知神経科学研究のほとんどを網羅した、優れた脳の入門書。「筆者の推薦図書ベスト5」のナンバー5をご覧ください。

[未邦訳] Sprenger, Marilee. (1999). *Learning and memory: The brain in action*. Alexandria, VA: Association for Supervision and Curriculum Development.

マリリー・スプレンジャー著。記憶の仕組みを理解するための優れた本です。「筆者の推薦図書ベスト5」のナンバー5をご覧ください。

[未邦訳] Stolovich, Harold; & Keeps, Erica. (2002). *Telling ain't training*. Alexandria, VA: American Society for Training and Development.

ハロルド・ストロビッチ著。非常にインタラクティブな本。「筆者の推薦図書ベスト5」のナンバー4をご覧ください。

[未邦訳] Sylwester, Robert. (1995). *A celebration of neurons: An educator's guide to the human brain*. Alexandria, VA: Association for Supervision and Curriculum and Development.

認知神経科学の教育分野への応用に関する素晴らしい入門書。

[未邦訳] Thiagarajan, Sivasailam. (2003). *Design your own games and activities*. San Francisco, CA: Pfeiffer.

ティアギ氏のフレームゲームを包括的にカバーしており、講師があらゆる研修で使用できるアクティビティが詰まっています。また、フレームゲームを研修の不可欠な要素とするための研究と理論も含まれています。

[未邦訳] Weimer, Maryellen. (2002). *Learner-centered teaching*. San Francisco, CA: Jossey/Bass.

大学の授業における学習者中心の指導を深く、詳細に解説。

[未邦訳] Whittle, Chris. (2005). *Crash course*. New York: Riverhead Books.

アメリカの教育制度について、ビジネスマンの視点から考察しています。学習者主体でより良く学べるようにする興味深いテーマが盛り込まれています。

[未邦訳] Wolfe, Patricia. (2001). *Brain matters: Translating research into classroom practice*. Alexandria, VA: Association for Supervision and Curriculum Development.

パトリシア・ウォルフ著。もう1冊、神経科学を教育の現場へ適応する方法が示されている素晴らしい本です。「筆者の推薦図書ベスト5」のナンバー5をご覧ください。

他の参考情報
（1990年代から2000年代まで）

[未邦訳] Aldrich, Clark. (2005). *Learning by doing.* San Francisco, CA: Pfeiffer.

高度に専門的で詳細な内容ではあるものの、コンピュータを使った研修に役立つ資料です。

[未邦訳] Backer, Lori; & Deck, Michele. (2003). *The presenter's EZ graphics kit.* Sterling, VA: Stylus Publishing.

フリップチャート、配布資料、プレゼンテーションなど、あらゆる教材において、興味深く、視覚に訴えるグラフィックを作成するための初級者向けステップバイステップガイド。

[未邦訳] Barbazette, Jean. (2006). *The art of great training delivery.* San Francisco, CA: Pfeiffer.

研修の詳細な分析方法を学びたい読者のための基礎的な参考書です。

[未邦訳] Biech, Elaine. (2005). *Training for dummies.* Hoboken, NJ: John Wiley & Sons.

研修の基礎的な設計方法、提供方法が書かれた参考書です。

[未邦訳] Bowman, Sharon. (1997). *Presenting with pizzazz! Terrific tips for topnotch trainers.* Glenbrook, NV: Bowperson Publishing.

どのような年齢の学習者でも、もっと積極的に学習に参加してもらうための簡単なテクニックやアクティビティが掲載されています。

[未邦訳] Bowman, Sharon. (1998). *How to give it so they get it! A flight plan for teaching anyone anything and making it stick.* Glenbrook, NV: Bowperson Publishing.

学習、教育、研修、コミュニケーションに関して探求したい読者向けの本で、大きく分けると4つの学習スタイルを詳しく説明しており、40の簡単に試せる実験的な研修のアクティビティを掲載しています。

[未邦訳] Bowman, Sharon. (2001). *Preventing death by lecture! Terrific tips for turning listeners into learners.* Glenbrook, NV: Bowperson Publishing.

短く、簡単に読める多くの簡単なアクティビティ集。1〜5分程度の長さでどのようなテーマでも人数でも利用可能なアクティビティが掲載されています。

[未邦訳] Bowman, Sharon. (2009). *Using the ordinary to make your training extraordinary.* Glenbrook, NV: Bowperson Publishing.

多重知能理論に基づいた研修を自宅やオフィスにある、ありふれた物を使って特別な研修にする方法が100以上紹介されています。

[未邦訳] Bromley, Karen; Irwin-De Vitis, Linda; & Modlo, Marcia. (1995). *Graphic organizers: Visual strategies for active learning.* New York: Scholastic Professional Books.

学習者がノートを取ったり、情報を整理したりするためのさまざまな視覚的・空間的な方法が掲載されています。

[未邦訳] Campbell, William; & Smith, Karl. (1997). *New paradigms for college teaching.* Edina, MN: Interaction Book Company.

大学の授業を想定して書かれた本ですが、この本に書かれている内容は成人教育に関わる人にとって価値のある内容になっています。

[未邦訳] Charles, C. Leslie; & Clarke-Epstein, Chris. (1998). *The instant trainer: Quick tips on how to teach others what you know.* New York: McGraw-Hill.

研修について学んでいる講師の多くが疑問に思う点に対して2人の著者が回答をするスタイルの本ですが、2人の回答が秀逸です。

[未邦訳] Deporter, Bobbi. (1992). *Quantum learning: Unleashing the genius in you.* New York: Dell Publishing.

学習と記憶に関して読みやすい実践的なガイドブックです。

[未邦訳] Gibb, Barry. (2007). *The rough guide to the brain.* London, England: Rough Guides.

医療的な側面から人間の脳を解説しています。

238

Ron Hale-Evans（著），夏目 大（翻訳）（2007）『Mind パフォーマンス Hacks：脳と心のユーザーマニュアル』オライリージャパン

記憶力やクリティカルシンキング力を向上させたい読者向けに書かれた本ですが、脳のパフォーマンス向上のさまざまな方法が掲載されています。

［未邦訳］Hannaford, Carla. (1995). *Smart moves: Why learning is not all in your head.* Arlington, VA: Great Ocean Publishers.

学習に体を使う必要性と運動と長期記憶の関係性について解説

［未邦訳］Hunter, Madeline. (2003). *Enhancing teaching.* Englewood Cliffs, NJ: Prentice-Hall.

教育に関わる人にとって素晴らしい1冊、1世紀にわたる教育に関する研究を実際の教室で使うための実践書

［未邦訳］Maples, Tim. (1996). *Accelerated learning* (2nd ed.). Amherst, MA: HRD Press.

ワークブック式の構成で作られた加速学習の入門書

［未邦訳］Millbower, Lenn. (2000). *Training with a beat.* Sterling, VA: Stylus Publishing.

音楽が学習体験に与える影響について脳科学に基づいて説明している読みやすい本です。

ダニエル・ピンク（著），大前 研一（訳）（2006）『ハイ・コンセプト「新しいこと」を考え出す人の時代』三笠書房

右脳と左脳に関しての新たな視点を提供し、いくつか授業や研修で使えることを含め、広く世界に示唆を与える内容になっています。

ジョン・J. レイティ（著），John J. Ratey（原名），堀 千惠子（訳）（2002）『脳のはたらきのすべてがわかる本』角川書店

精神医学的な視点で非常に詳細に書かれた読み応えのある本です。ほとんどの講師にとっては情報過多になる内容かもしれません。

［未邦訳］Robinson, Adam. (1993). *What smart students know.* New York: Three Rivers Press.

年齢を問わず、すべての学生向けで、どのように学習をすべきか、情報をどのように整理して記憶するのか、テストに合格するには、そして、どのように考えるかが書かれています。

［未邦訳］Rose, Colin; & Nicholl, Malcolm. (1997). *Accelerated learning for the 21st century.* New York: Dell Publishing.

加速学習に関して詳しい解説と、学習を最大化し定着させるための指導方法が書かれています。

［未邦訳］Silberman, Mel. (2005). *101 ways to make training active* (2nd ed.). San Francisco, CA: Pfeiffer.

アクティブラーニングの実用的な使い方を紹介しており、講師の本棚に置いておいて頂きたい1冊です。第2版では戦略、お勧めの手法、ケーススタディが大幅に拡充されています。

［未邦訳］Slan, Joanna. (2001). *One-minute journaling.* St. Louis, MO: EFG Publishing, Inc.

このワークブックで最も重要な要素は「スクラップブックによる物語」です。また、先生や講師が簡単に物語を作る方法も伝えています。

［未邦訳］Slan, Joanna. (1998) .*Using stories and humor-grab your audience!* Needham Heights, MA: Allyn and Bacon.

著者の物語力とユーモアを学んで、あなたの研修参加者を魅了しましょう！ 物語の力を研修ツールにする地に足のついたガイドとなっています。そして、読者に独自の物語を作るための数多くの手法を提供してくれています。

［未邦訳］St. Germain, Cliff. (2000). *Study whiz: A guide to better grades.* Chicago, IL: Pivot Point International.

大人、子供を問わず、学習ゴールを達成することに興味のある学習者向けにとって良い情報源になると思います。また、グラフィックオーガナイザー（本書の著者はマインドフレームと呼んでいます）もいくつか紹介されています。

[未邦訳] Sugar, Steve. (1998). *Games that teach.* San Francisco, CA: Pfeiffer.

レビューのアクティビティとしてゲームを取り入れたい講師にとって良い情報源になります。

[未邦訳] Thompson, Carolyn. (2000). *Creating highly interactive training quickly & effectively.* Frankfort, IL: Training Systems, Inc.

具体的な研修の設計手順の解説と研修を作る際に組み込むべき項目のチェックリストと対投資効果が解説されています。

[未邦訳] Wacker, Mary B.; & Silverman, Lori L. (2003). *Stories trainers tell: 55 ready-to-use stories to make training stick.* San Francisco, CA: Pfeiffer.

記憶に残る物語の作り方を読者に教えてくれます。一般的な研修や読者の研修でも使える55の物語が掲載されています。

[未邦訳] Westcott, Jean; & Hammond, Landau. (1997). *A picture's worth 1,000 words.* San Francisco, CA: Jossey-Bass/Pfeiffer.

教材に簡単だけれども強力なグラフ、絵、漫画、形などを加える（フリップチャート、手渡す資料、メモ用紙など）方法を提供してくれています。

追加情報

ウェブサイト

これらのウェブサイトは、トレーナーや教師向けに無料の情報、ダウンロード可能な情報、記事、実用的なコンテンツを提供しています。また、無料のニュースレターを提供しているところもありますし、製品やサービスも掲載しています。

www.alcenter.com
The Center for Accelerated Learning
David Meier, Director

www.bobpikegroup.com
Creative Training Techniques, International Bob Pike, President

www.Bowperson.com
Bowperson Publishing & Training, Inc. Sharon Bowman, President

www.co-operation.org
The Cooperative Learning Center David and Roger Johnson, Directors

www.guilamuir.com
Guila Muir and Associates Guila Muir, President

www.learnativity.com
Learnativity Organization

www.nancymargulies.com
Nancy Margulies, Artist and Creator

www.offbeattraining.com
Lenn Millbower, The Learnertainment ® Trainer

www.openspaceworld.org
Open Space Technology（official website）

www.theworldcafe.com
The World Cafe（official website）

www.trainingsys.com
Training Systems, Inc.
Carolyn Thompson, President

www.thiagi.com
The Thiagi Group Sivalsailam Thiagarajan, President and Mad Scientist

感謝の一言

　謝辞を書くのがいつも難しいと感じてしまいます。なぜなら、本は私一人の力でできあがったプロダクトではなく、多くの人が関わり、手助け頂き、ようやくできあがるものだからです。私がペンやキーボードで執筆しているときに他にも多くの人たちが関わってくれていましたし、さらに重要な点として、本を書くという長い旅を多くの人が応援してくれていました。

　下記の方々に感謝いたします。

■ マリサー・ケリー、キャスリーン・ドーラン・デービーズ、ジャニス・チャンと Pfeiffer

Company の編集とプロダクションチームの方々のサポート、忍耐、優しさ、そしてプロとしての姿勢に感謝いたします。

■ 素晴らしいレビューをしてくれた、レン・ミルバワー、ポール・プラーモーンドンとジェニファー・バーチャーの示唆に富んだ提案と情熱的なコメントに感謝いたします。

■ インフォーマル学習の著者であるジェイ・クロスの序文に感謝いたします。

■ 「23章　ワールド・カフェ」を書く際に多くの時間とアドバイスをくれた『ワールド・カフェ』の著者、アニータ・ブラウンに感謝いたします。

■ ミーミー・バンター、エーミー・ペリーとマーシャー・ジャクソンの協力に感謝いたします。

■ この本で引用することを快く受け入れていただけた著者の方々に感謝いたします。

■ そして、私の家族と友達のすべてに、理解、支援、勇気づけ、パワーと魂をくれたことを感謝いたします。

著者紹介

シャロン・ボウマン
（Sharon Bowman）

・プロの講演者であり企業の講師

・学校や大学の職員の教育コンサル
　タントであり講師

・8つの研修やモチベーションに関
　する本の著者

・Bowperson Publishing & Training,
　Inc. の代表

・タホ湖のトレーナーグループの
　ディレクター

・National Speakers Association
　（NSA）のプロフェッショナル会員

・American Society for Training and
　Development（ASTD）の会員

　シャロンが何をしている人なのか聞かれたときに彼女は「私は教師にどのように教えるのか、講師にどのように研修をするのかを教えています」と説明しています。彼女は経験豊富な講師であり、学習者が教室に入ったタイミングから退出するまでの間、面白く、気楽な雰囲気で、手を動かしながら学ぶ環境を作り、学習者を惹きつける研修をします。彼女の授業やセミナーは実践的で実際の現場で使える、記憶に残る、そして楽しいものとなります。彼女が書いた7冊の研修やモチベーションに関する本は累計7万部以上が印刷され読まれています。彼女の前作である「The Ten-Minute Trainer」は出版社のベストセラーとなりました。

　もしあなたがシャロンの研修やカンファレンスでのセッションに参加したら、座っている時間より、動き回っている時間の方が長いはずです。そして、周りの人に自分が何をすでに知っているのか、そして新たに何を学んだのか共有していることでしょう。そしてシャロンは、この学びの環境を教室の後ろからガイドして行くのです。シャロンの本や研修に関する情報は www.Bowperson.com を確認してください。そして、このウェブサイトでは、数十の効果的な研修や授業に関する記事を読んだり資料をダウンロードすることが可能です。また、もちろんメール（SBowperson@gmail.com）で連絡頂いても結構です。

訳者紹介

榎本明仁（えのもと あきひと）

　スタートアップでエンジニアから開発責任者になり、経営に参画、2008年ごろにスクラム^{※1}に出会い自社にスクラムを導入、スクラムの良さをもっと世の中に広めたい、最高のチーム作りをサポートしたいという思いから2012年にOdd-e社（より良い開発のためのトレーニングやコーチングを提供している）に入社し、お客様と一緒に改善活動に取り組むアジャイルコーチとしての仕事をしながら、アジャイル、スクラム、大規模スクラムなどを教える活動を始める。人に教える難しさと楽しさに魅了され、トレーナーになるための勉強、海外のトレーナーとの共同トレーニングなどを多数実施していくなかで、経験豊富なトレーナーらからすすめられ、2018年に本書の著者であるシャロン・ボウマンのTBRトレーニングを受講し、その後、日本人として初めてのTBRのトレーナーとなる。

鈴木美穂（すずき みほ）

　独立系ソフトウェア会社で官公庁や学校関係のシステム開発に従事後、ヤフー株式会社（現：LINEヤフー株式会社）に入社。サービスの運用開発を行っていくなかで、スクラムに出会う。スクラムの経験を通して人やチームの良い変化を感じたことからチームや組織の改善活動に興味をいだき、2014年ごろに部署異動し本格的にサービスのものづくり改善をメインに活動するようになった。アジャイル開発やプロジェクトマネジメントを中心に支援をする上で人に教える際に必要な考え方を学ぶ過程で、本書内のトレーニングを経験し魅了された。現在は本書の考え方を取り入れながら、日々の支援活動に活用している。Scrum AllianceのCSP-SM、CSP-PO。

清水弘毅（しみず こうき）

　Red Hat株式会社シニアアーキテクト／アジャイルコーチ。オリンパスソフトウェアテクノロジーでプログラマとしてキャリアをはじめ、組織や会社間の縦横様々な壁を痛感し、チーム、組織論、マネジメント、リーダーシップを独学で学び、アジャイルに辿り着く。2014年ごろから親会社であるオリンパスを巻き込んだスクラムを実践。2017年にロボットベンチャーであるGROOVE Xに大規模スクラムLeSSのスクラムマスターとして参画し、社内にスクラムやアジャイルを如何に楽しく効果的に伝えるかを模索、本書に出会う。2019年からRed Hatに入社し、アジャイルコーチとして日本のさまざまな企業に、Be Agile、スクラム実践のご支援をしている。その中で本書のエッセンスを散りばめたさまざまな研修を提供し、顧客から非常に高い評価を受けている。

　Scrum AllianceのCertified Team Coach（CTC）認定。ORSCC。ICF-ACC。

※1　スクラムとは、世界で最も採用されているアジャイル開発プラクティスです。

教えない教え方

アクティブラーニングを実践する
脳にやさしい授業と65のアクティビティ

2024年5月27日　第1版第1刷発行

著　者　　シャロン・ボウマン
訳　者　　榎本明仁、鈴木美穂、清水弘毅
発行者　　古賀一孝
発行所　　株式会社サウザンブックス社
　　　　　〒151-0053 東京都渋谷区代々木2-23-1
　　　　　http://thousandsofbooks.jp

装丁　　　　　　　　渡邊民人（TYPEFACE）
本文デザイン・DTP　谷関笑子（TYPEFACE）
イラスト　　　　　　桜井ルナ
編集　　　　　　　　宮崎綾子
印刷・製本　　　　　シナノ印刷株式会社

Special Thanks

天野祐介、鹿嶋康由、武田智博、堀井歩、伊藤貴洋、山田義和、レッドハット株式会社